김태형의 교양 심리학

김태형의 교양 심리학

과학적이고 진보적인, 새로 쓰는 심리학 개론

초판 1쇄 발행 2025년 3월 10일
초판 2쇄 발행 2025년 4월 20일

지은이	김태형
펴낸이	이영선
책임편집	김선정
편집	이일규 김선정 김문정 김종훈 이민재 이현정
디자인	김회량 위수연
독자본부	김일신 손미경 정혜영 김연수 김민수 박정래 김인환

펴낸곳 서해문집 | 출판등록 1989년 3월 16일(제406-2005-000047호)
주소 경기도 파주시 광인사길 217(파주출판도시)
전화 (031)955-7470 | 팩스 (031)955-7469
홈페이지 www.booksea.co.kr | 이메일 shmj21@hanmail.net

ⓒ 김태형, 2025
ISBN 979-11-94413-25-7 03180

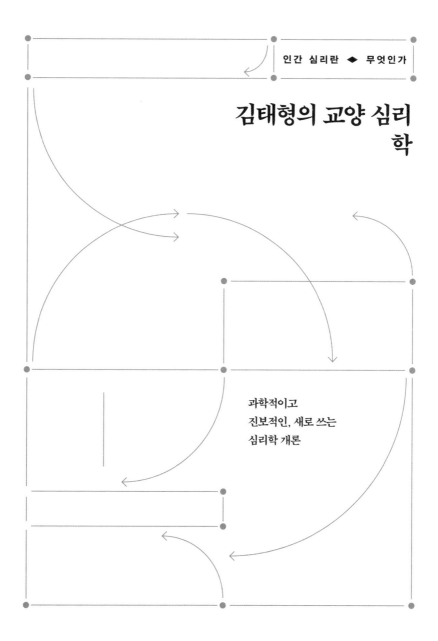

인간 심리란 ◆ 무엇인가

김태형의 교양 심리 학

과학적이고
진보적인, 새로 쓰는
심리학 개론

서해문집

한국 사회에서 심리학에 대한 대중적 관심은 여전히 뜨겁다. 이는 꾸준히 심리학 저작이 출간되고 있는 것을 통해서도 확인할 수 있다. 심리학에 관심이 있는 상당수 독자들은 본격적으로 또 체계적으로 심리학 이론을 공부하고 싶어서 심리학 개론서에 도전하기도 한다. 그러나 읽은 후의 반응은 신통치 않은 경우가 많다. 아마도 그중 대표적인 것이 "심리학 개론을 읽었더니 인간 심리를 이해하는 것이 더 어려워졌다", "심리학 개론이 인간 심리를 이해하는 데 별 도움이 안 된다"일 것이다. 단지 일반 독자만 이런 말을 하는 것이 아니다. 미국이든 한국이든 심리학을 전공하는 학생들도 처음 심리학 개론을 배웠을 때 똑같은 얘기를 하곤 한다.

　전반적인 심리학 이론을 체계적으로 해설하는 심리학 개론서가 인간 심리를 이해하는 데 별 도움이 안 된다고 느끼는 사람이 많은 것은 무엇보다 미국의 주류 심리학이 비과학적 이론이기 때문이다. 나는 젊은 시절 대학의 심리학과에 입학해서부터 40여 년이 흐른 지금까지 계속 미국의 주류 심리학을 접해왔다. 그럼에도 그에 대한 나의 견해와 판단은 예나 지금이나 조금도 변하지 않았다. 즉 미국의 주류 심리학은 본질적으로 진실·진리와는 거리가 먼 비과학적인 학문이며, 개혁과 진보를 반대하는 친자본적이고 보수적인 학문이라는 것이다. 이 같은 비과학성과 보수성이 바로 사람들이 심리학 개론을 처음 접했을 때 느끼는 실망감이나 당혹감의 주요한 원인이다.

진정한 심리학자라면 기존 심리학의 문제점을 비판하고 극복함으로써 심리학 이론을 계속 발전시키기 위해 노력해야 한다. 그러나 한국의 심리학계는 미국의 심리학 이론을 맹목적으로 받아들이기만 할 뿐 비판하는 경우는 거의 없다. 좀 강하게 말하자면 한국의 심리학계는 불량품을 고칠 생각은 하지 않고 무작정 수입·판매하는 수입상 혹은 중개상 역할에 머무르고 있는 것이다. 나는 이러한 안타까운 현실을 타개하기 위해 2009년에 《새로 쓴 심리학》(세창출판사)을 출간하면서, 미국 주류 심리학의 문제점을 비판하고 나름대로 '올바른' 심리학 이론을 정립하기 위해 노력했다. 그 후 꽤 긴 시간이 흘렀다. 그동안 나는 더 풍부한 경험을 쌓으면서 치열하게 사색하고 연구했다. 그 결과물이 바로 이 책이다. 즉 이 책은 미국의 비과학적이고 보수적인 주류 심리학과는 대척점에 있는, 내가 '올바른' 심리학이라고 부르는, 과학적이고 진보적인 심리학 이론을 소개·해설하는 심리학 개론서다.

인간 심리를 제대로 알고 싶은 사람들, 민주적이고 개혁적인 사람들에게 미국의 주류 심리학은 불량식품일 뿐이다. 사람들에게 진정으로 도움이 될 수 있는 심리학, 세상을 더 아름다운 곳으로 만드는 데 조금이라도 기여할 수 있는 심리학은 과학적이고 진보적인 심리학일 수밖에 없기 때문이다. 이 책으로 사람들이 과학적이고 진보적인 심리학에 첫발을 디디게 된다면, 이 책이 더 나은 세상을 꿈꾸는 이들에게 도움이 될 수 있다면 참으로 기쁠 것이다.

차 례

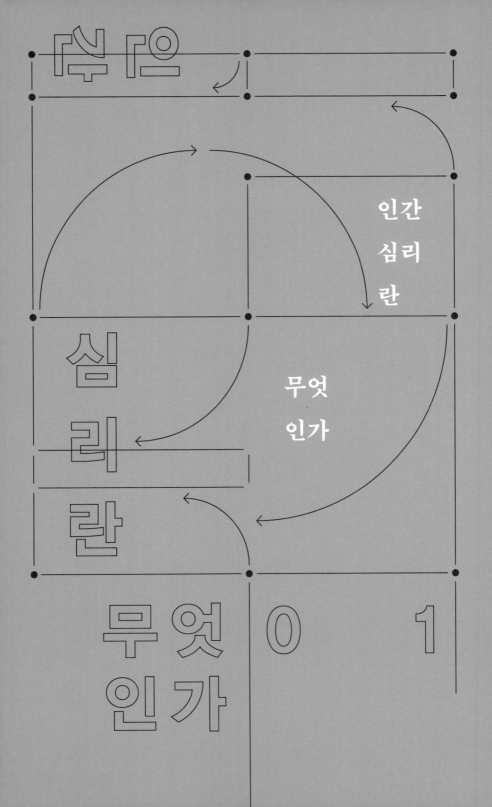

인간
심리
란

무엇
인가

심
리
란

란

무엇
인가

0   1

심리학과 사회적 존재 - '사람은 사회적 존재다' - 인간 심리란 무엇인가 - 자각 가능하며 사회역사적인 의식 현상 - 심리적 체험의 형식 - 어떻게 체험되고 표현되는가 내가 대학 입시 공부를 하던 1980년대만 해도 심리학은 비인기 학문이었다. 서울의 경우 정규 심리학과가 있는 대학이 4곳(산업심리학과와 조직심리학과를 포함하면 6곳)밖에 없었다. 그렇다 보니 내가 심리학과에 진학하고 싶다고 하자 선생님은 "그렇게 순수 학문이 공부하고 싶으면 차라리 철학을 전공하는 게 어떠니?"라고 충고하셨고, 친구들은 "심리학과? 나중에 점집 차리려고?"라면서 뜨악한 반응을 보였다. 그렇게 찬밥 대우를 받던 심리학이, 물론 미국의 영향을 받아서였겠지만, 1990년대 들어서부터 부쩍 인기를 끌기 시작하더니 오늘날에는 그야말로 대중적으로 가장 인기 있는 학문 중 하나로 대접받고 있다.

오늘날 사람들은 왜 심리학에 뜨거운 관심을 갖게 된 것일까? 이와 관련해 심리학자 데이비드 G. 마이어스David G. Myers와

C. 네이선 드월C. Nathan DeWall은 다음과 같이 말했다.

> 사람들에 관한 호기심을 충족시키며 자신의 고통을 치료해줄
> 것이라는 희망을 가지고 수많은 사람들이 '심리학'에 관심을 기
> 울인다. 라디오 토크쇼 상담에 귀를 기울이고, 심령에 관한 글
> 을 읽으며, 금연 최면술 세미나에 참석하고, 꿈의 의미와 황홀
> 한 사랑으로 이르는 길 그리고 개인적 행복의 뿌리 등에 관한
> 자조적 서적에 몰두한다.[1]

이들의 말에서 짐작할 수 있듯이 서구 사회와 한국에서 심
리학이 큰 주목을 받게 된 것은 무엇보다 사람들의 정신건강이
나날이 악화되고 있기 때문이다. 오늘날의 자본주의 세계는 정신
건강 악화와 불행의 증가라는 불치병을 앓고 있고, 이로 인한 사
회적 병폐가 나날이 심각해지고 있다. 그리고 이에 따라 심리학에
대한 사람들의 관심이 급속히 고조되었다. 안타깝지만 이 같은 관
심에서 큰 몫을 차지하는 것은 자신의 정신적 고통을 치유하거나
불행에서 벗어나고 싶어 하는 열망이다.

그러나 오늘날 심리학이 대중적 주목을 받게 된 것을 단지
현대인들의 정신건강 악화로만 설명할 수는 없다. 사람들이 가장
궁금해하는 것, 가장 알고 싶어 하는 것은 뭐니 뭐니 해도 사람의
마음이다. 심리는 사람들의 생활과 활동에서 매우 중요한 위치를

차지하고 있다. 사람들이 움직인다는 것은 곧 그들의 마음이 움직인다는 것이며, 이 마음의 움직임에 의해 사람의 활동이 좌우된다. 그런데 사람들의 심리, 마음은 그야말로 천태만상이며, 심리적 체험 역시 사람에 따라서, 상황에 따라서 달라진다. 이렇게 변화무쌍하며 다종다양한 인간 심리를 정확히 파악하려면 어느 정도의 심리학 지식이 필요하다.

사실 평생 동안 수많은 인간관계 속에서 사람들과 부대끼면서 살아가는 사람에게 원래 인간 심리는 최대의 관심사일 수밖에 없다. 그러나 의식주 해결과 같은 시급하고 절박한 문제들에 짓눌려 있던 과거에는 심리학에 관심을 기울이기가 힘들었다. 쉽게 말해 당장 밥을 굶을 수도 있는 상황이기에 심리학 책을 들여다볼 시간적 여유, 마음의 여유가 없었다는 것이다. 그러나 인류가 어느 정도 의식주 문제에서 자유로워진 오늘날의 사람들은 인간 심리에 대한 관심, 심리학에 대한 관심을 굳이 뒤로 제쳐놓을 이유가 없다. 이에 따라 심리학이 대중적인 인기 학문으로 부상하게 되었다. 결론적으로 오늘날의 심리학에 대한 대중적 관심은 나날이 심각해지는 정신적 고통의 증가와 인간 심리에 대한 호기심이 초래한 필연적 현상이라고 말할 수 있다.

01   심리학과 사회적 존재

'사람은 사회적 존재다'

심리학이란 인간 심리의 본질과 합법칙성을 연구하는 과학이다. 간단히 말해 인간 심리를 연구하는 학문인 것이다. 그런데 놀랍게도 주류 심리학(미국 심리학)은 이런 합리적이고 상식적인 정의에 동의하지 않는다. 미국의 심리학자들이 공동으로 집필한 한 심리학 개론서에서는 심리학을 다음과 같이 정의하고 있다.

> 심리학은 마음과 행동의 과학적 연구이다. 마음mind이란 우리의 사적인 내적 경험으로 지각, 사고, 기억, 감정으로 구성되어 있는 끊임없이 일어나는 의식의 흐름을 의미한다. 행동behavior은 인간과 동물의 관찰할 수 있는 행위, 세상에 우리가 혼자 혹은 다른 사람들과 함께하는 것들을 의미한다.[2]

또 한국의 심리학자들이 공동으로 집필한 한 심리학 개론서는 심리학을 이렇게 정의한다.

> 심리학이란 인간(세부 심리학 분야에 따라서 쥐, 원숭이 등과 같은 동물도 해당됨)의 행동과 정신 과정을 체계적이고 과학적으로 연구하는 학문이다.[3]

심리학에 대한 이 같은 정의들을 보면 알 수 있듯이, 주류 심리학은 일반적으로 심리학의 연구 대상에 동물을 포함하고 있다. 만약 동물에게도 심리가 있다고 인정하더라도 동물 심리는 동물 심리학에서 따로 연구하면 될 텐데, 왜 주류 심리학은 인간 심리를 연구하는 심리학의 연구 대상에 굳이 동물을 포함하는 것일까? 그것은 주류 심리학이 사람을 머리에 컴퓨터를 달고 있는 똑똑한 동물로 보기 때문이다. 다시 말해 사람을 동물과 질적인 차이가 없는 존재로, 혹은 동물과 거기서 거기인 존재로 여기면서, 사람이 사회적 존재임을 인정하지 않는 것이다.

사람은 사회적 존재다. 마르크스는 역사상 처음으로 사람이 사회적 존재임을 밝히고, 이에 기초해 자신의 철학 이론을 전개했다. 사회적 존재[4]란 사회적 관계를 맺고 살아가며 활동하는 사람, 그리고 단순한 물질적 존재나 생물학적 존재와 구별되는 특출한 존재인 사람을 표현하는 개념이다.

사람을 어떤 존재로 보는가 하는 문제, 즉 사람에 대한 견해는 무엇보다 심리학의 과학성을 규정하며 심리학 이론 전반에 지대한 영향을 미친다. 농담을 좀 섞어 말하자면, 사람을 사람이라고 여기면 팔을 팔로 보겠지만, 사람을 돼지(생물학적 존재)로 여기면 팔을 앞다리로 보기 마련이다. 사람에 대한 견해가 정확한 심리학은 과학적인 학문이 될 수 있지만, 사람에 대한 견해가 부정확한 심리학은 제아무리 용을 써도 과학적인 학문이 될 수 없다.

주류 심리학이 인간이 사회적 존재임을 인정하지 않는다고 지적하면, 주류 심리학자들은 다음과 같이 반박할지도 모른다.

비록 심리학자들은 개인의 뇌와 마음에 초점을 두지만, 인간이 근본적으로 사회적인 동물로서 가족, 친구, 선생님, 동료들의 거대한 네트워크의 한 부분이라는 사실을 놓치지 않았다. 그 사실 없이 인간을 이해하려고 노력하는 것은 개미 집단과 벌 집단의 기능이나 영향을 고려하지 않은 채 개미나 벌을 이해하려고 하는 것과 다소 비슷하다.[5]

그러나 이런 해명은 오히려 주류 심리학자들이 인간이 사회적 존재임을 이해하지 못하고 있다는 사실을 다시 한번 확인시켜 줄 뿐이다. 그들은 인간의 사회가 개미나 벌 혹은 동물 무리와는 질적으로 완전히 다르다는 사실조차 이해하지 못하고 있다! 동물 무리는 본능에 따른 관계 맺기에 기초하여 꾸려진다. 개미 무리에서 여왕개미, 일개미, 병정개미 간의 관계는 개미들이 회의를 열어서 "네가 제일 생식 능력이 우수하니까 여왕개미를 해라. 나는 일을 잘하니까 일개미를 할게"라고 결정함으로써가 아니라 본능에 따라 맺어진다. 그렇기 때문에 동물 무리는 수백 수천 년이 흘러도 그 모양 그대로일 뿐 변화, 발전하지 못한다. 벌 무리의 분업 체계가 먼 옛날에는 단순했다가 오늘날에 와서 고도화되었다거나, 벌집의 모양이 옛날에는 둥그런 달걀 같았지만 지금은 정교한 빌딩처럼 보이는 일은 절대로 없다는 것이다.

반면에 인간의 사회는 목적의식적인 관계 맺기에 기초하고 있다. 예를 들면 코로나 사태에 대응하는 위기관리 시스템을 만들고 그에 따라 새로운 관계를 형성하는 것은 본능에 의한 관계 맺기가 아니다. 이 때문에 사회는 역사가 흐름에 따라 계속 변화, 발전한다. 수백 년 전의 사회와 오늘날의 사회가 똑같을 수 없다는 것이다. 주류 심리학자들이 동물 무리와 인간의 사회를 질적으로 같다고 보는 것은 인간을 동물과 질적으로 같은 생물학적 존재로 보는 것의 필연적 귀결이다. 위 인용문에서 주류 심리학은 심리학자들이 개미나 벌을 이해하기 위해서 무리를 살피듯이 인간을 이해하기 위해서 사회를 고려하고 있다고 애써 강조한다. 하지만 인간을 사회적 존재로 보지 못하는 한 주류 심리학은 언제까지나 '개인'에게만 초점을 맞추는 생물학주의적이고 개인주의적인 심리학일 수밖에 없다.

최근에 주류 심리학은 사람을 생물심리사회적 존재라고 즐겨 말한다. 즉 사람은 생물학적 존재(동물)이자 심리적 존재(개인)인 동시에 사회적 존재—주류 심리학은 사회적 존재라는 개념을 무리 생활을 하는 동물이라는 의미로 이해한다—라는 것이다. 그런데 사회적 존재라는 개념에 대한 몰이해를 논외로 하더라도, 사람을 생물심리사회적 존재로 부른다고 해서 이를 사람이 사회적 존재임을 이해하고 있다는 것을 보여주는 증거로 간주할 수 있을까? 포유류는 파충류의 특징도 일부 가지고 있다. 그러면 포유류를 포유류로 부르지 않고 '파충포유류'로 불러야 할까? 어른도 아이의 특징을 일부 가지고 있으니 '아이어른'이라고 불러야 할까? 포유류를 '파충포유류'가 아니라 포유류라고 부르는 것은 비록 파충류의 특징을 일부 가지고 있기는 하지만 포유류가 파충류와는 질적으로 다르기 때문이다. 어른을 '아이어른'이라고 부르지 않는 것도 마찬가지 이유에서다. 사람을 사회적 존재라고 부르는 것은 사람이 생물학적 특징(예: 생물 유기체)을 전혀 가지고 있지 않아서가 아니다. 사람이 생물학적 존재와는 질적으로 완전히 다른 존재이기 때문이다. 생물학적 존재와 사회적 존재 간의 차이는 파충류와 포유류, 아이와 어른 간의 차이에 비할 수 없을 정도로 현격한 질적 차이다. 한마디로 사회적 존재는 생물학적 존재와는 질적으로 완전히 다른 사람이라는 존재를 표현하는 개념인 것이다.

주류 심리학이 사람을 사회적 존재가 아닌 생물심리사회적 존재로 정의하는 것은 사람이 동물과는 질적으로 다른, 동물과는 차원이 다른 사회적 존재임을 인정하지 않기 위해서다. 그러나 무지 때문이든 아니면 불순한 의도 때문이든 간에 사람을 이렇게 생물심리사회적 존재라고 정의하는 것은 주류 심리학을 비과학적인 학문으로 전락시키고 있는 근본 요인이다. 사회적 존재인 사람을 사회적 존재로 보지 않는 심리학, 즉 인간에 대한 비과학적인 견해에 기초하는 심리학이 과학적일 수는 없기 때문이다. 최근의 주류 심리학이 인간을 생물심리사회적 존재라고 부르는 것은, 생물학주의적이고 개인주의적인 접근법만으로는 한계에 부딪히자 어쩔 수 없이 사회를 끌어들인 것에 불과하다. 그와 동시에 인간의 본질이 사회적 존재라는 사실을 한사코 인정하지 않으려는 동기 또한 깔려 있다.

건강보험심사평가원이 2022년 6월 24일에 발표한 자료에 의하면 2021년의 20대 우울증 환자 수가 17만 7166명인데, 이 수치는 5년 전인 2017년에 비해 무려 127.1%나 급등한 것이다.[6] 왜 20대의 우울증 유병률이 이렇게 급증한 것일까? 이 문제를 가지고 학자들이 조사한 결과가 다음과 같다고 가정해보자. 20대의 뇌에 세로토닌이 부족하다(생물학적 원인). 20대들이 부모에게서 조기 사교육을 강요당하는 등 행복하지 않은 어린 시절을 보냈다(개인적, 심리적 원인). 5년 사이에 청년 실업은 더 심각해진 반면 물가와 집값은 폭등했다(사회적 원인). 이런 결과들을 근거로 아마 심리학자들은 20대의 우울증 급증에는 세로토닌 감소, 불우한 개인사, 경기 침체 등의 생물심리사회적 요인들이 상호작용하면서 영향을 미쳤다는 식의 뻔한 결론을 내릴 것이다. 그러나 '무엇이 가장 중요한가'에 대한 판단을 회피하거나 내릴 수 없게 만드는 전형적인 병렬식·나열식 설명법으로는 진정한 원인, 주요한 원인이 무엇인지를 결코 알아낼 수 없다.

한국 부모들이 어린 자식에게 공부를 강요하는 것은 무엇보다 자신들이 불안—예를 들면 어린 시절에 공부를 게을리해 나중에 돈을 못 벌게 되면 행복을 얻지 못하거나 심지어는 굶어 죽을지도 모른다는 불안—에 사로잡혀 있어서다. 이것은 부모 개개인의 생물학적, 심리적 문제가 아니라 본질적으로 사회 문제다. 행복하지 않았던 어린 시절을 통과한 데다 청년기에 불평등과 청년 실업, 집값 상승 등으로 고통을 받게 되면 당연히 뇌에서 세로토닌이 줄어들기 마련이다. 이것은 세로토닌 부족조차 순수한 생물학적 문제가 아님을 의미한다. 한마디로 우울증은 본질적으로 사회 문제라는 것이다. 어떤 결과를 유발한 근본 원인이 명백히 사회에 있음에도 그것을 알지 못하게 만드는 가장 손쉬운 방법은 생물학적 원인, 개인심리적 원인, 사회적 원인 등을 줄줄이 나열하고는 이것들이 상호작용한 결과라고 잡탕식 설명을 하는 것이다. 같은 맥락에서 주류 심리학이 사람을 한사코 생물심리사회적 존재라고 부르는 것은 사람이 사회적 존재라는 진리를 거부하고, 나아가 사람들이 그것을 알지 못하도록 방해하려는 몸부림일 뿐이다.

예전에 심리학과 동창생들이 모인 자리에서 한 친구가 이런 농담을 한 적이 있다. "얘들아, 우리가 그래도 명색이 심리학 전공자들이잖아. 그런데 왜 우리가 심리를 비전공자들보다도 더 모르는 거냐?" 대학에서 심리학 개론을 수강한 대학생 혹은 큰마음 먹고 심리학 개론서를 읽은 사람 중 상당수는 심리학 공부가 인간 심리를 이해하는 데 거의 도움이 되지 않는다고 불평한다. 예를 들면 대학생들은 심리학을 수강하고 나서 "심리학 강의를 듣고 나니 인간 심리를 이해하기가 더 어려워졌어", "비현실적인 얘기들만 계속해서 정말 지루하고 끔찍했어"라고 말하곤 한다.

왜 주류 심리학을 배우거나 공부하는 것이 인간 심리를 이해하는 데 별 도움이 되지 않는 것일까? 이런 질문을 받으면 심리학자들은 구구절절 변명을 늘어놓곤 한다. 그러나 인간 심리에 대한 이해와 동떨어진 비과학적이고 비현실적인 학문에서 벗어나지 못하도록 주류 심리학의 발목을 잡고 있는 가장 큰 원인은 비과학적인 인간관, 즉 사람을 생물학적 존재로 보는 것이다.

인간 심리를 이해하는 데 심리학이 도움을 주려면, 그 수준이 높은가 낮은가 하는 문제는 일단 차치하더라도, 적어도 사람들이 등장하는 드라마 정도는 보여줘야 한다. 그러나 주류 심리학은 사람은 거의 등장하지 않고 동물만 잔뜩 나오는 '동물의 왕국'이나 '내셔널 지오그래픽'만 보여준다. 주류 심리학을 아무리 열심히 공부해도 살아 숨 쉬는 현실 속 인간의 심리를 이해하는 데 어려움을 겪는 것은 이 때문이다.

사람은 사회적 존재이고, 심리학은 사회적 존재인 사람의 마음을 연구하는 과학이다.

02 인간 심리란 무엇인가
자각 가능하며 사회역사적인 의식 현상

심리학이 독자적인 학문으로 등장하기 전에는 철학이 인간 심리에 관한 논의를 이끌어왔다. 서구 철학의 전통적인 관심사는 물질과 의식이었는데, 이 중에서 의식consciousness에 관한 논의가 바로 인간 심리에 대한 탐구였다고 할 수 있다. 철학 개념으로서의 의식은 세계와 자기 자신을 인식하며 변혁하기 위한 모든 활동을 지휘하는 뇌의 기능으로 정의할 수 있다. 철학과 달리 주류 심리학은 의식 개념을 아주 협소하게 정의한다. 예를 들면 심리학자 마이어스와 드월은 의식을 "우리 자신과 환경에 대한 자각"[7](인식)으로, 대니얼 L. 샥터Daniel L. Schacter와 대니얼 T. 길버트Daniel T. Gilbert, 대니얼 M. 웨그너Daniel M. Wegner는 "세상과 정신에 관해 개인이 가지는 주관적 경험"[8](심리 체험)으로 정의하고 있다. 물론 이런 정의들은 잘못된 것이지만 여기에서 자세히 파고들지는 않겠다.

철학에서 말하는 의식과 심리학의 연구 대상인 인간 심리는 서로 어떤 관계에 있을까? 이 두 가지는 아주 밀접하게 연관되어 있지만 똑같지는 않다. 인간 심리는 사람마다 구체적으로 체험되고 자각되며 행동에 작용하는 의식 현상, 정신 현상이다. 즉 의식은 각 사람마다 다양하고 구체적으로 체험되며 서로 다르게 자각되고 행동에 작용하는데, 바로 이러한 의식 현상이 심리인 것이다.

예를 들어 옆집에 새로 이사 온 이웃이 밤마다 공터에다 쓰레기를 버리는 것을 목격했다고 해보자. 우선 그 이웃의 부도덕한 행위가 나의 의식에 포함된다(예: '공터가 지저분해진 것은 저 이웃 때문이다', '새로 온 이웃은 이기적이고 못돼먹은 사람이다'라는 견해가 의식에 포함된다). 동시에 그 이웃에 대한 나의 요구도 의식에 포함된다(예: '저 이웃을 혼내줘서 다시는 그런 짓을 못 하게 만들고 싶다'는 요구가 의식에 포함된다). 일단 나의 의식에 이런 내용이 포함되면 그것에 기초해 의식 현상이 발생하는데, 이것이 인간 심리다. 예를 들면 그 이웃만 보면 불쾌감이나 화 같은 부정적인 감정을 체험하게 되고(구체적으로 체험되고 자각되는 의식 현상) 마침내 이웃을 큰소리로 나무라게 되는데(행동에 작용하는 의식 현상), 이것이 바로 인간 심리인 것이다.

인간 심리의 특징 중에서 중요한 것을 두 가지만 살펴보면

의식		심리(의식 현상)	
견해	이웃은 부도덕한 사람이다.	감정	이웃만 보면 화가 난다.
요구	이웃의 잘못된 행동을 멈추게 하고 싶다.	욕망	경찰에 이웃집 사람을 신고하고 싶은 충동을 느낀다.

다음과 같다.

첫째, 인간 심리는 자각이 가능하다. 사람은 자신의 심리적 체험을 인식의 대상으로 삼고 그 의미를 파악할 수 있다. 인간은 언어를 가지고 있기 때문에 자기의 심리를 자각하고 그것을 자신으로부터 분리하여 인식의 대상으로 삼을 수 있다. 예를 들면 사람은 어떤 대상을 인식할 때 그것의 이름을 부르고(예: 뱀), 그것이 어떤 부류에 속하며(예: 파충류 혹은 동물) 자기와의 관계는 어떤가(예: 나를 물 수도 있으니 해롭다)를 파악하고, 여기에 기초해 이런저런 태도(예: 부정적인 태도)를 취하게 된다. 이렇게 사람은 어떤 감정을 체험하는 경우에도 막연하게 흥분하는 것이 아니라, 그 감정의 정체와 원인을 이해할 수 있기 때문에 환희·비탄 등을 체험하는 동시에 자각할 수 있다. 하지만 그렇다고 해서 사람이 언제나, 모든 순간마다 자신의 심리를 뚜렷이 자각한다는 것은 아니다. 예를 들면 극도의 격정 상태에 빠졌을 때, 즉 이성을 잃었을 때는 자기의 감정·정서를 정확히 자각하지 못하며 말과 행동을 제대로 통제하지 못할 수 있다. 그 결과 평소라면 하지 않을 법한 극단적인 말과 행동을 하기도 한다. 물론 이런 경우에도 일정한 시간이 지나 이성이 회복되면 점차 자기의 심리 상태, 심리적 체험을 자각하게 된다.

인간 심리가 자각되는 것은 그것이 사람의 추상적 사유 기능과 연관되고 언어에 의해 명명되기 때문이다. 언어와 밀착되어 있는 추상적 사유 기능은 사람이 자신에게서 발생하고 있는 심리적 체험의 의미를 정확히 이해하고 자각할 수 있게 해준다. 언어는 또한 자기의 심리적 체험, 심리 상태를 자각하고 정식화하여 다른 사람에게 전달할 수 있게 해준다. 결론적으로 인간은 언어를 가지고 있기 때문에 자기의 심리적 체험인 인식(사고), 욕망, 감정, 의지 등을 자각하고 그에 맞게 목적의식적인 행동을 할 수 있다.

둘째, 인간 심리는 사회역사적 성격을 가지고 있다. 이는 인간 심리가 사람들의 사회계급적 처지와 시대적 특성을 반영하며 그것에 의하여 제약된다는 것을 의미한다. 심리의 사회역사적 성격은 우선 인간 심리의 사회계급적·민족적 특성을 통해 확인할 수 있다. 사회적 존재인 인간은 사회적 집단인 계급과 계층, 민족의 한 구성원으로서 살아간다. 이 과정에서 사람들은 고유한 민족적 특성[9]뿐만 아니라 계급적 특성도 가지게 된다. 민족마다 심리가 다른 것, 계급이나 계층에 따라 세상을 다르게 보고 느끼는 것은 이 때문이다.

심리의 사회역사적 성격은 또한 그것이 시대적 성격을 갖는 것을 통해서도 확인할 수 있다. 시대가 변하면 사람들의 견해와 요구(의식)가 변하며, 그에 따라 그 시대에 부합되는 심리를 가지게 된다. 예를 들면 노예제 시대 사람들은 노예 해방이라는 요구를 가지지만, 오늘날의 사람들은 노예 해방과 관련된 심리를 별로 체험하지 않는다. 봉건제 시대를 살아가던 사람들의 심리와 자본주의 시대를 살아가는 사람들의 심리가 다르고, 같은 자본주의 시대라고 하더라도 자본주의의 황금기(1940~1970년대)를 살아가던 사람들의 심리와 1980년대 이후의 신자유주의 시대를 살아가는 사람들의 심리가 다르다. 오늘날 한국의 경우에는 박근혜를 탄핵했던 촛불항쟁 이전 시기와 그 이후의 심리가 사뭇 다르다. 이것은 촛불항쟁의 성공으로 인해 무엇보다 사람들의 요구가 변했고, 그에 따라 심리도 변했기 때문이다.

인간 심리가 사회역사적 성격을 갖는다는 것은 인간 심리의 형성과 발전이 과거의 인류가 이룩한 업적을 목적의식적으로 습득함으로써 가능해진다는 사실을 통해서도 확인할 수 있다. 만일 사람들이 과거의 인류와 단절된 채로 살아간다면 지금과 같은 심리의 형성과 발전은 불가능할 것이다. 난생처음 개를 본 아이가 "저게 뭐야?"라고 물으면 부모는 '개'라고 말해주며, 아이가 컴퓨터를 가리키며 "저게 뭐야?"라고 물으면 '컴퓨터'라고 알려준다. 아이는 자기 혼자 끙끙거리면서 개나 컴퓨터의 본질을 탐구함으로써 개나 컴퓨터라는 개념을 만들어내지 않는다. 대신에 부모를 통해 과거의 인류가 만들어놓은 개나 컴퓨터라는 개념을 습득한다. 이런 식으로 사람들은 말을 배우는 과정에서, 또 교육을 받는 과정에서 과거의 인류가 이룩해놓은 업적을 목적의식적으로, 체계적으로 습득한다. 이 때문에 오늘날의 사람들은 출생 후 몇십 년 안에 수만 년의 인류 역사 발전 과정에서 이룩된 심리 발전, 특히 지식 발전 수준에 도달할 수 있다.

03   심리적 체험의 형식
어떻게 체험되고 표현되는가

심리적 체험에는 심리 과정, 심리 상태 등의 형식이 있다.

심리 과정은 어떤 심리 현상이 발생한 때로부터 끝날 때까지 시간적 계기가 분명한, 단순하고 기초적인 심리 체험 형식이다. 예를 들면 갑자기 큰 소리가 들려서 그쪽으로 머리를 돌려 귀를 기울였다가 더 이상 소리가 들리지 않자 원상태로 돌아오는 것이다.

심리 상태는 일련의 심리 과정들의 복합으로 이루어지는 심리 체험 형식이다. 예를 들면 긴장 상태는 주어진 상황에 대한 인식 과정(예: 레이더에 포착된 이상한 물체에 주의를 기울인다)과 그에 기초한 정서적 흥분 과정(예: UFO일 수도 있다는 기대감), 그리고 자신의 정신적·육체적 힘을 집중하고 동원하는 의지 과정(예: 레이더에서 시선을 떼지 않고 면밀히 주시하면서 자신의 지식을 총동원해 그것이 무엇인지 추리한다)의 결합과 복합에 의해 이루어진다.

생활 속에서 어떤 심리 과정이나 심리 상태가 반복·지속되면 그것이 굳어져서 심리적 특징, 속성이 될 수 있다. 예를 들면 반복적인 주의 집중 상태(심리 상태)를 필요로 하는 업무에 장시간 종사하게 되면 주의 집중력이 심리적 특징, 속성으로 굳어질 수 있다.

인간 심리는 사람들의 일상생활에서도 잘 드러나지만, 여러 가지 사건이나 계기를 통해 특히 잘 드러난다. 예를 들면 사람들은 1960년의 4·19 혁명이나 2000년의 6·15 남북공동선언 같은 역사적 변혁, 미국의 9·11 테러와 같이 국제·국내 정세에 커다란 변화를 가져오는 사건을 접할 때 자기의 심리적 상태를 잘 드러낸다. 또한 평범한 시기보다는 취직과 실직, 이사, 결혼과 이혼 같은 인생의 중요한 계기를 통해 심각한 심리적 체험을 하고 자기의 심리 상태를 뚜렷하게 드러내곤 한다. 벼락출세를 하거나 경제적으로 파산했을 때 평소에는 볼 수 없었던 심리를 드러내거나 심리가 급변하는 것도 이런 사례다.

사람들의 심리는 여러 가지 통로를 통해 표현된다.

무엇보다 말과 행동에서 표현된다. 사람의 욕망과 감정 같은 다양한 심리 현상은 우선 말을 통해 표현된다. 진보정당 지지자와 극우정당 지지자의 말이 서로 다르고, 노인과 젊은이의 말이 같지 않은 것은 그들의 심리, 즉 욕망과 감정 등이 서로 다르기 때문이다. 사람들의 심리는 또한 행동(동작)에서도 구체적으로 나타난다. 사람의 행동은 심리와 연결되어 있으며 그것을 직접 표현한다. 사람들의 의식적이며 정상적인 행동은 심리의 주요한 특징을 표현하며, 손짓 몸짓과 같은 동작도 다양한 심리 현상을 표현한다. 예를 들면 주먹을 꽉 쥐고 몸을 부르르 떠는 것은 분노의 표현이고, 손발을 약간씩 떠는 것은 불안의 표현일 수 있다.

사람들의 심리는 또한 얼굴 표정을 통해서도 표현된다. 표정은 기쁨과 슬픔, 사랑과 증오 같은 감정은 물론이고 복잡한 심리의 움직임까지도 섬세하게 드러낸다. 특히 눈은 깊은 속마음, 말로는 다 표현할 수 없는 미묘한 심리까지도 드러낼 수 있다.

이처럼 인간 심리는 생활 속에서 다양한 말과 행동, 표정 등을 통해서 나타난다. 그러나 말과 행동, 표정 등이 언제나 사람들의 심리적 체험, 내면세계와 일치하는 것은 아니다. 따라서 누군가의 심리를 정확하게 알려면 그가 어떤 계기를 접할 때 대체로 어떻게 말하고 행동하는가(예: 지적이나 비판을 받을 때마다 '내로남불'을 하면서 자기 잘못을 인정하지 않는다)를 체계적으로, 전면적으로 관찰해야 한다. 즉 장기간에 걸쳐서 그가 일관성 있게 드러내는 표현 방식(패턴)을 관찰할 필요가 있다.

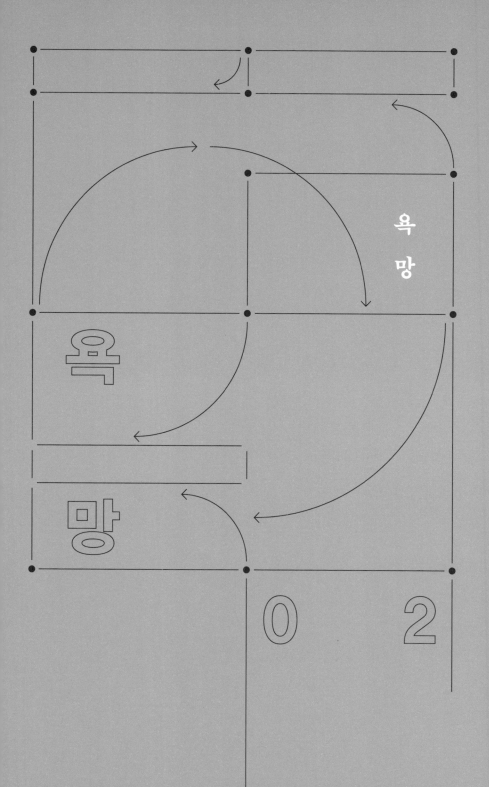

욕
망

욕

망

0 2

동기 - 인간 행동의 심리적 원인 - 욕망이란 무엇인가 - 나의 요구를 구체적으로 체험하고 자각하는 것 - 욕망의 특징과 종류 - 상호작용하고 발전하는 욕망들 - 욕망의 자각 형태 - 충동, 희망, 열망 - 욕망의 발현 - 호기심, 관심, 흥미, 취미 - 지향과 이상 - 미래를 향한 전망적 요구의 체험과 자각

"그놈이 분명히 범인입니다. 모든 증거가 그놈을 범인으로 가리키고 있지 않습니까?"

"그렇긴 하지. 그런데 말이야, 그놈한테는 그런 짓을 할 만한 동기가 없잖아."

"네, 그게 문제죠."

영화나 드라마에서 흔히 볼 수 있는 이 짧은 대화에서도 짐작할 수 있겠지만, 사람들은 누군가가 어떤 행동을 하면 그 행동의 배후에는 당연히 동기motivation가 있을 거라고 믿는다. 그래서 어떤 행동을 한 사람에게 동기가 뭐냐고 물었는데, 그런 거 없다는 대답을 들으면 수긍하지 못한다. 아무 동기도 없이 사람을 때리거나 죽이는 경우를 상상해보라. 동기 없는 인간의 행동이나 활동은 상상할 수 없다. 이런 점에서 인생이란 동기를 실현하기 위해서 살아가는 것이라고도 할 수 있다.

01 동기
인간 행동의 심리적 원인

동기는 사람이 일정한 활동으로 나아가도록 만드는 내적인 동력, 심리적 요인이다. 쉽게 말해 동기는 인간 행동이나 활동의 심리적 원인이다. 동기에는 배고픔 같은 내적·생리적 동기가 있는가 하면, 학습이나 교육 등을 통해 생겨나는 정신적 동기도 있다. 동기는 그 기원을 기준으로 구분하면 생득적(선천적)인 것과 후천적인 것으로 나뉜다. 사람에게 가장 중요한 것은 후천적인 정신적 동기다. 다시 말해 후천적·정신적 동기만이 사회적 존재로서의 인간의 행동과 활동을 규제하는 기본 요인, 동기가 될 수 있다. 선천적인 동기를 생물학적 동기, 후천적인 동기를 사회적 동기라고 부르기도 한다.

생물학주의적인 주류 심리학은 선천적인 동기 혹은 생물학적 동기가 사회적 존재로서의 인간의 행동과 활동에 큰 영향을 미치는 것처럼 묘사하고 있다. 많은 심리학 개론서가 생물학적 동기인 신체 항상성, 배고픔, 짝짓기(종의 번식), 본능과 추동 등에 대해서는 긴 지면을 할애하여 상세하게 설명하는 반면, 사회적 동기에 대해서는 에이브러햄 매슬로Abraham Maslow의 욕구 위계 이론을 간단히 소개하는 정도에 그치고 있다. 그러나 사회적 존재인 사람에게 정말로 중요한 것, 또 사람들이 정말로 알고 싶은 것은 사회적 동기이지 생물학적 동기가 아니다. 인간을 이해하는 데서 사람의 신체가 어떤 식으로 체온 조절을 하는지, 사람이 하루에 하품을 몇 번이나 하는지 따위를 아는 것이 과연 중요할까?

선천적인 동기, 생물학적 동기는 독자성을 가질 수 없으며, 사회적 존재로서의 사람의 행동에 거의 영향을 미치지 못한다. 예를 들면 배고픔이라는 생물학적 동기는 단지 먹는 행동을 촉발할 뿐, 왜 점심시간에 식당에 가지 않고 편의점에서 도시락을 사 먹는지, 왜 밥을 먹지 않고 짜장면을 먹는지를 좌우하지 못한다. 즉 배고픔이라는 동기를 아무리 깊게 파고들어도 그것은 사람이 뭔가를 먹으려고 할 것이라는 사실만 알려줄 뿐, 왜 땅에 떨어져 있는 음식은 먹지 않으며 맛집에 가는지는 알려주지 못한다는 것이다.

사회적 존재인 인간의 행동을 전적으로 좌우하는 것은 사랑을 주고받으려는 동기, 인정과 존중을 받고 싶은 동기, 사회에 기여하는 삶을 살고 싶은 동기 같은 후천적이고 정신적인 동기, 사회적 동기다. 따라서 정말로 인간에 대해 알고 싶다면 정신적 동기, 사회적 동기를 잘 알아야 한다. 물론 선천적인 동기, 생물학적인 동기에 대해서도 잘 알면 좋기야 하겠지만, 좀 강하게 말하자면 그것에 대해서는 자세히 모르더라도 사람을 이해하는 데 별문제 없다고 할 수 있다. 이런 점에서 주류 심리학이 선천적·생물학적 동기를 연구하고 설명하는 데 주력하는 반면 정신적·사회적 동기는 등한시하고 있는 것은 큰 잘못이다.

동기의 질은 곧 행동의 질이다. 즉 어떤 동기와 목적에서 출발하는가에 따라 행동의 가치와 수준이 결정된다. 건전하고 고상한 동기와 목적에서 출발한 행동은 가치 있고 수준 높은 행동이다. 반면에 이기적인 동기에서 출발한 행동은 가치 없고 수준 낮은 행동이다.

원대한 이상 같은 정신적인 동기는 가장 가치 있는 동기다. 동기가 건전하고 원대할수록 행동은 적극적이고 능동적이며 지속적이고 확고해진다. 김대중 전 대통령은, 일찍이 1970년대부터 연방제 통일 방안을 주장했던 것에서 알 수 있듯이, 남과 북의 화해와 통일을 실현하고야 말겠다는 원대한 이상(건전하고 고상한 동기)을 가지고 있었다. 그는 대통령에 당선된 후 미국의 반대와 방해에도 불구하고 적극적으로 남북 정상회담을 추진해 기어이 성사시켰다. 이 사례는 동기가 건전해야만 행동이 가치 있고 행동의 지속성도 보장된다는 것을 보여준다. 동기가 저속하면 행동의 가치가 없을 뿐만 아니라 지속성도 약해진다. 쉽게 말하면 나쁜 마음에서 출발하는 행동은 그 한계가 명확하다는 것이다.

주류 심리학은 동기를 "어떤 행위나 결정의 직접적인 원인",[10] "행동을 활성화하고 방향 지어주는 욕구나 원망", "어떤 행동의 목적이나 원인" 등으로 정의하고 있다. 이를 통해 알 수 있듯이 주류 심리학도 동기를 인간 행동의 원인으로 이해하고 있다. 그러나 동기가 과연 무엇인지에 대해서는 학자들마다 의견이 다르다. 마이어스는 동기의 주요한 요소를 "욕구나 욕망"[11]으로 보는 동시에 정서도 동기와 관련이 있다고 본다. 반면에 샥터는, 그가 집필한 심리학 개론서가 '동기와 정서'를 하나의 챕터로 묶어서 설명[12]하는 것에서 알 수 있듯이, 동기의 주요한 요소를 정서로 보고 있다. 또 다른 심리학자들은 "노력을 하고자 하는 의지는 행동을 유발하는 동기적 요소"라는 말에서 알 수 있듯이 동기의 주된 요소를 의지로 보기도 한다. 주류 심리학자들이 동기와 관련해서 이렇게 혼선을 빚고 있는 이유는, 단순화해서 말하자면, 그들의 의견이 다 맞기 때문이다.

욕망(욕구), 감정, 의지 등 다양한 인간 심리가 모두 동기로 작용할 수 있다. 더 정확히 말하자면 욕망, 감정, 의지 중 어느 하나만이 아니라 모든 인간 심리가 행동의 동기와 목적으로 작용할 수 있다. 이런 점에서 동기란 곧 인간 심리라고 말할 수 있다. 사람은 심리를 가지고 있기 때문에 일정한 동기와 목적을 가지고 그것을 달성하기 위해 행동하게 된다.

02 욕망이란 무엇인가
나의 요구를 구체적으로 체험하고 자각하는 것

욕망, 감정, 의지 등이 모두 동기로 작용하지만 이 중에서도 가장 중요한 것을 꼽으라면 욕망欲望일 것이다. 욕망은 한국인이 예전 부터 인간 행동의 원인으로 작용하는 동기를 설명하기 위해 일상 적으로 또 익숙하게 사용해왔던 용어다. 국어사전에서는 욕망을 "무엇을 하거나 가지고자 하는 바람 또는 그 마음"이라고 설명하 고 있다. 이 정의에서도 알 수 있듯이 욕망은 그 자체로 좋다거나 나쁘다고 할 수 없다. 다시 말해 욕망은 "나는 세상을 개혁하고 싶 은 욕망에 불타올랐다"처럼 좋은 의미로도 사용될 수 있고, "나는 또다시 지저분한 욕망에 사로잡혔다"처럼 나쁜 의미로도 사용될 수 있다는 것이다. 그런데 주류 심리학으로 인해 욕구라는 개념이 대중화된 탓인지는 몰라도, 오늘날 한국에는 욕구는 정상적이고 건전한 것으로 간주하는 반면 욕망은 저열하거나 병적인 것으로 간주하는 잘못된 분위기가 있다. 나는 욕망이라는 개념에 대한 왜 곡된 인식을 바로잡고 그것을 중요한 심리학 개념으로 정당하게 자리매김시킬 필요가 있다고 생각한다.

욕망이란 무엇일까? 심리학은 욕망을 어떻게 정의해야 할 까? 이 질문에 대답하기 위해서는 우선 사람과 동물의 중요한 질 적 차이를 다시 한번 상기해볼 필요가 있다. 생물학적 존재인 동물은 세계에 적응함으로써 생존하는 존재다. 다시 말해 적응이 동물의 생존 방식이라는 것이다. 반면에 사회적 존재인 사람은 세계를 지배—여기서 지배란 타인을 지배하는 것과 같은 부정적인 의미가 아니라, 세계에 대해 사람이 주인 역할을 한다는 긍정적인 의미의 철학 개념이다—하고 변혁함으로써 생존하는 존재다. 다시 말해 지배와 변혁이 사람의 생존 방식이라는 것이다. 이것은 사람이 단순히 육체적·생리적 결핍에 기초해서 뭔가를 필요로 하거나 원하는 존재가 아니라는 것을 의미한다. 사람은 세계와 자기 인생의 주인이 되기를 바라는 존재이고, 그렇게 되기 위해서 세상을 인식하고 변혁하면서 살아가는 유일무이한 존재다.

세계의 주인인 사람은 세계와의 관계에서 여러 요구를 가지게 되며 그 요구를 자각한다. 이렇게 사람이 자신의 요구를 자각, 인식함으로써 의식화(의식 안으로 받아들여 포함시키는 것)한 것을 사상의식이라고 한다. 세계를 있는 그대로 인식함으로써 의식화한 것이 지식(예: 지구는 둥글다)이라면, 세계에 대한 자신의 요구를 인식함으로써 의식화한 것이 사상의식이다. 사람은 생활 과정에서 이런저런 요구를 가지게 된다(예: 현재의 집이 좁아서 더 넓은 집에서 살고 싶다는 요구). 사람의 요구는 세계와 자기 인생의 주인이 되려는 폭넓고 근본적인 요구에서부터 스마트폰을 사고 싶다는 작고 구체적인 요구까지 망라하므로 그 스펙트럼이 대단히 넓다. 사람은 자기의 요구에 기초해 여러 사물 현상이나 사건이 자기한테

이로운지 해로운지를 따져본다. 즉 자기와 대상 간의 이해관계를 판단한다(예: 더 큰 집을 마련하려는 요구를 가진 사람은 부동산 가격의 폭등이 자기에게 해롭다고 판단한다). 사람은 이런 자신의 요구와 이해관계를 자각할 수 있는데, 이 같은 인식이 의식화된 것이 바로 사상의식이다. 결론적으로 의식은 그 내용을 기준으로 볼 때 자신의 요구와 이해관계를 반영한 사상의식과 세상을 있는 그대로 반영한 지식으로 구분할 수 있다. 인간 심리는 이 사상의식과 지식(의식)에 기초하여 발생한다. 따라서 의식 없이는 심리도 없다.

그렇다면 욕망은 무엇일까? 욕망은 특정 대상에 대한 사람의 요구가 구체적으로 체험되고 자각되는 심리 상태다. 예를 들면 내 집을 가지고 싶다는 물질적 요구가 의식화되고, 그 요구로 인해 주택청약저축에 가입하고 싶다거나 부동산 매물을 살펴보고 싶은 충동 등을 구체적으로 체험하는 것이 욕망이다. 주로 추상적이고 논리적인 명제의 형식—언어적 형식이라고 할 수도 있다—을 가지는 요구(예: 윤택한 문화생활을 누리고 싶다)와는 달리 사람들은 욕망을 구체적으로 체험(예: 최근에 개봉한 어떤 영화를 보고 싶다)한다.

사람은 여러 사물 현상에 대해 요구를 가지는데, 이러한 요구들이 생활 속에서 구체적으로 체험되고 자각되는 것이 바로 욕망이다. 아주 쉽게 말하자면 자신의 요구에 기초해 특정 상황에서 자신이 원하는 것, 바라는 것, 하고 싶은 것 등을 구체적으로 체험하는 것을 욕망이라고 할 수 있다.

욕망의 건강성은 요구에 의해 규정된다. 즉 요구가 건전하면 욕망도 건전하지만, 요구가 불건전하면 욕망도 불건전하다. 인간은 건전한 욕망을 가져야만 건강하고 행복한 생활을 할 수 있다. 누군가의 심리가 어떠하며 그의 삶이 어떤 방향으로 어떻게 진행되는가는 기본적으로 그가 어떤 욕망을 가졌는가에 의해 규정된다. 건전한 욕망을 가진 사람은 건전한 목적을 세우고 그 실현을 위해 활동한다. 반면에 불건전한 욕망을 가지면 불건전한 목적을 세우고서 부패하고 타락한 생활에 빠져들며 건전한 활동을 할 수 없다. 사람들이 체험하는 욕망은 그 강도가 크면 클수록 사람들의 활동을 더 강하게 추동drive한다.

주류 심리학에 익숙한 사람들은 욕구라는 개념은 친숙하게 느끼는 반면 요구나 욕망이라는 개념에 대해서는 생소한 느낌을 받을 것이다. 나도 예전에는 주로 욕구라는 개념을 사용해왔기 때문에 이 문제는 간단하게라도 언급하고 넘어가야 할 것 같다. 욕구는 주류 심리학의 needs라는 용어를 한국 학자들이 번역한 것인데, 심리학 분야에서 욕구라는 개념은 매슬로의 욕구 위계 이론을 통해 일반화되었다. 예전에 동기를 연구하는 심리학자들은 생물학적인 동기를 표현하는 본능instinct, 추동drive 같은 개념들을 주로 사용했다. 그러다가 매슬로의 욕구 위계 이론이 큰 반향을 일으킨 뒤에는 생물학적 동기와 사회적 동기 모두를 표현할 수 있다고 간주되는 욕구라는 개념을 애용하게 되었다.

매슬로는 가장 낮은 단계의 욕구로 기본적인 생리적 욕구 physiological needs를, 다음 단계의 욕구로 안전한 상태에 대한 욕구 safety needs를 제안했다. 나는 안전한 상태에 대한 욕구가 단순한 육체적 생존이 아닌 사회적 생존까지 포함해야 한다고 생각하지만, 어쨌든 여기까지는 선천적인 욕구 혹은 생물학적 욕구로 간주할 수 있다. 매슬로가 제안한 세 번째 단계의 욕구는 사랑 및 소속 욕구love/belonging needs이고, 네 번째 단계의 욕구는 존중 욕구 esteem needs다. 그리고 마지막 단계의 욕구, 즉 가장 높은 수준의 욕구는 자신의 잠재력을 온전히 실현하고자 하는 자기실현 욕구 self-actualization needs다.

매슬로의 욕구 위계 이론을 보면 알 수 있겠지만, 주류 심리학에서 욕구는 단지 선천적·생물학적인 것만이 아니라 정신적·사회적인 것까지를 포괄하는 폭넓은 개념으로 사용되고 있다. 그런데 이 욕구라는 개념은, needs라는 영어 단어가 말해주듯이, 사람이 뭔가 결핍이나 부족함을 느껴서 그것을 채우려고 하거나 어떤 것을 필요로 하는 것을 의미한다. 예를 들면 유기체가 배가 고파서 결핍이나 부족을 느끼고 그로 인해 뭔가를 먹으려고 하는 것을 지칭하는 개념인 것이다. 육체적·생리적 결핍이나 부족을 채우기 위해 뭔가를 필요로 하는 것은 세계와의 관계에서 수동성을 면할 수 없는, 즉 환경에 적응하는 방식으로 살아가는 동물의 전형적 특징이다. 앞에서도 언급했듯이 사람은 동물과는 달리 주동적으로 세계를 대한다. 즉 세계에 적응하는 것이 아니라 세계를 지배하고 변혁하는 방식으로 살아간다. 이로부터 사람은 육체적·생리적 결핍을 채우려는 생물학적 욕구와는 차원이 다른 정신적·사회적 요구를 가진다. 예를 들면 예술가가 작품을 창작하려고 하는 것은 그 어떤 결핍을 채우기 위한 것이 아니라 자신이 가지고 있는 이상적인 미의 기준에 도달하기 위한 것이다. 나는 이런 정신적·사회적 요구를 유기체의 결핍과 관련된 개념인 욕구 needs로 명명하는 것은 부적절하다고 생각한다.

지금까지의 논의에 기초해 매슬로의 욕구 위계 이론을 간단히 평가해보면 다음과 같다. 주류 심리학은 사람에게 이러저러한 욕구가 있다고 보지만 욕구가 무엇인지를 명확하게 밝히지는 않는다. 즉 사람이 사랑을 추구하는 행동을 하는 것으로 미루어볼 때 사람에게 사랑의 욕구가 있음을 알 수 있다고 볼 뿐이지 그런 욕구가 의식에 속하는 것인지 아니면 심리 현상에 속하는 것인지, 그것도 아니면 동물의 본능 같은 것인지에 대해서는 언급하지 않는다는 것이다. 사실 이것은 노골적으로 말하지 않아서 그렇지 대부분의 심리학자들이 욕구를 생득적인 동물적 본능 같은 것으로 간주하고 있음을 의미한다. 그러나 매슬로가 제안했던 욕구들, 특히 사회적 욕구들은 반드시 인간의 의식이 전제되어야 한다. 아무리 주류 심리학이라도 자존이나 자기실현의 욕구 등이 의식과 무관한 동물적 본능이라고 주장할 수는 없을 것이다. 사람은 생물학적·유기체적 결핍에 의해 촉발된 것(예: 신체의 수분 부족이 초래하는 물을 마시고 싶다는 요구)이든 사회적 존재로서의 본성과 삶에서 유래한 것(예: 사상의 자유를 누리고 싶다는 요구)이든 상관없이 자신의 요구를 인식함으로써 그것을 의식에 포함한다. 그리고 그 의식에 포함한 요구에 기초해 욕망(예: 물을 마시고 싶은 충동, 국가보안법 폐지에 대한 희망)을 체험한다. 여기에서 알 수 있듯이 요구가 의식과 관련된 개념이라면, 욕망은 의식 현상인 심리와 관련된 개념이다.

"구체적으로 체험되고 자각되며 행동에 작용하는 의식 현상"이라는 인간 심리에 대한 정의는 의식을 떠나서는 심리 현상이 존재할 수 없다는 것을 말해준다. 동물에게 심리가 없다고 하는 것은 동물에게는 자신의 요구와 지식을 포괄하는 의식이 없기 때문이다. 그런데 매슬로가 주장하는 욕구는 구체적인 심리 현상을 지칭하는 것이 아니며 인간의 의식과 무관한 동물적 본능 같은 것도 아니다. 따라서 매슬로가 주장하는 욕구란 인간 의식에 내재되어 있는 요구를 의미할 수밖에 없다. 인간 심리를 논할 때 생득적 본능으로 간주되는 욕구라는 개념보다는 요구와 욕망이라는 개념을 사용하는 것이 더 과학적인 이유가 바로 여기에 있다.

03 욕망의 특징과 종류
상호작용하고 발전하는 욕망들

욕망은 다음과 같은 특징들을 가지고 있다.

첫째, 주기적으로 되풀이하며 체험된다. 어떤 욕망이 충족되면 한동안은 그것을 뚜렷이 자각하지 않게 되지만, 어느 정도 시간이 지난 뒤에는 그 욕망을 다시 뚜렷이 자각하고 체험하게 된다. 이렇게 인간의 욕망은 잠재기를 가지고 있다. 예를 들면 음식을 먹고 싶다는 욕망은 식사를 한 후에는 사라지지만, 몇 시간이 지나면 다시 그 욕망이 되살아나고 그것과 관련된 대상에 대한 표상(음식에 대한 표상)이 발생한다.

둘째, 그 수준이 끊임없이 높아진다. 어떤 욕망이 충족되면 그 충족된 욕망에 기초해 더 높은 수준의 새로운 욕망이 생겨난다. "말 타면 경마 잡히고 싶다"는 속담이 이를 빗댄 것이다. 사람들의 물질생활을 보더라도 방 한 칸짜리 집에서 살다 보면 두 칸짜리 집을 원하게 되고, 두 칸짜리 집에서 살다 보면 세 칸짜리 집을 원하게 된다. 거창한 정치적 욕망(예: 병든 사회제도를 개혁하고 싶다)도 대개는 자신의 생활을 더 새롭고 높은 단계로 발전시키고자 하는 욕망(예: 지긋지긋한 생활고에서 벗어나고 싶다)으로부터 시작된다. 생활고에서 벗어나고 싶다는 낮은 단계의 욕망이 실현되면 사람들은 새로운 요구를 제기하면서 더 높은 단계로 나아가려고 한다. 이처럼 사람의 욕망은 계속 높아진다는 특징을 가지고 있기에 무한한 것이라고 말할 수 있다.

셋째, 욕망들은 상호 결합되어 위계적 구조를 이루며, 일정한 순간에 중심적인 자리를 차지하는 욕망이 있다. 이때 중심적인 위치를 차지하는 욕망을 우세 욕망이라고 한다. 사람들의 사고와 행동은 바로 이 우세 욕망에 의해 좌우된다. 좋아하는 가수의 공연을 보고 있는데, 갑자기 목이 마르거나 화장실에 가고 싶을 수도 있다. 이렇게 특정한 순간에 공연을 계속 보고 싶은 욕망, 물을 마시고 싶은 욕망, 화장실에 가고 싶은 욕망이 모두 활성화될 수 있지만 사람들은 계속 공연을 본다. 이것이 그 시점에서 우세 욕망이기 때문이다. 물론 욕망들 사이의 이 같은 위계는 고정불변한 것이 아니며, 구체적인 조건이나 계기로 인해 역전될 수 있다. 오줌보가 터지기 일보 직전이 되면 화장실에 가는 것이 우세 욕망이 될 수밖에 없고, 일을 다 보면 다시 공연 관람이 우세 욕망이 되는 식이다. 장기간에 걸쳐서 가장 빈번하게 우세 욕망의 자리를 차지하는 욕망을 기본 욕망이라고 한다. 예를 들면 돈에 대한 욕망은 늦잡아도 1990년대 후반부터는 다수의 사람들에게서 가장 긴 시간 동안 가장 빈번하게 우세 욕망의 자리를 차지하면서 기본 욕망이 되었다.

넷째, 욕망은 사회역사적 성격을 가진다. 이는 인간이 사회적으로 결합되어 살며 활동하기 때문이다. 즉 사람의 욕망은 각

시대의 생활 환경과 사회적 실천의 요구를 적극적으로 반영해 형성되고 발전하는 것이다. 매 시대의 사람들이 제기하는 요구의 내용과 수준은 당대 사회의 사회역사적 환경과 사회적 실천을 반영한 사회적 의식과 창조적 능력의 수준에 의해 규제되기 마련이다. 즉 사람들의 요구는 당대 사람들의 사회적 의식, 창조적 능력의 한계를 넘어설 수 없다는 것이다. 예를 들면 중세시대 사람들은 우주를 탐험하고 싶다는 요구를 가질 수 없지만 요즘 사람들은 그런 요구를 가질 수 있다. 간혹 일부 사람들이 환상적인 요구를 제기하기도 하지만, 그것 역시 당대 사회의 발전 수준, 당대 사람들의 발전 정도를 초월할 수는 없다.

다섯째, 욕망은 당면한 것뿐만 아니라 먼 앞날의 것(전망적인 것)까지도 연관된다. 주어진 순간에 직접 충족되는 것이 아니라 일정한 활동을 통해 실현되는 전망적인 요구를 지향이라고 한다. 예를 들면 열심히 노력해서 경찰관이 되겠다는 것이 지향이다. 대체로 지향에는 사회적 존재인 인간의 존재와 발전에 대한 본성적 요구, 전망적 요구가 반영되어 있다. 사람은 이런 전망적 요구, 지향을 가질 수 있기 때문에 장기간에 걸쳐 적극성과 능동성을 발휘하여 활동하거나 싸워나갈 수 있다.

한편 욕망에는 다음과 같은 여러 가지 형태가 있다.

첫째, 유족한 물질생활을 누리면서 육체적으로 건강하게 살며 발전하려는 요구의 체험인 '물질적 욕망'이다. 사람은 건강한 육체를 가져야 생존할 수 있고 인간다운 생활을 할 수 있기 때문에 당연히 물질적 욕망을 가진다. 물질적 욕망은 저절로 실현되는 것이 아니라 노동 활동의 결과인 물질적 부를 창조하고 누림으로써 실현된다. 따라서 인간의 요구, 창조적 능력의 발전에 따라 물질적 욕망의 성격과 특징이 변화, 발전한다. 의식주에 대한 욕망은 역사적으로 그 구체적 내용과 특징이 변화되어왔다. 예를 들면 생식, 즉 날것을 먹는 것만으로도 만족스러워했던 원시인·미개인의 욕망과 현대인의 욕망은 크게 다르다.

둘째, '정신문화적 욕망'이다. 이것은 풍요로운 정신생활을 누리는 정신문화적 존재로 살며 발전하려는 요구의 체험이다. 더 깊고 높은 지식을 쌓고 싶은 욕망, 질 높은 소통과 대화를 하고 싶은 욕망(말 같은 말을 주고받으며 살고 싶다), 건전하고 고상한 문화생활을 하면서 살아가고 싶은 욕망 등을 꼽을 수 있다. 사람들은 흔히 아는 것이 많고 교양이 풍부한 사람이 되고 싶다고 말하곤 하는데, 이런 것이 바로 정신문화적 욕망이다.

셋째, '사회정치적 욕망'이다. 이것은 사회와 정치의 주인이 되어 사회적 생명을 지니고 발전하려는 요구의 체험이다. 개개인이 사회의 주인이 되려면 하나로 뭉쳐야 하므로, 사회정치적 욕망에는 사람들과 교제하고 결합하려는 욕망, 동료나 이웃과 연대하려는 욕망, 하나의 정치세력으로 단결하려는 욕망 등이 포함된다. 사람들을 강하게 결합시키는 작용을 하는 사랑의 욕망도 원칙적으로는 사회정치적 욕망에 포함된다고 할 수 있다. 사회정치적 욕망은 사람에 대한 지배욕이나 권력욕 같은 병적인 욕망이 아니다. 사회의 평등한 주인으로서 이웃과 서로 돕고 이끌어주면서 타인들과 사회의 믿음과 사랑 속에서 사람답게 살아가려는 욕망이다. 오늘날 한국의 경우 극소수 기득권층이 아닌 국민이 실질적인 주권을 행사하려는 욕망, 사회 발전을 지체시키는 적폐를 청산하고 싶은 욕망, 불평등 문제를 해결하여 평등하고 화목한 사회를 건설하려는 욕망, 이웃과 협력하고 연대하며 단결하고 싶은 욕망 등이 여기에 해당된다.

04 　욕망의 자각 형태
충동, 희망, 열망

욕망은 구체적인 생활 조건과 환경 속에서 다양한 형태로 체험된다. 즉 사람은 욕망을 충동의 형태, 희망의 형태, 열망의 형태로 자각하고 체험한다.

　　욕망의 가장 낮은 단계의 자각 형태는 충동이다. 충동은 요구가 초보적으로 자각되고 체험되는 상태다. 충동 상태에서 사람은 자기에게 뭔가 필요하다거나 자기가 뭔가를 원한다는 것을 느끼기는 해도 아직 그 대상과 방향을 뚜렷이 자각하지 못한다. 그렇기 때문에 주관적으로 절박감, 초조감, 긴장감 등을 체험하지만 직접적인 행동을 시작하지는 못한다.

욕망의 다음 단계의 자각 형태는 희망이다. 희망은 욕망의 대상을, 자신이 무엇을 어느 정도 요구하는지를 뚜렷이 자각하는 상태다. 희망은 충동보다 더 자각적이며 적극적인 욕망이라고 할 수 있다. 사람은 희망을 가질 때 현재의 상태에 불만을 품으며 뭔가 새로운 것을 요구해야 한다고 느낄 뿐 아니라, 그 구체적인 대상을 뚜렷이 자각하고 그것을 누리기 위해 적극적인 활동으로 나아간다. 희망은 자연과의 관계에서는 마치 꿈에서나 볼 법한 완벽한 창조물 같은 물질적 대상의 형태로 표상되고, 사회와의 관계에서는 위대한 정치적·종교적 지도자 같은 완전한 사회적 존재, 또는 화목한 대동세상 같은 이상적인 사회 조직이나 집단 등의 형상으로 표상된다.

욕망의 가장 높은 단계의 자각 형태는 열망이다. 열망은 가장 자각적이고 의식화 수준이 높은 욕망이다. 열망 상태에서는 욕망의 대상만이 아니라 그것을 누리기 위한 수단과 방도까지 뚜렷이 자각된다. 사람은 열망을 가질 때 뚜렷한 행동 목적을 세우고, 구체적인 행동 수단과 방법을 구상하고 설계하며, 목적 달성 과정에서 맞닥뜨리는 어떤 어려움도 뚫고 나갈 결심을 다지게 된다.

충동, 희망, 열망을 예를 들어 살펴보면 다음과 같다. 어느 청년이 이성과 연애하기를 원하면서 초조해하는 것이 충동이라면, 이러이러한 이성과 연애하고 싶다는 생각을 가지고 적극적으로 소개팅이나 사교 활동을 하는 것이 희망이고, 특정한 이성을 결혼 상대로 정하고 데이트를 하면서 구체적으로 미래를 설계하는 것이 열망이라고 할 수 있다. 위헌적인 계엄령을 선포한 대통령을 끌어내려야 한다고 막연하게 느끼는 것이 충동이라면, 그것을 가능하게 해주는 방법이 탄핵이라는 걸 깨닫고 사람들한테 자신의 의견을 적극적으로 알리는 것이 희망이고, 탄핵에 찬성하는 국민의 힘을 하나로 모아 국회를 압박하면 능히 탄핵할 수 있으며 탄핵 이후 어떤 정부를 세울 것인지까지 계획하면서 촛불을 들고 거리로 나가는 것이 열망이라고 할 수 있다.

05   욕망의 발현
호기심, 관심, 흥미, 취미

욕망은 호기심과 관심, 흥미와 취미 등으로 발현된다. 즉 사람은 욕망에 기초해 호기심, 관심, 흥미, 취미 등을 체험하거나 가진다는 것이다.

호기심과 관심
호기심은 특정한 사물 현상을 신기하게 여기고 그것을 파악하려는 욕망의 발현이다. 어떤 얘기를 듣고는 "와! 그런 게 있었어? 신기하네"라고 외치며 인터넷을 열심히 검색해보는 것을 예로 들 수 있다. 이 같은 호기심의 특징은 대체로 일정한 계기를 매개로 발생했다가 금방 사라진다는 것이다. 즉 어떤 것을 새롭고 신기하게 여기고 그것을 파악하기 위한 인식 활동을 시작하기는 하지만 오랫동안 지속하지는 못한다. 호기심은 특정한 대상에 주의를 집중하게 하지만 우연히 나타난 다른 대상으로 주의가 전환될 수 있다. 길을 걷다가 고양이가 나타나면 순간적으로 호기심이 생겨 주의를 기울이지만 개가 나타나자 곧바로 그것에 주의를 빼앗기는 것을 예로 들 수 있다.

관심은 특정한 대상에 마음을 두고 집중하는, 상대적으로 더 지속적이고 자각적인 욕망의 발현이다. 사람은 어떤 대상에 관심을 가지면 계속 마음을 쓰고 그 대상을 더 잘 알기 위해 지속적으로, 적극적으로 노력한다. 이순신 장군에게 관심이 생기면 계속 이순신 장군에 대해 생각하면서 역사책을 읽거나 관련 방송을 보는 것을 예로 들 수 있다.

관심의 특징은 우선 단순한 호기심과는 달리 특정한 대상에 대한 요구의 뚜렷하고 자각적인 체험이라는 것이다. 관심은 사람이 자신의 생존과 발전을 위한 요구를 뚜렷이 자각할 때 가지게 되는 경우가 많다. 사람은 비록 어떤 대상 자체가 직접적으로 강한 정서적 흥분을 불러일으키지는 않더라도 그것이 자신의 삶에 필요한 것임을 뚜렷이 자각하면 관심을 가진다. 영어 그 자체는 강한 정서적 흥분을 유발하지 않지만 취직을 위해 그것이 꼭 필요하다는 것을 자각함으로써 관심을 가지게 되는 것을 예로 들 수 있다. 관심의 또 다른 특징은, 호기심이 주로 인식적 계기와 정서적 계기로 구성된다면, 관심은 인식적 계기와 함께 행동적 계기를 포함한다는 것이다. 그래서 사람은 특정한 대상에 관심이 생기면 그것에 대해 더 잘 알아보려고 할 뿐만 아니라 그 대상에 관련된 문제를 풀기 위해서 애를 쓰고 행동을 하는 것이다. 영어 학습에 관심이 생기면 단지 그것을 알려고 하는 것에 그치지 않고 직접 발로 뛰면서 영어 학원을 조사해보고 수강료를 마련하기 위해 아르바이트를 하는 것을 예로 들 수 있다.

관심은 그 방향, 폭(넓이), 지속성, 강도 등에 따라 구분할 수 있다. 관심의 방향이란 사람이 무엇에 대해 관심을 가지는가이다. 사람은 사회정치적 문제, 도덕적 문제, 경제적 문제, 문화예술적 문제 등 다양한 방향으로 관심을 가진다. 관심의 폭은 사람이 가지는 관심의 범위를 말한다. 어떤 사람은 협소한 범위에서 관심을 가지는가 하면, 어떤 사람은 넓은 범위에서 관심을 가진다. 여기에서 관심의 범위가 넓다는 것은 잡다한 것에 다 관심을 가지는 산만함이나 분산성과는 다르다. 관심의 범위를 평가하는 데서 중요한 것은, 기본적이고 중심적인 것에 주의를 기울이면서 다른 것들에 대해 어떻게 주의를 돌리는가 하는 것이다. 예를 들면 심리학에 주의를 기울이면서도 철학, 사회학, 역사학 등에까지 주의를 돌린다면 관심의 범위가 넓다고 할 수 있다. 관심의 지속성은 특정한 대상에 대해 얼마나 오랫동안 어느 정도로 관심을 가지는가를 뜻한다. 예를 들면 어떤 사람은 특정한 사물 현상에 오랫동안 관심을 기울이는 반면, 어떤 사람은 일시적으로만 관심을 보일 수 있다. 관심의 지속성은 관심의 강도와 밀접히 관련되어 있다. 사람은 지속적인 관심을 가질 때 사물 현상을 인식하고 개조하는 활동에서 훌륭한 성과를 거둘 수 있다. 이는 대부분의 인식 활동과 실천 활동의 성과가 꾸준하고 체계적인 노력을 통해서만 나타날 수 있기 때문이다. 마지막으로, 관심의 강도란 사람이 어떤 대상에 대해 얼마나 집중적인 관심을 가지는가를 일컫는다.

흥미와 취미

흥미는 의도적으로 선택한 대상을 더 잘 파악하려는 욕망의 발현이다. 흥미의 특징은 우선 의식이 선택 대상을 향해 집중되도록 만든다는 것이다. 흥미는 자신이 의도적으로 선택한 대상과 관련해서 발생한다. 물론 호기심도 욕망의 발현으로서 인식적 계기를 가진다는 점에서 흥미와 유사하다고 할 수 있다. 그러나 호기심은 내적 요인(예: 무지함)에 의해 즉흥적으로 발생할 수도 있고, 객관적 대상(예: 시끄러운 소리)에 의해 피동적으로 발생할 수도 있다. 반면에 흥미는 내적 요인, 즉 자신의 의식적인 선택에 의해서만 발생한다. 사람은 어떤 대상이 제아무리 강한 자극을 주더라도 자신이 그것을 의도적으로 선택하지 않는 한 흥미를 갖지 않는다. 어떤 사교 모임에서 누군가 화려한 옷차림과 튀는 행동으로 사람들에게 제아무리 강한 자극을 주더라도 대부분이 의도적 선택을 하지 않아서 그에게 흥미가 생기지 않는 것을 예로 들 수 있다. 동일한 대상(예: 멋진 이성)을 접했을 때 그것에 흥미를 가지는 사람(예: 미혼자)과 그렇지 않은 사람(예: 기혼자)으로 나뉘는 기준은 기본적으로 그것이 자신의 요구와 이해관계에 기초해 선택되었는가 그렇지 않은가이다. 흥미의 또 한 가지 특징은 그 대상과 관련된 기쁨, 만족, 즐거움, 쾌감과 같은 긍정적인 정서적 체험을 동반한다는 것이다. 이때 이 정서적 체험, 흥분이 강하면 강할수록 흥미의 지속성과 강도가 더 커진다.

취미는 어떤 활동을 직접 수행하려는 욕망의 발현이다. 사람은 흥미 있는 활동을 파악하고 그것을 반복적으로 수행하는 과정에서 취미를 가지게 된다. 이런 점에서 취미를 행동적 욕망 혹은 경향성이라고도 할 수 있다. 예를 들면 목공 기술에 대한 흥미가 점차 취미로 발전하고, 더 나아가 생활 과정에서 굳어져 습관이 되는 것이다.

취미는 우선 사람이 어떤 활동을 직접 수행하게 만든다. 흥미가 주로 특정 대상을 더 잘 파악하려는 인식적 욕망의 발현이라면, 취미는 그것과 관련된 행동을 직접 수행하려는 행동적인 욕망의 발현이라고 할 수 있다. 바둑에 취미를 가진 사람은 바둑 경기를 보는 것을 좋아할 뿐만 아니라 자신이 실제로 바둑을 두는 것을 더 좋아한다. 사람들은 취미와 관련된 활동을 언제나 즐겁게 수행(예: 음악 듣기를 즐긴다)하며, 그 수행 과정에서 쾌감과 만족감 같은 긍정적인 정서를 체험(예: 훌륭한 연주회에 가서 체험하는 긍정적인 정서)한다. 취미는 또한 어떤 활동을 수행하는 과정에서 자기가 좋아하는 행동 방법들을 자기의 것으로 체득하게 한다. 사람들은 취미와 관련된 활동에 필요한 동작 수행 방식과 기술을 부단히 반복하고 연마하며 자기의 특기로 만든다. 요리에 취미가 있는 사람이 자기만의 독특한 행동 방법으로 체계적으로 또 능숙하게 요리하는 것을 예로 들 수 있다. TV 프로에 등장하는 '생활의 달인'들 중에는 취미를 특기로 만드는 데 성공한 사람들이 많다. 취미가 굳어져서 개인적 특징으로 굳어진 것을 기호라고 하며, 특기를 표현하는 데 필요한 수단들을 기호품이라고 한다.

욕망의 발현은 구체적 상황과 각 사람에 따라 다양하게 나타난다. 구체적 상황에서 인간의 욕망은 호기심이나 관심, 더 나아가 흥미와 취미, 기호로 발현될 수 있다.

06 지향과 이상

미래를 향한 전망적 요구의 체험과 자각

욕망 중에는 즉각적으로 충족될 수 있는 것들도 있지만 노력을 기울여야만 충족되는 것들도 있다. 예를 들어 목이 마를 때 시원한 물을 마시려는 것이 즉각적으로 충족될 수 있는 욕망이라면, 자신이 원하는 대학에 진학하고 싶다는 것은 긴 시간 동안 열심히 공부해야만 충족되는 욕망이다. 지향과 이상은 후자의 욕망에 속한다.

사회적 존재인 인간은 주어진 상태에 만족하지 않으며 더 나은 삶을 위해 끊임없이 나아가려고 한다. 그래서 인간은 지금 당장 실현될 수 있는 요구만이 아니라 미래에 실현될 수 있는 요구도 가진다. 그런데 일반적으로 미래의 요구, 전망적 요구는 저절로 실현되지 않는다. 전망적 요구는 사람이 일정한 노력과 활동을 해야만 실현될 수 있다. 따라서 전망적 요구에는 그것을 실현하기 위해서 긴 시간 동안 일관성 있게 노력하려는 요구도 포함되어 있다. 지향이란 특정한 순간에 즉각적으로 혹은 직접적으로 실현되는 것이 아니라 일정한 노력과 활동을 통해서 실현되고 충족되는 전망적 요구의 자각을 의미한다. 다시 말해 미래에 실현될 수 있는 전망적 요구의 체험과 자각이 지향이다. 그리고 지향의 형태에는 공상, 이상, 목적과 목표, 포부 등이 있다.

지향의 특징은 다음과 같다.

첫째, 지향은 세계의 주인이 되기를 요구하는 사회적 존재로서의 인간의 본성을 반영하고 있다. 사람은 자연과 사회의 주인이 되려고 하기 때문에 필연적으로 자연과 사회를 자기의 요구에 맞게 개조, 변혁하려는 지향을 가진다. 전망적 요구 중에는 아무 노력을 하지 않더라도 때가 되면 실현될 수 있는 것도 있고, 열심히 노력해야만 실현될 수 있는 것도 있다. 엄밀한 의미에서 지향은 후자를 말한다. 즉 나무 밑에 입을 벌리고 드러누워서 사과가 떨어지기를 바라는 것을 전망적 요구라고 하지는 않는다. 전망적 요구란 땀 흘려 사다리를 만들어 기어이 사과를 따려는 것이다. 주어진 환경에 적응하고 순응하여 자기의 지향을 실현하는 것이 아니라, 자기의 지향에 맞게 자연과 사회를 개조, 변혁하려는 것이야말로 인간 지향의 본질적 특징이다.

둘째, 지향은 강고하고도 지속적인 사고와 행동의 경향성을 조성한다. 사람은 지향을 가질 때 언제 어디서나 그것에 맞게 사고하고 일정한 행동방식을 되풀이하는 경향성을 가지게 된다. 지향이 없거나 박약한 사람한테서 사고와 행동의 강고함, 지속성, 일관성을 찾아보기 힘든 것은 이 때문이다.

셋째, 여러 지향들 사이에는 일정한 위계 관계가 있다. 더 강하고 절박한 지향이 다른 지향들에 우선하는 것이다. 사람의 지향은 하나가 아니라 여러 가지다. 즉 사람은 특정한 순간이나 시기에 상대적으로 더 가까운 지향과 더 먼 지향, 더 강하고 절박한 지향과 그렇지 못한 지향을 동시에 자각하고 체험할 수 있다. 그러나 이러한 지향들은 내적으로 통합되어 위계적 구조를 이루면서 사람의 사고와 행동방식에 작용한다. 예를 들면 어떤 사람은 특정 시점에 열심히 돈을 벌어서 더 넓은 집을 사겠다는 지향과 독재정권을 타도하고야 말겠다는 지향을 동시에 느낄 수 있다. 이때 만일 후자의 지향이 더 강하고 절박할 경우 그는 생업을 접어두고 거리로 나가 촛불을 들 수 있다. 사람은 원대한 지향을 가질 수 있기에 인간의 완전한 자유와 해방을 위해, 더 나은 세상을 건설하기 위해 장기간에 걸쳐 완강하고 줄기차게 싸워나갈 수 있다.

지향의 자각 형태 중 하나가 공상이다. 공상은 사람이 지향하는 것을 환상의 형태로 자각하고 표현하는 것으로, 당장 실현될 수는 없지만 사람들이 동경하고 그 실현을 바라는 것이다. 예를 들면 자유롭게 하늘을 날아다니고 싶다는 지향이 환상적 형태로 표현된 것이 영화에 등장하는 슈퍼맨이나 아이언맨이라고 할 수 있다. 공상은 지향의 가장 낮은 단계의 자각으로서, 미래를 향한 인간의 전망적 요구를 초보적으로 표현하고 있다. 그러나 세계의 주인이 되려는 인간의 본성을 반영하고 있기 때문에 사람들의 활동과 생활을 고무하고 추동하는 작용을 한다. 인간의 지향은 처음에는 공상으로 자각되었다가 이상으로 전환되고, 결국에는 현실로 실현된다. 따라서 공상은 도저히 실현될 수 없는 허황한 망상과는 다르다.

　지향의 가장 중요한 자각 형태는 이상이다. 이상은 인간과 인간 생활에 대한 가장 훌륭한 모범적 형상으로 주어지는 지향의 최고 형태다. 그렇기 때문에 이상은 인간 생활의 최고 목적, 종국적 목적이 된다. 사람은 자기 자신에 대한 이상 또한 가질 수 있는데, 이를 '이상적 자기ideal self'라고 한다. 사람은 현실적 자기actual self와 이상적 자기를 비교하면서 이상적 자기가 되기 위해 끊임없이 노력하며 그 과정을 통해 성장하고 발전한다. 이런 점에서 이상적 자기는 개인적 차원에서의 인생의 최고 목적, 종국적 목적이라고 할 수 있다. 이상이 없는 사람은 생활의 목적과 방향이 없기 때문에 목적지향적인 삶을 살아갈 수 없다. 이런 점에서 사람의 건전한 생활이란 이상을 실현하기 위한 활동 과정이라고도 말할 수 있다. 원대한 이상을 가질 때 사람은 주어진 현실에 만족하지 않고 휘황찬란한 미래를 위해 헌신적으로 노력하게 된다.

　이상에 대해 더 정확하게 이해하려면 이상과 가까운 개념인 이념과의 관계를 살펴볼 필요가 있다. 이념과 이상은 둘 다 사람을 자연과 사회를 목적의식적으로 개조하기 위한 활동으로 이끄는 동기로 작용한다. 그러나 이상이 인간과 인간 생활의 최고 목적이 생동한 모범적 형상으로 주어진 것이라면, 이념은 그것이 체계화된 이론적 명제의 형태로 주어진 것이다. 비유하자면 황홀한 이상사회의 모습과 그곳에서의 생활을 생동하게 묘사하는 공상

과학 영화가 이상이고, 그런 이상사회의 본질이나 특징을 이론적
으로 해설하는 책이 이념이라고 할 수 있다.

이상은 공상과 다르다. 공상도 지향의 한 형태이지만 그것
은 환상의 형식으로 체험된다. 인간의 수준이 아직 높지 못했던
먼 과거에는 사람들이 지향을 대체로 공상의 형태로 가지고 있었
다. 천국, 발할라, 무릉도원 등 이상사회에 대한 옛사람들의 지향
을 예로 들 수 있다.

이상이 인간의 '모든' 요구와 지향을 표현하는 것은 아니다.
인간의 근본 요구, 사회적 인간의 본성적 요구를 가장 높은 수준
에서 자각한 것이어야 비로소 이상이라 할 수 있다. 그래서 소박
한 염원, 미래에 대한 막연한 동경을 벗어나지 못한 지향은 비록
훌륭한 것이라 할지라도 이상이라고는 하지 않는다. 이상은 인간
의 전망적 요구를 가장 높은 수준에서 반영한 것으로서 현실적
인 것보다도 더 훌륭하고 아름답고 진보적인 것이다. 그렇다고 해
서 이상이 현실과 동떨어져 있다는 것은 아니다. "현실에 발을 붙
이고 눈은 미래를 보라"는 말처럼 이상은 언제나 현실에 기초를
두고 있으며, 현실 발전의 합법칙성에 대한 과학적 인식을 전제
로 하고 있다. 이것은 이상의 중요한 징표 중 하나가 과학성이라
는 것을 의미한다. 이상은 자연과 사회에 대한 견해와 관점, 요구
와 이해관계를 일반화한 이론과 연관되어 있기 때문에 과학성을
갖게 된다. 바로 여기에 이상이 막연한 동경이나 공상과 구별되는

근거가 있다.

사람은 원대한 이상을 가질 때 그 훌륭한 형상에 공감하고 매혹되며 경탄과 환희, 기쁨과 찬양, 사랑과 흠모 등 여러 긍정적인 정서를 체험하게 된다. 그것은 이상 속에 사람들의 근본적인 요구가 담겨 있고 그러한 형상을 통해서 자신과 자기 생활의 발전 방향을 내다볼 수 있기 때문이다. 이상사회를 실현하기 위한 투쟁 중 하나였던 1980년의 광주민중항쟁은 인류가 꿈꿔온 이상사회의 형상을 생생하게 보여주었다. 항쟁 기간 동안 광주 시민들은 마치 한 형제처럼 같이 웃고 울면서 동고동락했으며 부상자를 위해 자발적으로 헌혈을 하는 등 숭고한 목적을 위해 아낌없이 자기를 헌신하고 희생하는 아름다운 공동체의 전형을 창조했다. 한국인들은 광주민중항쟁을 통해 이상사회의 훌륭하고 아름다운 모습을 목격함으로써 이상사회를 실현하려는 의지를 불태울 수 있었다. 한국의 1980년대가 뜨거운 민주화운동으로 점철될 수 있었던 것은 바로 이 때문이다.

고상한 이상을 가진 사람은 삶을 사랑하고 미래를 사랑하기에 패기와 정열에 넘쳐 낙천적으로 생활한다. 사람은 이상에 비추어 자신의 인격과 생활을 분석하면서 그것이 이상적 형상에 부합될 때 큰 만족과 기쁨을 체험하며 인간으로서의 긍지와 자부심을 느낀다. 반대로 자신의 인격과 생활이 이상적 형상에 어긋나거나 반대될 때 수치심과 양심의 가책, 자신에 대한 불만 등을 강하게 느낀다. 이처럼 이상은 단순히 모범적이며 생동한 형상으로만 그치는 것이 아니라 인격의 완성, 수양과 사람의 활동을 강하게 추동하는 동기로 작용한다.

이상이 인격 완성과 인간 활동의 추동력이자 동기가 되는 것은 이상의 기능과 관련이 있다. 이상의 기능은 다음과 같다.

첫째, 대상의 미래를 예견하는 기능, 즉 예후 기능이다. 이는 이상이 대상의 발전 방향에 대한 인식과 이해를 제공해준다는 것을 의미한다. 예를 들면 이상적 자기에 대한 형상은 자신의 미래, 즉 자신이 장차 어떤 사람으로 성장하고 발전해나갈지에 대한 인식과 이해를 준다.

둘째, 규범적 기능이다. 이는 인간의 인격과 생활을 도덕적 요구나 규범 등에 따라 분석하고 가치 평가를 해주며, 규범의 요구에 맞게 사고하고 행동하도록 이끄는 기능을 말한다. 부도덕한 행동을 한 사람이 이상적 자기에 비추어 자기의 행동을 분석하여 자기의 가치를 평가하고 반성하면서 다시는 그런 행동을 하지 않겠다고 다짐하는 것을 예로 들 수 있다.

셋째, 강령적 기능이다. 이는 사람들이 이상을 반드시 실현해야 할 목표, 과업, 의무로 여기고 그것을 실현하기 위해 노력하게 만든다는 것을 의미한다. 민주당, 진보당 같은 정당들은 강령을 가지고 있다. 정당의 강령은 당원들에게 정치 활동의 목적과 목표, 행동 지침 등을 제공하고 당원의 과업이나 의무를 규정한다. 이상이 바로 이런 기능을 수행한다.

이상은 사회역사적 성격을 가진다. 이는 이상이 사람들의 사회계급적 처지와 사회적 의식(사상, 이념 등)에 의해 제약된다는 것을 의미한다. 봉건제 사회에서의 이상적 자기와 자본주의 사회에서의 이상적 자기는 다르다. 봉건제 사회에서 이상적 자기는 대체로 충효에 철저하고 순종적인 사람이다. 즉 삼강오륜에 충실한 사람이 모범적이고 이상적인 자기였다. 반면에 자본주의 사회에서는 경쟁에서 승리한 사람, 돈을 많이 번 사람, 유명한 사람 등이 이상적 자기의 전형이다. 오늘날의 자본주의 사회에서 공자, 맹자 등을 이상적 자기의 형상으로 간직하면서 살아가는 사람은 거의 없다. 이것은 이상이 사회역사적 성격을 가진다는 것을 보여준다.

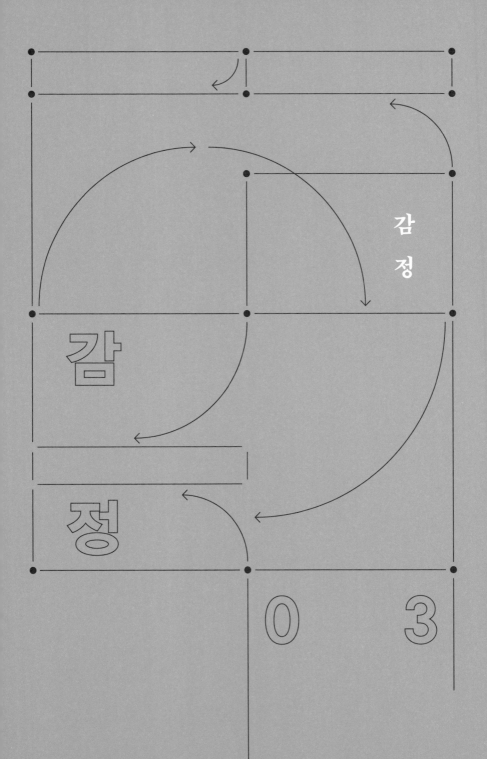

감
정

감

정

0   3

감정이란 무엇인가 - 태도를 다양한 정서로 표현하는 심리 현상 - 감정 체험에 관한 주류 심리학 이론 - 제임스-랑게 이론에서 2요인 이론까지 - 감정의 특성과 의의 - 인간의 활동을 뒷받침하는 에너지 - 기본적인 질에 따른 감정의 구분 - 만족과 불만, 쾌와 불쾌 - 주요한 감정들 - 기쁨, 슬픔, 사랑, 증오, 공포 - 감정 체험의 정서 상태 - 기분, 격정, 열정 - 감정 체험의 법칙 - 능동적이고 역동적인 일체화, 공감, 동감 감정이란 무엇일까? 정서란 무엇일까? 감정과 정서는 서로 혼용될 정도로 유사한 개념이다. 감정과 정서가 어떻게 다른지는 뒤에서 다루기로 하고, 우선은 주류 심리학이 주로 사용하는 정서 emotion라는 개념에 대해서 살펴보기로 한다.

주류 심리학은 정서를 어떻게 정의하고 있을까? 마이어스와 드월이 쓴 《마이어스의 심리학 개론》에서는 정서를 "생리적 각성, 표현 행동 그리고 의식 경험을 수반하는 유기체의 반응"[3]이라고 정의하면서 다음과 같이 설명하고 있다.

정서는 다음과 같은 것들의 혼합체이다. 신체 각성(심장이 쿵쾅거린다), 표현 행동(페이스가 빨라짐), 사고(유괴인가?)와 감정(공포감과 나중의 환희)을 포함한 의식 경험.

한국의 심리학자들이 공저한 《심리학 개론》에서는 정서를 다음과 같이 정의하고 있다.

정서란 자극에 대해 나타나는 생리적 변화(혈압, 맥박수, 호흡 등) 또는 얼굴 표정이나 행동의 반응(미소, 얼굴의 찡그림 등)을 말하며, 일반적으로 감정 또는 느낌이라고 한다.[14]

이런 정의들을 통해 알 수 있듯이 주류 심리학은 감정, 정서, 느낌, 기분 등을 명확하게 정의하거나 구분하지 않고 비슷한 개념으로 간주하여 편의에 따라 혼용하고 있다. 그런데 이보다 더 큰 문제는 위와 같은 정의가 감정이나 정서의 본질에는 접근하지 못하고 그 결과만을 나열하는 비과학적인 정의라는 데 있다. 정작 해야 할 말은 하지 못하고 변죽만 울린다는 것이다. 길을 가다가 독사를 만났을 때 가슴이 쿵쾅거리고, 놀란 토끼 눈을 하며 얼굴을 찡그리는 것이 감정 혹은 정서의 본질일까? 그런 것들은 단지 감정 반응의 징후, 결과이거나 감정 체험의 조건일 뿐이다. 즉 감정이라는 심리 현상의 신체적 표현이나 증상 혹은 감정 체험을 가능하게 해주는 생리적 기초나 조건을 나열한 것뿐이다. 신체 각성, 표현 행동, 의식 경험 등은 감정 체험의 결과이거나 조건일 뿐 그 자체가 감정은 아니며, 감정의 본질은 더더욱 아니다. 감정·정서에 대한 이 같은 잘못된 정의는 주류 심리학이 21세기인 지금까지도 감정·정서의 본질을 제대로 이해하지 못하고 있음을 보여준다.

주류 심리학은 왜 감정의 본질을 규명하지 못하는 것일까? 그것은 사람을 사회적 존재로 보지 않아서다. 주류 심리학이 사람을 생물학적 존재로 간주하고 있다는 것은 감정·정서의 기능에 대한 설명을 통해서도 확인할 수 있다. 마이어스와 드월은 "정서는 신체의 적응 반응이다. 정서는 우리의 생존을 지원해준다. 도전거리에 직면할 때, 정서는 주의를 집중시키고 행동에 활력을 불어넣어준다"[15]라고 설명한다. 갑자기 불곰이 나타나면 불곰에게 주의를 집중시키고 신체를 각성시켜 불곰에 맞서게 해주거나 도망치기 쉽게 해주는 적응적 신체 반응이 바로 감정의 기능이라는 말이다. 이런 설명은 동물의 감정을 설명할 때에도 그대로 적용될 수 있다. 아니, 정확하게 말하자면 그것은 사람이 아닌 동물의 원시적인 감정에 대한 설명이다. 그렇다면 베토벤의 〈합창〉 교향곡을 들으면서 느끼는 숭엄한 감정은 불곰을 만나지 않아서 안도하는 감정에 불과한 것일까? 명품을 몸에 두르고 나와 돈 자랑을 하는 동창생을 만난 후에 불쾌한 기분이 드는 것은 그 친구가 불곰과 비슷해서일까?

주류 심리학이 사람을 동물과 질적인 차이가 없는 생물학적 존재로 간주한다는 것을 뚜렷하게 보여주는 것이 바로 감정·정서의 기능에 대한 이런 식의 황당한 설명이다. 샥터 등이 집필한《심리학 개론》에서도 감정·정서가 생존을 위한 '원시적인 시스템'이라고 설명하고 있다.

> 정서는 우리가 아주 적은 정보를 바탕으로 우리의 생존과 복지와 관련이 있는 일들에 대해 신속하게 반응할 수 있도록 우리를 준비시키는 원시적인 시스템이다.[16]

앞에서 언급했듯이 주류 심리학은 사람을, 비록 똑똑하기는 하지만, 동물과 질적 차이가 없는 생물학적 존재—컴퓨터를 머리에 달고 있는 동물—로 본다. 진화론에 의하면 생물학적 존재에게 가장 중요한 것은 육체적 생존(개체 생존)이고, 이를 위해서는 환경에 잘 적응해야만 한다. 적응에 성공하면 생존과 번식이 가능하지만 적응에 실패하면 죽거나 멸종되기 때문이다. 따라서 생물학적 존재는 본능적으로 '적응을 통한 생존'을 추구한다. 감정은 태초에 이것을 돕기 위해 만들어졌고 지금까지도 그런 기능을 수행하고 있다. 이것이 감정에 대한 주류 심리학의 설명이라고 할 수 있다.

그러나 이것은 동물에 대해서는 타당할지 모르지만 사람에게는 전혀 들어맞지 않는다. 사람은 세계에 '적응'하는 방식으로만 살아가는 존재가 아니라 세계를 개조, 변혁하는 방식으로 살아가는 존재다. 인간의 조상뻘인 유인원의 감정은 동물의 감정과 똑같았을 것이다. 그러나 사회적 존재인 사람에게서 감정은 적응을 돕기보다는 자신의 요구를 실현하는 것을 돕는 기능을 수행한다. 즉 불곰을 만났을 때 빨리 피하도록 해주는 것은 어디까지나 부차적이고 제한적인 기능일 뿐이고, 자신의 요구를 실현하도록 이끌어주고 도와주는 것이 감정의 주된 기능이라는 것이다. 사람은 적응을 위해서가 아니라 자신의 요구에 기초해 세상과 접촉할 때 감정을 체험하게 된다.

01 감정이란 무엇인가
태도를 다양한 정서로 표현하는 심리 현상

감정은 사람의 태도를 다양한 정서로 표현하는 심리 현상이다. 감정은 인식과는 달리 사물 현상에 대한 사람의 태도를 표현한다. 다시 말해 감정은 사람이 사물 현상을 어떻게 보고 대하며, 어떻게 받아들이는가 하는 관계를 표현한다. 사람은 자신이 접하게 되는 사물 현상이 무엇인지 인식하는 데 그치지 않고 그것에 대한 태도를 가진다. 사물 현상 그 자체를 파악하는 인식에서는 모든 사람이 같은 내용을 가진다. 물론 인식의 폭과 깊이, 수준에서 차이는 있겠지만 그 내용은 같다. 예를 들면 하늘에 떠 있는 달을 인식할 때 사람들은 모두 다 그것을 달이라고 파악한다. 이렇게 인식의 내용은 같다 하더라도 달에 대한 사람들의 태도는 서로 다를 수 있다.

동일한 사물 현상에 대한 태도의 차이는 사회 현상에서 더욱 뚜렷이 찾아볼 수 있다. 노동자들이 총파업을 하면 사람들은 모두 다 그 사회 현상을 총파업이라고 인식한다. 그러나 노동자들의 총파업에 어떤 이들은 박수를 쳐주지만 다른 이들은 짜증을 내기도 한다. 이처럼 똑같은 사물 현상을 놓고도 어떤 사람은 좋아하고 기뻐하며 사랑할 수 있지만 다른 사람은 그렇지 않을 수 있다. 요컨대 똑같은 대상을 놓고도 사람들은 서로 다른 태도를 가지게 되는데, 이 태도를 표현하는 심리 현상이 바로 감정이다.

그렇다면 태도attitude란 무엇일까? 태도란 간단히 말하자면 "대상에 대한 심리적 입장"이다. 참고로 주류 심리학은 태도를 "사람들이 어떤 대상에 대하여 지니고 있는 마음의 지향",[17] "대상과 사람 그리고 사건에 대해 특정 방식으로 반응하도록 만드는, 신념의 영향을 받기 십상인 감정"[18] 등으로 정의한다. 그러나 이런 서술들은 태도에 대한 정확한 정의라고 볼 수 없다.

일반적으로 태도에는 긍정적 태도, 부정적 태도, 중립적 태도가 있다(태도를 조사하는 질문지의 객관식 답변 항목이 '좋다, 보통이다, 싫다'임을 상기해보라).

긍정적 태도는 외부에서 주어지는 다양한 자극이나 정보를 호의적으로, 적극적으로 받아들이는 것으로, 긍정적인 정서적 체험을 동반한다.

부정적 태도는 자극이나 정보 등을 불신, 의심, 경계심 등을 가지고 대하는 것으로, 부정적인 정서적 체험을 동반한다. 그 대표적인 예는 선입견(선입견에 기초한 태도)과 편견(편견에 기초한 태도)이다. 선입견은 특정한 대상, 정보를 뚜렷한 근거 없이 그릇되게 왜곡해서 대하는 것이다. 이런 선입견은 명확한 논리적 근거나 객관적 자료가 없는 상태에서 가지는 태도이기 때문에 충분한 이유와 근거로 그 부당성이 논박되면 극복되거나 사라지는 편이다. 이와는 달리 편견은 가장 집요한 부정적 태도라고 할 수 있다. 편견이란 충분하거나 타당한 근거 없이 무턱대고 고집을 부리는 것이다. 편견은 타당한 근거와 이유로 그 부당성이 논박되더라도 좀처럼 없어지거나 극복되지 않는다. 선입견이나 편견은 대상에 대한 비우호적인 태도 혹은 적의를 가지는 부정적 태도다.

중립적 태도는 어떤 대상이 좋지도 않고 싫지도 않아서 입장과 감정이 뚜렷이 나타나지 않는 것이다.

사람은 태도를 가지고 대상을 대하며 그에 따라 각기 다른 감정을 체험한다. 사람들은 길을 가다가 길고양이를 보면 길고양이에 대한 자신의 태도에 기초해 그 길고양이를 대한다. 길고양이에게 긍정적 태도를 가진 사람은 기분이 좋아지지만, 부정적 태도를 가진 사람은 기분이 나빠진다.

감정과 정서는 유사하지만 서로 다른 개념이다. 감정은 사물 현상에 대한 사람의 태도를 다양한 정서로 드러내는 심리 현상이다. 이러한 정의는 정서가 감정의 하위 개념임을 보여준다. 그렇다면 정서는 무엇일까? 정서란 사람이 체험하는 즉각적이고 직접적인 심리적 느낌, 흥분이다. 대상에 대한 인간의 감정이 다양하고 섬세하게 체험되고 발현되는 심리 현상이 바로 정서인 것이다. 따라서 감정이 태도를 정서적 형식으로 드러낸다는 말은 사람이 자신의 태도를 기쁨과 슬픔, 사랑과 미움 같은 구체적이고 생생한 심리적 느낌과 반응으로 드러낸다는 것을 의미한다. 감정은 구체적인 정서들을 체험하는 것으로 이루어지며, 정서는 감정의 구체적인 체험 과정, 체험 상태, 발현 형식이다. 그렇기 때문에 정서를 떠난 감정이란 있을 수 없으며, 똑같은 감정도 다양한 정서로 체험되고 발현될 수 있다.

예를 들면 감정으로서의 연대감은 연대의 대상에 대한 그리움, 그들에 대한 애정과 애착, 그들과 하나가 되어 고상한 목적을 실현하기 위해 싸워나가는 데 대한 긍지와 자부심, 그들과 하나가 되었다는 환희와 격정, 그들과의 연대를 방해하는 세력들에 대한 분노와 적개심 등 다양한 정서로 체험되고 발현될 수 있다. 감정으로서의 우울감 역시 귀중한 대상을 상실한 슬픔, 세상에 홀로 남겨진 것 같은 외로움, 끝없이 바닥으로 가라앉는 듯 저조한 기분, 자기 자신에 대한 분노와 경멸 같은 다양한 정서로 체험되고 발현될 수 있다. 이처럼 사람의 태도를 구체적이고 생생한 정서로 나타낸다는 데 감정의 본질이 있다.

그렇다면 요구(욕망)와 감정은 서로 어떤 관계에 있을까? 결론부터 말하자면 요구가 감정을 규정한다고 할 수 있다. 사람의 태도를 좌우하는 것이 요구다. 태도는 아무 근거 없이 무작위적으로 생겨나는 것이 아니다. 사람은 자신의 요구에 따라 세상을 대한다. 감정은 이런저런 사물 현상이 사람의 요구와 접촉할 때에만 발생하고 체험될 수 있다. 즉 사람은 다양한 요구를 가진 존재이기 때문에 이런저런 감정이 발생할 수 있으며 그것을 체험할 수 있다는 것이다. 사람이 접하는 사물 현상이 자신의 요구를 실현하기에 이로우면 긍정적인 태도를 가지고 긍정적인 감정을 체험하며, 해로우면 부정적인 태도를 가지고 부정적인 감정을 체험한다. 기본적으로는 요구가 감정을 규정하지만, 감정도 요구에 영향을 미칠 수 있다. 예를 들어 불안이 너무 심하면 그 불안에서 벗어나고 싶다는 요구가 생길 수 있다. 이렇게 요구와 감정은 마치 동전의 양면처럼 붙어 있으면서 서로 영향을 주고받는다.

마지막으로 간단히 언급하고 싶은 것은 요구(욕망)와 마찬가지로 사람의 감정도 사회역사적 성격을 가진다는 것이다. 사람의 감정은 언제나 또 누구에게나 다 똑같은 것이 아니라 계급에 따라, 민족에 따라, 시대에 따라 차이가 있다. 프랑스의 베르사유 궁전을 보면서 어떤 이들은 그 아름다움에 마냥 탄복할지 모르지만, 어떤 이들은 부정적인 감정을 체험할 수도 있다. 예를 들면 정주영 회장은 화려한 베르사유 궁전을 돌아보면서 "이러니까 혁명이 일어났지"라고 말했는데, 그가 모름지기 노동자 혹은 서민의 입장에서 감정을 체험했기 때문일 것이다. 시대가 달라지고 역사가 발전하면 사람들의 생활이 달라지고 요구나 지식의 내용이 변화, 발전하는데, 그에 따라 사람들의 감정도 변화, 발전한다.

02 감정 체험에 관한 주류 심리학 이론
제임스-랑게 이론에서 2요인 이론까지

주류 심리학은 감정·정서의 본질보다는 인간이 감정·정서를 어떻게 체험하는지 혹은 체험할 수 있는지를 연구해왔다. 쉽게 말해 감정 체험을 가능하게 해주는 조건들에 관심을 기울여왔다는 것이다. 이 주제를 다룬 이론 중에서 대표적인 것은 제임스-랑게 이론, 캐넌-바드 이론, 2요인 이론이다.

제임스-랑게 이론

윌리엄 제임스William James와 카를 랑게Carl Lange의 제임스-랑게 이론은 신체적·생리적 변화에 뒤따라 정서를 경험하게 된다고 주장한다. 길을 가다가 불곰을 만나면 일단 심장이 쿵쾅거리는 것 같은 신체적 변화가 발생하고, 그다음에 공포 같은 정서를 체험한다는 것이다. 이후에 토머스 R. 매캔Thomas R. McCanne과 주디스 A. 앤더슨Judith A. Anderson은 얼굴 표정이 현재의 감정 상태를 반영할 뿐만 아니라 표정의 변화가 정서를 바꿀 수도 있다는 안면 피드백 가설을 제안했다.[19] 이것 역시 신체적 변화가 선행한 다음에 정서를 체험한다고 주장했다는 점에서 제임스-랑게 이론과 일맥상통한다고 할 수 있다. 그런데 동물과는 달리 사람은 슬기로운 백수 생활을 한창 즐기고 있다가도 어떤 계기로 인해 취업 생각이 떠오르면 불현듯 슬프고 괴로운 정서를 체험할 수 있다. 다시 말해 생리적·신체적 변화가 선행하지 않고서도 정서를 체험하는 경우가 많다는 것이다. 이것은 제임스-랑게 이론이 초보적이고 원시적인 감정에 대한 설명만을 제공하는 제한적인 이론임을 의미한다.

캐넌-바드 이론

월터 브래드퍼드 캐넌Walter Bradford Cannon과 필립 바드Philip Bard의 캐넌-바드 이론은 외부 자극이 각성 및 행동과 같은 신체적 반응과 정서를 동시에 유발시킨다고 주장한다. 즉 어떤 자극이 주어지면 서로 다른 경로를 통해 신체 반응과 정서 반응이 유발된다는 것이다.[20] 쉽게 말하면, 길을 가다가 불곰을 만나면 심장이 쿵쾅거린 다음에 정서가 유발되는 것이 아니라 심장이 쿵쾅거리는 것과 동시에 정서가 유발된다는 것이다.

2요인 이론

스탠리 샥터Stanley Schachter와 제롬 E. 싱어Jerome E. Singer의 2요인 이론two-factor theory은 정서 체험이 생리적 각성과 인지적 평가라는 두 요인에 의해 결정된다고 주장한다. 즉 생리적 각성이 외부 자극과 함께 인지적 평가 혹은 해석의 대상이 되고, 그 평가의 결과에 따라 정서가 결정된다는 것이다. 길을 가다가 불곰을 만나면 심장이 쿵쾅(생리적 각성)거리는데, 이때 불곰을 위협적이라고 평가한 것에 근거해 자신의 몸에서 나타나는 신체적 변화를 해석함으로써 공포를 체험한다는 것이다.

2요인 이론에서는 생리적·신체적 각성 자체보다는 그것에 대한 인지적 평가와 해석이 더 중요하다고 본다. 한 실험에서는 실험 참가자들에게 몰래 신체적 각성을 유발하는 약물을 투여했다. 그러고는 이들을 두 그룹으로 나눠 각각을 명랑한 실험 협조자와 짜증을 부리는 실험 협조자와 함께 있도록 했다. 약물이 투여된 것을 몰랐기 때문에 자신의 몸에서 발생한 신체적 변화가 어떤 감정인지 알 수 없었던 참가자들은 협조자의 모습과 행동에 기초해 자신의 정서를 해석하거나 정의했다. 명랑한 협조자와 함께했던 참가자들은 긍정적인 정서를 체험했다고 보고한 반면, 짜증을 부리는 협조자와 함께했던 참가자들은 부정적인 정서를 체험했다고 보고했다.

이런 일련의 연구에 근거해 2요인 이론가들은, 생리적 각성에서는 별 차이가 없지만 인지적 평가와 해석이 달라서 기쁨과 분노 같은 서로 다른 정서로 체험되는 것이라고 주장하기도 했다. 다시 말해 사람은 인지적 해석이 없다면 신체적 각성이나 흥분이 기쁨인지 분노인지 구분할 수 없다는 것이다. 그러나 정서 유형별로 생리적 각성의 양상이 다르다(예: 분노와 부끄러움의 생리적 각성 양상, 신체적 변화가 각기 다르다)는 연구 결과들이 누적되면서 이런 주장은 설득력을 잃게 되었다.

이처럼 주류 심리학이 감정 체험 문제를 두고 신체적 변화가 먼저냐 아니냐로 갑론을박한 것은 감정 체험이 의미 있는 신체 변화를 수반하거나 전제한다고 보기 때문이다. 사람들한테 생각을 어디에서 하냐고 물으면 '머리 혹은 뇌'라고 대답하지만, 감정을 어디에서 느끼냐고 물으면 '심장 혹은 몸'이라고 대답한다. 그러나 추상적인 사고를 할 때에도 신체 변화는 발생하고, 심장이 변화하지 않으면, 즉 심장이 계속해서 뛰지 않으면 사람은 죽는다. 신체 변화가 없다는 것은 시체에게서나 가능한 일일 것이다. 그런데 사람들은 평소에는 신체 변화(예: 약한 심장 박동의 변화)를 거의 감지하지 못하다가, 평소와 다른 유의미한 신체 변화(예: 평소보다 빨리 뛰는 심장 박동)는 민감하게 감지한다. 그래서 어떤 이성을 만났을 때 심장이 평소보다 빨리 뛰면 사람들은 그것을 사랑의 증거로 해석한다. 사랑을 노래하는 대중가요에 "가슴이 너무 아파",

"가슴이 터질 것 같아", "가슴이 찢어지는 것 같아", "숨이 막혀 죽을 것 같아"와 같은 가사들이 넘쳐나는 것은 감정이 유의미한 신체 변화와 밀접한 관련이 있다는 것을 보여준다.

그러나 신체 변화나 생리적 각성이 감정 체험에 선행하는지 아닌지는 그다지 중요하지 않다. 어떤 경우에는 생리적 각성이 선행할 수도 있고, 다른 경우에는 인지적 평가와 해석이 선행할 수도 있으며, 두 가지가 동시에 발생할 수도 있기 때문이다. 어쨌든 분명한 것은 감정 체험에는 의미 있는 신체적 변화나 각성이 수반된다는 사실이다.

그렇다면 이 의미 있는 신체 변화를 유발하는 원인은 무엇일까? 바로 사람의 요구(욕망)다. 길을 가다가 불곰을 만났을 때 거의 자동적으로 신체 변화가 유발되는 것은 생존을 위협할 수 있는 위험한 동물인 불곰에 대한 부정적 태도를 가지고 있어서다. 어떤 사교 모임에서 한 참석자가 나한테 뭐라고 말을 했는데, 그 순간에는 그 의미를 잘 이해할 수 없었다. 그런데 집으로 돌아온 후 곰곰이 생각해보다가 그 말이 자신을 비난하고 깎아내리는 의미였음을 깨닫게 되면 머리에서 김이 모락모락 올라오는 것 같은 신체 변화가 나타난다. 이런 신체 변화가 발생하는 것은 나의 존중받고자 하는 요구가 그(그의 말)에게 짓밟힌 탓에 부정적 태도가 형성되어서다. 이런 사례들에서 알 수 있듯이 감정 체험에 수반되는 유의미한 신체 변화의 근본 원인은 태도다. 즉 생리적 각성이든 인지적 해석이든 모두 다 태도에 기초한다는 것이다.

　　감정을 체험하려면 인지적 평가와 해석이 필요하다는 것은 당연한 말이라고 할 수 있다. 원칙적으로 사고가 개입되거나 뒷받침되지 않는 심리 현상이란 존재할 수 없기 때문이다. 따라서 중요한 것은 감정 체험에도 사고(해석)가 관여한다는 하나 마나 한 말이 아니라, 감정 체험과 관련된 사고가 어떤 것이냐의 문제일 것이다. 사람은 사물 현상에 접하면서 그 대상이 무엇인지를 알려고 하는 데 그치지 않고 그것이 자신의 요구 실현에 이로운지 해로운지를 평가함으로써 태도를 형성한다. 자신을 사랑하고 존중해주는 사람을 만나면 기분이 좋아지는 것은 그가 사랑의 요구 실현에 도움이 된다는 사고로 인해 긍정적인 태도가 형성되기 때문이다. 이것은 감정 체험에 관여하는 사고의 핵심이 자신의 요구 실현에 이로운지 해로운지에 대한 사고, 즉 이해관계에 대한 판단임을 의미한다.

　　로봇은 감정을 체험할 수 없다. 생명체가 아니므로 세계와의 관계에서 갖게 되는 요구가 없고, 그 결과 태도를 가질 수 없기 때문이다. 동물은 초보적이고 원시적인 감정(엄밀하게 말하자면 인간의 감정과는 다른 동물적 감정이다)은 체험할 수 있지만, 사람처럼 다양하고 풍부한 감정은 체험할 수 없다. 본능의 지배를 받는 동물은 생존에 도움이 되는가, 방해가 되는가에 기초하는 단순하고 원시적인 태도만 가질 수 있기 때문이다. 세계를 자신의 요구를 중심으로 대하는 인간, 즉 정신적·사회적 요구를 가지고 있는 인간만이 다종다양한 감정을 체험할 수 있다. 결론적으로 생리적 각성이나 신체 변화는 감정 체험을 위해 필요하기는 하지만 그 자체가 감정은 아니며 감정의 본질도 아니다. 마찬가지로 인지적 평가나 해석 역시 감정 체험에 필요하지만 그 자체가 감정의 본질은 아니다. 감정의 본질은 사람의 요구에 기초해 형성되는 태도를 다양한 정서로 체험하는 심리 현상이라는 데 있다.

03 감정의 특성과 의의
인간의 활동을 뒷받침하는 에너지

그렇다면 감정은 어떤 특성을 가지고 있을까?

첫째, 민감성과 즉각성이다. 사람이 어떤 사건을 겪을 때 그것에 대한 태도의 체험으로서의 감정은 그 즉시 발생한다. 어떤 사건에 대한 태도를 표현하는 이성, 이념 등은 그것에 대한 논리적 사유를 통해 발생하므로 일정한 시간이 지나야만 뚜렷이 형성된다. 그러나 어떤 사건에 대한 감정은 사건을 겪을 때 곧바로 생겨난다. 감정은 이와 같은 민감성과 즉각성으로 인해 현실에 대한 반응으로서 정확할 수도 있고 부정확할 수도 있다. 이런 편향을 올바르게 조절하는 것이 바로 이성이다.

둘째, 양극성이다. 대체로 만족과 불만, 기쁨과 슬픔, 사랑과 미움처럼 서로 대립되는 두 가지 감정이 쌍을 이루고 있다. 감정의 양극성은 매우 복잡한 형태로 나타나는데, 가장 뚜렷하게 나타나는 것은 긍정적 성격과 부정적 성격 간의 양극성, 적극적 성격과 소극적 성격 간의 양극성이다. 만족, 기쁨, 사랑, 환희 등은 긍정적 성격의 감정이고, 불만, 슬픔, 미움, 고통 등은 부정적 성격의 감정이다. 흥분이나 긴장 등은 적극적 성격의 감정이고, 낙담, 실망, 절망 등은 소극적 성격의 감정이다. 사람은 양극단의 감정을 거의 동시에 체험할 수도 있고 번갈아서 체험할 수도 있다. 외국에서 사느라 오랫동안 얼굴을 보지 못하던 형제를 만났을 때 기쁨에 겨워하다가 갑자기 돌아가신 부모님 생각이 나서 슬픔에 빠지는 식으로 웃으면서 울고, 울면서 웃는 것을 예로 들 수 있다. 이런 식으로 사람들은 기쁨과 슬픔처럼 양극단의 감정이 하나로 뒤엉킨 복잡한 감정을 체험하기도 하고, 양극단의 감정을 빠른 속도로 번갈아 체험하기도 한다.

셋째, 표현성이다. 감정은 다른 심리 현상과는 달리 얼굴 표정, 몸짓, 말의 억양 등을 통해 뚜렷이 표현된다. 즉 슬프면 눈물이 나오고, 당황하면 얼굴이 벌게지며, 화가 나면 목소리가 굵어지는 식으로 감정은 밖으로 표현된다. 감정 표현에서 가장 중요한 것은 얼굴 표정과 말이다. 사람의 얼굴은 기쁨과 슬픔, 사랑과 증오와 같은 감정은 물론이고 복잡한 심리의 움직임까지 섬세하게 나타낸다. 특히 눈은 사람의 내면세계와 속마음을 민감하고 예리하게 드러내며, 말로는 다 표현할 수 없는 섬세한 감정과 미묘한 심리까지 드러낸다. 눈을 마음의 창문이라고 하는 이유가 바로 여기에 있다.

감정은 인간의 삶에서 매우 중요한 의의를 가진다. 감정이 다음과 같은 기능을 수행하기 때문이다.

첫째, 감정은 사람들 사이의 관계에 큰 영향을 미친다. 좀 강하게 말하자면 지식은 관계에 그다지 큰 영향을 미치지 않지만, 감정은 관계에 지대한 영향을 미친다고 할 수 있다. 사람들이 건전하고 고상한 감정을 가지고 있으면, 개인적 차원에서는 그들 사이의 관계가 원만하고 밀접해지며, 집단적 차원에서는 화합이나 단결이 잘된다. 반대로 사람들이 불건전하고 저열한 감정을 가지고 있으면, 개인적 차원에서는 그들 사이에 시기와 질투, 갈등과 다툼이 심해지고, 집단적 차원에서는 분열과 반목이 고질화된다.

둘째, 감정은 신념과 세계관 형성에 큰 영향을 미친다. 사람은 이론적 명제의 형식으로 표현된 사상과 견해를 정확하게 인식할 뿐만 아니라 감정·정서적으로 공감할 때 그것을 자기 것으로 만들 수 있다. 제아무리 이론적 명제를 잘 알고 있다 하더라도 그것에 대해 감정·정서적으로 공감하지 않는다면 신념화된 사상이나 세계관을 가질 수 없다. 감정과 결부되어 공감하지 않은 사상이나 이론적 명제는 공허한 추상적 지식에 불과하다. 한국 사회를 보면 젊었을 때 진보 운동에 열정적으로 뛰어들어 머리가 희끗해진 오늘날까지도 자신의 신념을 굳건히 고수하는 사람도 있지만, 언제 그랬었냐는 듯이 나이가 들면서 변절의 길로 줄달음치는 사람도 있다. 사람들이 젊었을 때의 신념을 고수하지 못하고 변절하는 것에는 여러 원인이 있을 수 있지만, 그중 하나가 바로 어떤 이념이나 이론을 단지 지식으로만 받아들이는 것이다. 과거에 마르크스주의를 단지 지식으로만 받아들인 사람들은 '흠, 마르크스에 따르면 자본주의가 망하고 사회주의로 이행하는 것이 필연적인 역사적 법칙이군. 아무래도 사회주의 운동을 해야 되겠어'라고 생각해 진보 운동에 참여했다. 이런 사람들은 1980~90년대를 거치면서 사회주의 진영이 붕괴하자 '에이, 마르크스가 틀렸구먼. 빨리 살길을 찾아야겠네'라고 판단해 변절의 길로 들어섰다. 사실 마르크스주의를 관통하고 있는 핵심 내용은 "사회주의가 필연"이라는 지식이 아니라 인간에 대한 사랑과 인간 해방에 대한 요구인데, 이것에 감정적으로 공감하지 못하고 마르크스주의를 단지 지식으로만 받아들인 결과가 바로 변절인 것이다.

셋째, 감정은 사람의 활동을 추동하는 작용을 한다. 이 주제에 대해서는 주류 심리학에서도 꽤 많은 연구가 축적되었는데, 그것을 한마디로 요약하자면 "감정이 없으면 결정을 내리는 것 혹은 활동의 개시가 매우 어렵다"는 것이다. 사고 등으로 인해 감정 능력을 상실한 사람들을 연구한 결과에 의하면, 그들은 점심에 밥을 먹을지 라면을 먹을지조차 결정하기 힘들어한다. 밥을 먹는 것이 더 좋다는 사고는 할 수 있지만, 밥에 대해 감정을 느낄 수가 없다 보니 좀처럼 결정을 내리지 못한다는 것이다. 이런 연구들은 감정이 사람의 활동을 뒷받침하고 추동하는 역할을 한다는 것을 잘 보여준다. 건전하고 고상하며 열렬한 감정은 사람들을 위대한 실천 활동으로 적극 떠밀어주는 강력한 동기, 추동력으로 작용한다.

04 기본적인 질에 따른 감정의 구분
만족과 불만, 쾌와 불쾌

사람의 감정 체험에서 나타나는 가장 일반적이며 기본적인 질은 만족과 불만, 쾌와 불쾌이다. 즉 사람의 모든 감정은 만족-불만, 쾌-불쾌의 질을 가진다. 그러나 주류 심리학은 기본 감정을 쾌-불쾌로만 구분한다. 다시 말해 인간의 모든 감정은 쾌가 아니면 불쾌에 속한다는 것이다. 주류 심리학이 인간의 감정을 오직 쾌-불쾌로만 구분할 뿐 만족-불만을 언급하지 않는 것은 인간을 생물학적인 존재로 보기 때문이다.

쾌감은, 간단히 말하자면, 욕망의 즉각적이고 감각적인 충족에 따라 생겨나는 감정이다. 예를 들어 무더운 여름날 목이 탈 때 시원한 청량음료를 한 잔 마시면서 느끼는 짜릿함이 쾌감이다. 반면에 만족은 목적이 실현되면서 생기는 감정이다. 인간의 욕망 중에는 즉각적으로 충족될 수 있는 것도 있지만, 상당한 시간 동안 노력을 해야만 실현할 수 있는 것도 있다. 예를 들어 어떤 직장에 취직하고 싶다는 욕망은 즉각적으로 실현될 수 없다. 이럴 때 사람들은 미래의 욕망, 전망적인 욕망을 실현하기 위해 "내년까지는 기필코 그 회사에 취직하고야 말겠어!" 같은 목적을 세운다. 이런 목적을 달성하기 위해 1년 동안 열심히 노력해서 마침내 원하던 직장에 취직하게 되었을 때 체험하는 것이 만족이다. 쾌감은 대체로 육체적·감각적인 것과 관련된 반면, 만족은 주로 정신적인 것, 사회적 성취 등과 관련이 있다.

동물은 오직 쾌-불쾌, 그것도 아주 기초적이고 낮은 차원의 쾌-불쾌만 체험할 수 있다. 동물은 목적을 가질 수 없기 때문이다. 인간은 쾌-불쾌만이 아니라 만족-불만족을 체험하며, 인간에게 더 중요한 것은 쾌가 아닌 만족이다. 인간은 즉각적인 본능 충족을 위해서가 아니라 여러 목적을 세우고 그것을 실현하기 위해 살아가는 존재이기 때문이다. 오늘은 아침에 좀 일찍 일어나 직장에 남들보다 일찍 출근해야겠다, 오늘은 구내식당에서 밥을 먹지 말고 밖의 식당에서 먹어야겠다, 저녁에 퇴근하고 나서 친구들을 만나야겠다, 집에 들어가면 어제 읽던 책을 마저 읽다가 자야겠다 등은 단기적인 목적들이다. 사람은 하루 종일 이런 단기적인 목적들을 실현하기 위해 활동한다. 나아가 장기적인 목적, 인생의 목적을 실현하기 위해서 긴 시간, 한생을 바친다. 이것은 사람에게 고유한 감정, 사람에게 중요한 감정은 쾌가 아닌 만족임을 의미한다.

05 주요한 감정들
기쁨, 슬픔, 사랑, 증오, 공포

인간의 감정 중에서 중요한 것은 기쁨과 슬픔, 사랑과 증오, 공포(불안)다.

기쁨과 슬픔

기쁨은 자신의 요구를 실현하는 데 도움이 되는 대상을 발견하거나 인식하고 점유했을 때, 그리고 창조적이며 가치 있는 행동이나 활동을 했을 때 체험하는 밝고 앙양된 흥분적 감정이다. 즉 자신과 이웃, 사회의 행복에 이로운 대상과 활동을 파악하거나 그런 활동을 직접 수행할 때 그리고 그런 것들을 예상하거나 회상할 때 체험하는 감정이다. 예를 들면 코로나 사태가 심각한 상황에서 어떤 과학자가 획기적인 코로나 치료제를 만들어냈을 때 기쁨을 체험한다.

기쁨은 다음과 같은 역할을 한다.

기쁨은 우선 쾌감, 만족감, 즐거움 등을 동반하며, 주변의 대상을 긍정적으로 받아들이고 너그럽게 대하며 반응하게 한다. 기쁨이 가득한 사람은 타인을 호의적이고 너그러우며 친절하게 대한다. 한국의 부자들은 타인한테 못되게 구는 갑질 행위로 자주 구설수에 오르곤 하는데, 이것은 그들이 기쁨과는 거리가 먼 감정 생활을 하고 있음을 시사해준다. 사람은 기쁨을 느낄 때 만족스럽고 안정적이라고 느끼며 행복한 생활을 즐기게 된다.

기쁨은 또한 사기를 북돋아주고 전반적인 활동을 적극화시킨다. 사람은 기쁨을 체험할 때 자기의 능력을 최대한으로 발휘하며 사기충천하여 왕성하게 일하고 활발하게 행동한다. 창의성을 연구하는 학자들에 의하면, 혁신적인 발견이나 아이디어 생산은 조직 문화가 민주적이고 수평적인 곳에서만 가능하다고 한다. 한마디로 구성원들이 기쁜 마음으로 일할 수 있는 조직에서만 창의성이 꽃필 수 있다는 것이다. 한국 사회가 4차 산업혁명 시대의 경제 성장에 필수적인 창의성을 지속적으로 강조하고 있음에도, 한국인들이 창의성을 상실해가고 있는 이유가 바로 이러한 비민주적이고 수직적인 조직 문화에 있다. 이런 사례는 기쁨이 사람의 잠재력을 최대한 발양시켜주는 감정임을 보여준다.

기쁨의 최고 절정은 환희다. 환희는 가장 가치 있는 것, 귀중한 것을 얻었을 때 체험하는 최고의 기쁨이다.

슬픔은 자신의 요구 실현에 도움이 되는 대상(귀중한 대상)을 잃었을 때, 자유롭고 창조적인 활동이 좌절되거나 실패했을 때 체험하는 어둡고 우울하며 저조한 감정이다. 예를 들면 실업이나 저임금으로 생존의 요구가 좌절될 때, 사랑하는 가족을 잃었을 때, 자신이 갈망하던 것을 이루지 못했을 때 슬픔을 체험한다. 슬픔은 기쁨과는 달리 가치 있고 귀중한 것을 잃으면서 생겨나는 감정으로서 우울, 서러움, 괴로움, 고통 같은 다양한 형태로 체험된다. 다시 말해 슬픔은 자신과 이웃, 사회의 불행이나 손실을 접하거나 그런 것들을 회상할 때 체험하는 어둡고 저조한 억압적 감정이다.

슬픔의 역할은 다음과 같다.

슬픔은 우선 우울과 괴로움, 서러움과 원망, 후회감을 동반하며, 자신과 주변의 대상들에 대한 불만에 사로잡히게 만든다. 영화나 드라마에 흔히 등장하는, 슬픔에 빠져 있는 등장인물이 평소와는 달리 주변 사람을 탓하거나 비난하는 장면이 이를 잘 보여준다. 귀중한 것을 잃은 사람은 가슴 아파하고 괴로워하며 우울해한다. 남 탓을 많이 하고 모든 것에 불평불만을 가지는 사람들의 모습은 그들이 슬픔에 잠겨 있다는 것을 시사해준다.

슬픔은 또한 사람의 활동을 약화시키고 허탈과 실망에 빠지게 만든다. 슬픔에 빠진 사람은 일손을 놓고 낙심하며 전반적인 감수성과 반응이 저하된다. 그렇지만 모든 슬픔이 다 허탈과 절망만을 낳는 것은 아니다. 건전한 신념과 미래에 대한 확신, 의지가 있는 경우 슬픔은 그것을 이겨내고 잃은 것을 회복하기 위해 사람을 분발하게 만들 수도 있다. 노무현 전 대통령의 서거는 사람들을 크나큰 슬픔에 잠기게 했지만, 동시에 사람들을 항쟁을 향해 분기시키는 출발점이 되기도 했다. 이것은 어떤 신념에 바탕을 두고 있는가에 따라 슬픔이 수행하는 역할이 다르다는 것을 보여준다. 건전한 사상이나 신념에 바탕을 둔 슬픔은 단지 우울과 괴로움만을 체험하게 하는 것이 아니라 더 나은 미래를 향해 더 빨리 전진하도록 고무하고 추동하는 작용을 할 수 있다.

슬픔의 최고 절정은 비통(비탄)이다.

사랑과 증오

사랑은 귀중한 인물과 대상과 관련해 체험하는 순수하고 열렬한 흥분적 감정이다. 귀중한 사람 혹은 이웃과 사회, 건전한 요구의 실현에 도움이 되는 대상을 접했을 때, 그것을 아끼고 위해주는 순수하고 열렬한 정서로 체험되는 흥분적 감정이 바로 사랑이다. 훌륭한 정치 지도자나 구국의 명장 등에 대한 대중의 열화와 같은 사랑을 예로 들 수 있다. 사랑은 가장 공고하고 지속적인 인간 감정 중 하나다.

사랑은 두 가지 뜻으로 사용된다. 넓은 의미의 사랑은 주위 세계의 사물 현상에 대한 인간의 공고한 요구와 관련된 감정이다. 인류에 대한 사랑, 국가와 민족에 대한 사랑, 이웃과 사회에 대한 사랑, 혈육에 대한 사랑, 예술에 대한 사랑 등이 여기에 포함된다. 좁은 의미의 사랑은 특정한 사람을 귀중히 여기고 존중하고 아끼는 데서 나타나는 인간애를 말한다. 일반적으로 일컫는 사랑은 좁은 의미의 사랑, 즉 개별적 인간에 대한 사랑을 의미한다. 주류 심리학에서는 사랑을 열정애와 동료애로 구분하기도 한다. 열정애 passionate love는 상대방에게 강력하고도 긍정적으로 몰입된 흥분 상태를 의미하며, 일반적으로 열애 관계를 시작할 때 나타난다. 동료애companionate love는 자신의 삶이 얽혀 있는 사람에게 느끼는 깊고 따뜻한 애착이다.[21] 그러나 개념 정의의 정확성은 차치하고라도 이런 구분은 그리 큰 의미가 없는 것 같다. 왜냐하면 건강한 열정애는 반드시 동료애에 기초해야만 하고, 동료애도 충분히 열정적일 수 있기 때문이다.

사랑의 역할은 다음과 같다.

사랑은 우선 사랑의 대상과 융합, 동일화되려는 지향을 갖게 한다. 사랑은 자타의 구별 없이 쉽게 공감하고 동정하게 하며, 상대방과 혼연일체—한국인들은 이를 마음이 통하는 관계 혹은 '우리'라고 말하곤 한다—를 이루고 자주 접촉하고 교제하려는 지향을 낳는다. 이런 점에서 사랑은 사회적 존재인 인간의 사회적 본성을 반영하고 있는 가장 고상한 감정이라고 할 수 있다. 사랑은 애착과 애정, 정다움과 그리움, 우애와 정열 등으로 다양하게 체험되고 발현된다.

사랑은 또한 사랑하는 대상을 그리워하며 그가 더 아름다워지고 훌륭해지기를 바라게 한다. 부모가 항상 자식에게 코드를 맞추고 생활하며 자식이 더 잘되고 행복하기를 바라는 것을 예로 들 수 있다. 사랑은 언제나 사랑하는 대상으로만 마음이 쏠리면서 그와 관련된 모든 일이 잘되기를 바라게 한다. 그렇지만 이 때문에 사람들은 사랑의 대상을 실제 이상으로 과장하고 미화하기도 한다.

사랑은 또한 자기의 모든 것을 다 바치려는 헌신성을 낳는다. 대가와 보수를 바라지 않고 사랑하는 대상을 위해 모든 것을 다 바치려는 열렬한 지향이기도 하다. 자식을 위해서 평생을 헌신하는 부모의 사랑, 나라의 독립을 위해 목숨까지 바쳐가며 싸웠던 일제강점기 독립운동가들의 사랑을 예로 들 수 있다.

사랑은 또한 사랑하는 대상의 존재를 위협하거나 그 발전에 불리한 조건을 조성하는 모든 것에 대해 불안과 경계심, 증오와 적의를 가지게 한다. 민족을 열렬히 사랑하는 사람은 나라를 팔아먹는 매국노와 제국주의자를 강하게 증오한다. 반면에 민족을 사랑하지 않는 사람은 매국노나 제국주의자를 별로 증오하지 않는다. 모두를 사랑하는 사람 혹은 그 누구도 증오하지 않는 사람은 사실 그 누구도 사랑하지 않는 사람이다. 사랑 없이는 증오가 없다고 하거나 사랑과 증오를 동전의 양면이라고 하는 것은 이 때문이다.

인간에 대한 사랑에는 여러 가지가 있지만, 일상적인 생활에서 체험하는 사랑으로는 부모-자식 간의 사랑, 친구 간의 사랑, 남녀 간의 사랑 등을 들 수 있다. 이 모든 사랑은 각자 고유한 특징을 가진다.

남녀 간의 사랑은 인간에 대한 사랑에서 특별한 자리를 차지한다. 이것은 남성과 여성 간에 전인격적 결합을 요구하는 사랑이다. 그리고 남녀가 일대일의 관계로 맺어지며 제3자의 개입을 배제하는 폐쇄적인 결합 관계를 전제로 한다. 그래서 여러 사람과의 관계로 이루어지는 동료 관계나 우정과는 차이가 있다. 물론 여기서 폐쇄적이라는 것은 당사자를 제외한 제3자들과의 관계에서만 그러하다. 당사자인 남녀 사이는 폐쇄적이 아니라 상대방의 정신생활과 심리생활 전반을 파악하고 상대방과 전인격적으로 결합하려는 개방적인 관계를 이룬다. 남녀 간의 사랑은 또한 상대방을 정신적·육체적인 면에서 자기만 독점하려는 욕망과 지향을 동반한다. 따라서 상대방이 제3자와 관계를 가지면 질투가 유발된다. 결국 남녀 간의 사랑은 다른 사랑처럼 정신적 공통성, 지향의 공통성을 전제로 하면서도 육체적이고 성적인 측면도 지니고 있다.

그런데 오늘날 한국 사회에서 인간에 대한 사랑은 상품 교환 관계에 기초해 이루어진다는 특징을 가진다. 상품은 등가 교환의 원리에 따라 관계를 맺는다(예: 백 원짜리 볼펜 10개는 천 원짜리 공책 1개와 교환된다). 사람들이 등가 교환의 원리에 기초해 관계를 맺는다는 것은 '나는 얼마짜리이고 상대방은 얼마짜리인가'를 계산하여 손해를 보지 않는 관계를 맺는다는 것을 의미한다. 통속적으로 말하자면, 월급 500만 원을 받는 사람은 그 이하의 월급을 받는 사람과 친구가 되거나 결혼을 하지 않는다—만일 그렇게 한다면 부등가 교환으로서 손해 보는 짓이다—는 것이다. 상품 교환 관계에 기초하고 있는 사랑은 진짜 사랑이 아니므로, 오늘날의 한국인들은 사랑을 제대로 하지 못하고 있다고 봐야 할 것이다.[22]

증오는 자신의 요구를 좌절시키거나 방해하는 인물과 대상을 대할 때, 적대 관계를 이루는 대상을 접했을 때 적의와 반감, 혐오와 분노 등으로 체험되는 격렬한 흥분적 감정이다. 적대적 관계에 있는 두 정당의 지지자들이 상대편을 대할 때 체험하는 적의나 분노를 예로 들 수 있다.

증오의 역할은 다음과 같다.

증오는 우선 그 증오의 대상에게 손실과 재앙이 있기를 바라게 한다. 즉 자기의 요구 실현을 방해하고 침해하는 대상에게 적의와 반감을 가지고 그 대상이 잘못되기를 바라게 한다. 사극에 종종 등장하는, 증오하는 사람에게 저주가 내리기를 바라면서 그를 상징하는 인형을 만들어 바늘을 꽂거나 물을 떠놓고 비는 장면을 떠올려보라.

증오는 또한 증오스러운 대상을 경멸하며 그 대상과 가까이 있기를 꺼리고 거부하며, 더 나아가 그 대상을 적대시하며 없애버리려는 적극적인 행동, 활동을 하게 만든다.

공포

공포는 사람의 존재나 존엄을 위협하거나 손상을 주는 대상을 접했을 때 놀라움, 두려움, 불안, 긴장, 초조 등으로 체험되는 감정이다. 즉 자신이나 동료, 이웃 등의 존재와 존엄을 위협하는 대상을 접하거나 예상할 때 동반되는 억압적이고 긴장된 감정으로서, 위험한 대상에 대한 놀라움, 경악, 전율 등으로 체험된다. 어떤 것이 사람의 존재를 위협한다는 것은 쉽게 말해 육체적 생명을 위협한다는 것을 의미한다. 비행기를 타고 가다가 기체가 심하게 요동칠 때 사람들은 순간적으로 생명의 위협을 느껴 공포를 체험할 수 있다. 또 어떤 사람이 사람의 존엄을 위협한다는 것은 쉽게 말해 무시하거나 경멸한다는 뜻이다. 어떤 사교 모임에 참석했는데, 사람들이 다 자신을 깔보거나 무시하면 자신의 존엄이 위협당한다고 판단해 공포를 체험할 수 있다. 이렇게 공포는 단지 육체적 생명만이 아니라 인간으로서의 존엄이 침해당할 때, 즉 사회적 생명이 위협당할 때도 체험하는 감정이다.

공포의 역할은 다음과 같다.

공포는 우선 초조나 불안을 강하게 느끼게 하여 심신을 긴장시킨다. 그래서 주위의 사소한 변화도 민감하고 예리하게 받아들이고 강하게 반응하도록 만든다. 공포에 질려 주위의 사소한 움직임에도 과민하고 과도하게 반응(예: 무장 강도를 추적하던 경찰이 오인 사격을 한다)하며 조그만 소리에도 깜짝 놀라는 것을 예로 들 수 있다.

공포는 또한 심리와 행동에 대한 이성적 통제를 약화시키고, 심한 경우에는 자제력과 통제력을 마비시킨다. 공포 영화를 보면 겁에 질려서 평소라면 절대로 하지 않았을 법한 어리석은 짓을 하는 등장인물이 빈번히 나오는데, 이는 공포로 인해 이성적 통제가 약화되었거나 자제력과 통제력을 상실했기 때문이다.

공포를 느낄 때는 대상을 과장하고 과대평가하며 왜곡하는 경향이 나타난다. 공포 영화의 등장인물이 "소용없어. 우리는 다 죽을 거야. 그놈은 사람이 아니야. 우리 힘으로는 절대로 죽일 수 없어"라고 말하는 장면을 떠올려보라. 공포, 특히 공포의 최고 절정인 전율은 전반적 정신 작용을 마비시키고, 극심한 경우에는 무분별한 행동을 하게 만들기도 한다.

06   감정 체험의 정서 상태
기분, 격정, 열정

감정은 일정한 정서 상태로서 체험되고 발현된다. 즉 감정은 심리 과정보다는 주로 심리 상태의 형식으로 체험되고 발현된다. 감정 체험의 대표적인 정서적 상태는 기분, 격정, 열정이다.

기분

기분은 일정한 시간 동안 사람의 심리와 행동에 영향을 주면서 흔적을 남기는 지속적이고 일반적인 정서 상태다. 사람들이 일상 생활에서 주로 체험하는 정서 상태가 바로 기분이다. 기분은 체험 강도가 그리 크지 않고, 일정한 시간 동안 지속되며, 개별적인 대상과만이 아니라 여러 대상과 결부된다. 기분에는 기쁜 것과 슬픈 것, 흥분적인 것과 억압적인 것, 심각하고 깊이 있는 것과 가볍고 표면적인 것 등 여러 가지가 있다. 기분은 어떤 사물 현상이 원인이 되어 발생하지만 그 체험 강도가 상대적으로 작기 때문에 사람은 자기 기분의 원인을 모를 수 있다.

기분은 사람의 심리, 말과 행동에 직접적으로 영향을 미친다. 유쾌하고 씩씩한 기분, 즐겁고 명랑한 기분 등은 일반적으로 사람의 활동을 촉진한다. 반면에 불쾌하고 침울하며 억압적인 기분은 사람의 생활과 활동, 심리에 부정적인 영향을 준다. 건전하고 고상한 삶의 목적과 이상이 없는 사람, 정신생활이 빈곤한 사람일수록 기분의 영향을 많이 받는다.

기분은 역동적으로 체험된다. 이는 기분이 그 체험 강도와 지속성 면에서 끊임없이 변화를 일으키기 때문이다. 등산을 할 때

정상에 올라서서 눈앞에 펼쳐지는 광활한 경치를 바라보는 순간 사람들은 강한 흥분으로서의 환희를 체험한다. 그러나 시간이 지나면 그 경치에 둔감해져 흥분된 정서인 환희는 가라앉고, 안정된 일반적인 정서 상태로 전환된다. 이렇게 기분은 어떤 사건이나 생활의 구체적 계기들에서 강화되거나 약화되기도 하고, 다른 정서 상태로 전환되기도 하는 식으로 끊임없이 변화한다.

기분은 여러 가지 원인에 의해 발생할 수 있다. 기분은 주위 환경 때문에 발생할 수도 있다. 사람들은 깊은 밤에 소쩍새가 우는 소리를 들으면 자기도 모르게 쓸쓸한 기분에 빠지기도 한다. 현실의 다양한 사물 현상들, 심지어는 자연의 사물 현상이 정서를 불러일으키고 기분을 발생시키는 것은 그것이 인간의 요구나 생활과 밀접히 결부되어 있기 때문이다. 기분을 발생시키는 가장 중요한 요인은 사람의 생활이다. 건강하고 정열에 넘쳐 일하는 생활은 기분을 즐겁고 기쁘고 건전한 것으로 만들지만, 그렇지 못한 생활은 기분을 불쾌하고 짜증 나고 우울한 것으로 만든다. 한국 사회에서 우울증 환자가 계속 증가하고 있는 것은 한국인들이 만족스러운 생활, 인간다운 생활에서 점점 더 멀어져가고 있음을 반영한다.

격정

격정은 상대적으로 짧으면서도 강하게 체험되는 정서 상태다. 즉 격정은 폭발적으로 일어나며 비교적 짧은 시간 동안 체험된다. 환희, 격분, 분노, 전율 등이 여기에 속한다.

격정의 특징은 다음과 같다.

첫째, 격정은 다른 정서 상태와 달리 매우 강하게 체험된다. 그래서 격정은 밖으로 뚜렷이 드러난다. 누군가가 강한 분노에 휩싸이면 눈꼬리가 올라가고 목소리가 굵어지며 호흡을 씩씩대기 때문에 사람들은 그가 분노를 체험하고 있다는 사실을 어렵지 않게 알 수 있다. 격정은 시간이 지나면 진정되어 기분으로 넘어간다. 월드컵 축구 경기를 시청하다가 한국 팀이 골을 넣으면 그 순간 사람들은 환희라는 격정적인 기쁨을 체험한다. 그러나 이 격정적인 기쁨은 시간이 지나면 점차 가라앉아 진정된 정서인 기쁜 기분으로 넘어간다.

둘째, 격정은 지나치게 감정에 사로잡히게 만든다. 격정 상태에서 사람은 감정이 시키는 대로 말하고 행동하곤 한다. 평소에는 생각할 수조차 없었던 심한 말과 행동을 주저 없이 하기도 한다. 부부싸움을 하면서 감정이 격해지면 서로에게 심한 말과 행동을 하는 것을 예로 들 수 있다. 그러나 격정 상태라고 해서 모든 사람이 마구잡이로 말하거나 행동한다는 것은 아니다. 사람은 의식과 이성을 가지고 있기 때문에 격정을 의식적으로 조절·통제할 수 있다.

참고로 격정의 하나인 분노(혹은 격분)는 사람의 강하고도 절박한 요구와 욕망이 무참히 짓밟히거나 인격적 모욕을 당했을 때 발생한다. 이 때문에 분노는 요구의 구체적 내용이나 성격에 따라 그 가치가 달라진다. 건전한 요구가 짓밟히는 것에 대한 분노는 정당하고 가치 있는 분노지만, 불건전한 요구의 좌절로 인한 분노는 정당성이 없는 값싼 분노 혹은 병적인 분노다.

내용적으로는 같은 감정일지라도 그 정서 상태에 따라 다른 명칭으로 불리기도 하는데, 대표적인 예가 바로 공포와 불안이다. 공포와 불안은 내용적으로는 같은 감정이다. 그렇지만 이것을 격정이라는 정서 상태로 체험하면 공포라고 부르고, 기분이라는 정서 상태로 체험하면 불안이라고 부른다. 비록 주류 심리학에는 감정 체험의 정서 상태에 대한 논의나 연구가 없지만, 상당수 학자가 불안을 '만성화된 공포'로 정의하는 이유가 바로 여기에 있다.

열정

열정(정열)은 고양된 정서로 표현되는 감정의 구체적인 발현이다. 열정은 장기적인 목적과 관련되어 발생한다. 따라서 상당히 긴 시간 동안 비교적 큰 강도로 지속된다. 열정은 전체적으로는 비교적 강하게 유지되면서 기분 상태와 격정 상태가 번갈아 나타나는 식으로 발현된다. 비유적으로 말하자면, 절대로 사그라들지 않고 긴 시간 동안 마치 파도치듯 오르내리는 식으로 발현된다는 것이다. 그래서 사람들은 열정적인 사람을 보면 뜨거운 마음을 가졌다고 평하곤 한다. 열정은 인간의 정신 활동과 행동을 규정하는, 지속적이고 강하며 깊이 있는 정서 상태다.

열정은 사람을 어떤 목적과 지향에 사로잡히게 하고, 그것을 위해 자기의 온갖 힘과 지혜를 집중하게 만든다. 다시 말해 열정은 사람이 어떤 대상에 대해 꾸준히 사색하게 하고, 열정의 원인인 자신의 요구와 목적에 대한 생동한 표상을 가지고 그 실현을 위해 줄기차게 노력하도록 만든다. 신분제를 반대하는 시민혁명의 열렬한 옹호자였던 베토벤은 예술을 통해 형제애·인류애라는 당대의 시대정신을 실현하고 싶다는 고상한 요구를 가지고 있었고, 그것을 기어이 실현하려는 열정에 불타올랐다. 형제애를 노래한 실러의 시를 소재로 대작을 창작하고 싶어 했던 베토벤은 일찍이 청소년기에 그것에 대한 표상을 스케치해두었다. 그는 자신의 원대한 목적을 실현하기 위해 음악의 내용과 형식을 어떻게 과감하게 혁신할 수 있을지 사색하고 실천적인 노력을 기울였다. 그리고 당시로서는 그야말로 혁명적이었던, 합창이 포함되는 교향곡의 창작을 위해 수십 년 동안이나 불굴의 의지로 달려나갔다. 그 결과 탄생한 것이 바로 그가 귀가 먹은 상태에서 작곡한 교향곡 제9번 〈합창〉이다. 베토벤의 사례는 열정이 어떤 역할을 수행하는지를 잘 보여준다.

사람이 자신의 요구를 실현하려면 그 요구를 분명하게 자각하여 목적으로 삼아야 한다. 그러나 이것만으로는 목적을 원만하게 실현할 수 없다. 열정이라는 감정이 뒷받침되어야 비로소 목적 실현이 가능해진다. 이것은 열정이 사람의 요구를 실현하기 위해 꼭 필요한 감정이고, 인간에게 매우 중요한 감정이라는 것을 의미한다.

07 감정 체험의 법칙
능동적이고 역동적인 일체화, 공감, 동감

사람의 감정 체험은 어떤 규칙도 없이 제멋대로 이루어지지 않는다. 감정 체험에는 일정한 법칙이 작용한다. 감정 체험의 법칙은 다음과 같다.

첫째, 감정 체험은 현실에 대한 사람의 능동적인 작용으로 비로소 가능해진다. 그리고 사람의 능동적인 작용은 요구에 의해 발생한다. 즉 사람은 요구를 가지고 사물 현상을 접할 때 감정을 체험한다. 그렇기 때문에 사람들이 똑같은 사물 현상과 접촉하더라도 각자의 요구에 따라 서로 다른 성질의 감정을 체험하게 되는 것이다. 사람의 요구와 관계가 없는 것은 감정을 불러일으키지 못한다. 사람은 요구의 실현을 위해 적극적인 활동을 하는 과정에서 다양한 사물 현상의 본질을 깊이 파악하게 될 뿐만 아니라 다양한 감정 체험을 하게 된다. 즉 개개인의 요구와 욕망, 흥미와 관심, 활동과 생활이 서로 다르기 때문에 똑같은 상황에서 똑같은 대상을 접할 때에도 사람마다 서로 다른 감정을 체험하는 것이다.

둘째, 감정 체험은 역동적 성격을 가진다. 사람의 생활 조건과 환경, 그리고 생활은 끊임없이 움직이고 변화한다. 이러한 움직임과 변화가 감정에 반영되어 역동적 변화를 일으킨다. 그 결과 사람의 감정 체험에서는 고조와 퇴조, 고양과 저하, 흥분과 진정, 집중과 확산 등이 번갈아 나타나거나 복합되어 나타나기도 한다. 감정 체험의 역동성은 우선 진정된(차분한) 감정 체험으로부터 흥분적이고 격동적인 체험으로 넘어가는 것에서 뚜렷이 나타난다. 기분과 격정을 기준으로 말하자면, 기분에서 격정으로 또 격정에서 기분으로 계속 바뀌는 것에서 감정의 역동적인 성격이 드러난다. 감정 체험의 역동성은 또한 긴장과 해이가 상호 전환되는 것에서도 뚜렷이 나타난다. 공포, 분노 등과 같은 격렬한 감정은 사람을 크게 긴장시키고 사로잡는다. 그러나 이런 공포나 분노를 유발하는 대상이 사라지면 금방 해이와 안정으로 넘어간다. 긴장감은 정신적·육체적 민감성과 능력을 높여주고, 주위의 대상에 주의를 집중시킨다. 그러나 긴장이 해소되면 안정되고 해이해진 상태에 들어가고, 주의가 분산되며 산만과 방심 상태로 넘어간다.

셋째, 감정 체험에서는 감정의 전이와 확산, 감정 전염, 정서적 체험의 융합 등을 통해 새롭고 독특한 정서 상태들이 만들어진다. 감정 체험 과정에서 만들어지는 독특한 정서 상태로 감정적

일체화, 공감, 동감 등을 꼽을 수 있다.

먼저 감정적 일체화는 상대방의 심리, 특히 감정을 받아들여 자신의 감정으로 체험하면서 상대방과 똑같은 감정 세계에 빠져 들어가는 정서 상태다. 예를 들면 영화를 보면서 주인공의 생각과 감정을 자신의 것으로 받아들이는 것이다. 감정적 일체화 상태는 단순한 일체감이 아니라 상대방의 심리, 감정을 자기 자신에게 투입함으로써 가능해진다. 그 결과 자기의 원래 성격, 감정, 심리와 행동 등이 상대방의 것으로 교체된다. 연기를 하는 배우들에게는 감정적 일체화가 특히 중요하다.

공감은 이러한 감정적 일체화를 넘어 상대방의 내면세계까지 이해함으로써 상대방과 비슷하게 사고하고 느끼는 정서 상태다. 즉 상대방과 직간접적으로 관계를 맺는 과정에서 상대방에 대한 이해에 기초해 발생하는 정서적 반응이 공감이다. 그래서 공감은 쾌감이나 불쾌감 같은, 어떤 대상에 대한 단순한 감정 체험이나 정서 상태와는 다르다. 공감은 공감 대상에 대한 인식과 이해가 자신의 심금을 울리고 커다란 감동을 불러일으켜 내적·심리적 충동과 변화를 겪는 복잡한 감정 체험이다. 그리하여 사람의 정신 생활 전반에 걸쳐 내면세계를 크게 뒤흔들면서 일정한 변화를 가져오게 만든다. 영화를 보는 과정에서 주인공의 내면세계를 깊이 이해하게 되고, 그것에 큰 감동을 받아 주인공과 같이 웃기도 하고 울기도 하고 주인공이 어려운 처지에 빠지면 마치 자기 일처럼 걱정하는 등 주인공과 같이 숨 쉬고 사고하며 행동하는 것도 바로 공감 덕분이다.

이러한 공감은 다음과 같은 두 단계를 거친다. 공감의 첫째 단계는 앞서 설명한 감정적 일체화로, 공감자(공감의 주체)와 공감 대상 사이에 무의식적인 심리적 동일성이 체험되는 단계다. 공감자는 공감 대상의 심리 상태를 그대로 체험하면서 자기 자신을 잊고 상대방에게 용해되어 혼연일체가 된다. 그러나 이러한 감정적 일체화는 그리 오래가지 않는다. 어느 시점에 공감자는 자기 자신을 공감 대상과 구별하여 상대방을 자기가 아닌 타자로, 객관적인 대상으로 인식하고 이해한다. 생활고를 겪고 있는 이웃의 사연을 들을 때 처음에는 마치 자신이 그 사람인 것처럼 생각하고 느끼다가, 어느 시점에 그것이 자신의 얘기가 아니라는 것을 자각하게 되는 것이다. 그리하여 공감의 다음 단계는 공감 대상과 그 내용에 대한 자신의 태도를 결정하는 것이다. 이 단계에서 공감자는 명확하게 자타의 구별을 의식한 상태에서 상대방의 심리를 이해하고 자기의 태도를 결정한다. 앞의 예에 기초해 말하자면, 생활고를 겪고 있는 상대방은 물론이고 자신의 상황과 처지까지 고려하면서 상대방의 고통을 조금이라도 덜어주기 위해 금전적 도움을 주기로 결심하는 것이다.

마지막으로, 동감(혹은 동정)은 공감보다 좀 더 복잡한 상태라고 할 수 있다. 동감은 공감과는 달리 시종일관 상대방에 대한 인식과 이해가 계속 동반되면서 자타의 구별을 전제하고 있다. 즉 처음부터 자신과 상대방의 구별을 뚜렷하게 자각한 상태에서 다른 사람의 심리 상태를 상상하고 이해하며 그와 같은 심리·정서를 체험하는 것이다. 예를 들어 생활고를 겪고 있는 상대방의 가슴 아픈 얘기를 들으면서 그의 심정을 체험하지만 감정적 일체화가 없다는 점에서 공감과 차이가 있다. 이렇듯 동감은 자기와 타자 간의 뚜렷한 구별과 대상에 대한 이해가 전제되어야 하기 때문에 어느 정도 의식과 사고 능력의 발달이 이루어져야 가능해진다. 특히 일정 수준 이상의 자기 의식—주류 심리학에서는 자기 개념이라고 한다—이 뒷받침되어야 한다. 그래서 어린아이들은 동감을 하기 힘들어한다. 의식 발전 수준이 아직 낮은 단계에 있는 어린 시기에는 자기 의식이 충분히 형성되어 있지 않아서 동감이 쉽지 않다.

　감정은 대체로 생활 과정에서 자동적으로, 즉각적으로 발생한다. 그러나 이것이 사람이 감정을 조절하거나 통제하지 못한다는 것을 의미하는 것은 아니다. 사람은 이성으로 자기의 감정을 합리적으로 조절·통제할 수 있다. 예를 들면 누군가가 약을 올리는 바람에 순간적으로 뚜껑이 열리더라도—즉각적이고 충동적으로 발생한 흥분적인 감정·정서적 반응—그것을 이성과 의지의 힘으로 조절해('이렇게 흥분하면 안 돼. 침착하고 냉정하게 말하자!') 안정된 심리 상태로 돌아가고 그 상태를 유지할 수 있다는 것이다. 상당수의 주류 심리학자들도 사람이 감정을 통제할 수 있다는 견해에 동의한다. 이 주제에 대해서는 뒷부분에서 자세히 살펴볼 것이다.

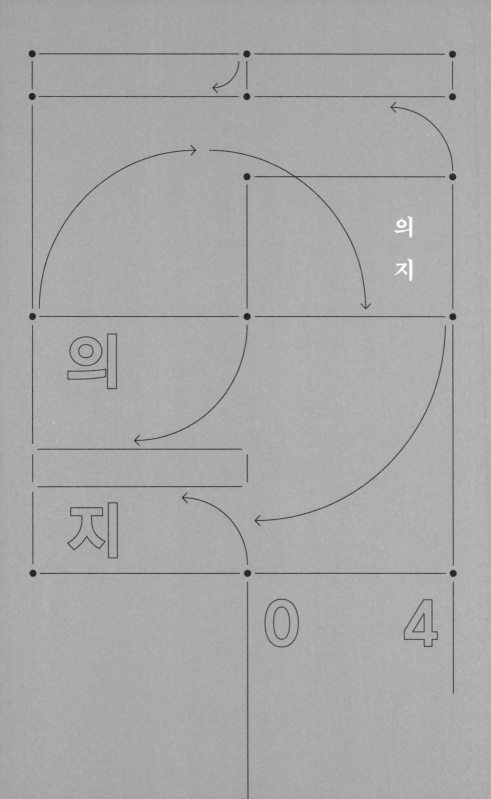

의
지

의

지

0   4

의지와 자기 통제 - 의지의 전제 조건 - 의지 행동의 단계 - 의지적 노력, 결심과 실행 - 의지적 특성 - 목적지향, 결단, 완강, 용감, 대담, 인내, 자제 - 신념 - 지식, 감정, 의지의 함 사람들은 일상생활에서 의지라는 단어를 자주 사용한다. 예를 들면 "그 녀석은 의지가 너무 부족해"라든가 "의지박약인데 잘될 리 있어?" 같은 말을 한다. 사람들은 또한 자신의 의지를 표현하는 행동을 하는데, 대표적인 것 중 하나가 주먹을 꽉 쥔 채 하늘을 향해 치켜드는 것이다. 이런 말과 행동은 의지가 중요한 심리라는 것을 보여준다. 그러나 주류 심리학은 의지에 대해 별 관심이 없어서 연구도 거의 하지 않는다. 과학적 심리학의 창시자로 불리는 빌헬름 분트Wilhelm Wundt는 일찍이 의식의 구성요소 중 하나로 의지를 지목한 바 있다. 그러나 미국의 주류 심리학은 의지에 대한 개념 정의조차 없는 실정이다.

이 같은 무관심은 주류 심리학이 인간을 세상을 변혁하는 사회적 존재가 아닌, 환경에 적응하면서 살아가는 생물학적 존재로 보는 것에서 비롯된다. 주류 심리학은 동물의 본능과 인간의 욕구를 유사한 것으로 보며, 동물의 초보적인 감정과 인간의 감정 역시 거기서 거기라고 본다. 그래서 욕구나 감정에 대해서는 나름 열심히 연구한다. 그러나 의지는 동물에게서는 전혀 찾아볼 수 없다. 그러니 동물과 인간이 질적으로 다르다는 사실을 인정하기 싫어하는 주류 심리학이 의지에 관심을 기울이지 않는 것은 당연할지도 모른다. 그나마 의지와 관련이 있다고 볼 수 있는 연구를 꼽자면, 만족 지연delay of gratification으로 잘 알려진 자기 조절 체계에 관한 연구, 자기 효능감self-efficacy에 관한 연구, 그리고 성공한 사람들의 핵심적 특징 혹은 능력으로 마틴 셀리그먼Martin Seligman과 앤절라 더크워스Angela Duckworth가 강조하고 있는 불굴의 정신grit에 관한 연구 등이 있다.

그렇다면 의지란 무엇일까? 의지는 사람이 어떤 목적을 세우고 그것을 달성하기 위해 어려움을 극복하며 자기의 행동을 일관성 있게 조절·통제하는 심리 현상이자 심리 작용이다. 사람의 요구는 저절로 실현되지 않는다. 요구를 실현하기 위해서는 자기 자신을 조절·통제해야 하며, 그 과정에서 맞닥뜨리는 어려움을 이를 악물고 이겨내야만 한다. 마음속으로 제아무리 훌륭한 생각을 하고 높은 목적을 세우더라도 강한 의지가 없으면 그것을 실현할 수 없으며 아무 성과도 낼 수 없다. 자연을 개조해 물질적 부를 생산하는 것, 사회적으로 자유롭고 평등하게 살아가기 위해 사회정치적 운동을 하는 것 같은 모든 활동은 강한 의지를 가지고 용감하게 싸워나갈 때만 가능해진다. 앞에서도 강조했듯이, 인간의 모든 행동은 어떤 목적을 실현하기 위해 진행되는 활동이라고 할 수 있다. 그런 목적들을 실현하기 위해 자기 자신을 일관성 있게 조절·통제하며 어려움을 이겨내도록 해주는 것이 바로 의지다.

사람은 특정한 대상을 인식하고 그것과 관련된 다양한 감정·정서를 체험할 뿐만 아니라 의지를 가지고 적극적인 활동을 해나간다. 의지는 인간의 정신 활동과 심리 현상에서 욕망, 감정과 함께 매우 중요한 자리를 차지하며 인간의 삶에서도 매우 큰 의의를 가진다.

01 의지와 자기 통제
의지의 전제조건

의지의 핵심은 자기 통제라고 할 수 있다. 목적을 실현하기 위해서는 자기 통제가 필수적이다. 목적 달성을 위해 노력하는 과정에서의 어려움을 극복하기 위해서도 자기 통제가 필요하고, 목적 달성을 위해 일관성 있게 나아가기 위해서도 자기 통제가 필요하다. 대청소를 하겠다는 목적을 세웠다고 가정해보자. 막상 청소를 시작했지만 청소해야 할 게 너무 많으면 '과연 이걸 다 할 수 있을까?'라는 생각에 덜컥 걱정이 된다. 심리적 어려움이 닥쳐온 것이다. 이럴 때 '아니야. 일단 시작했으니까 끝을 봐야지. 열심히 하면 할 수 있을 거야!'라며 스스로를 다독이고 격려하는 것이 바로 자기 조절, 자기 통제다. 이 자기 통제를 통해 심리적 어려움이 극복된다. 청소하는 중에 우연히 옛날에 구입해두었던 만화책을 발견하게 되어 그것을 펼쳐보니 너무 재미있어서 자기도 모르게 만화책을 붙들고 앉아 읽게 될 수도 있다. 만화책을 보고 싶다는 욕망이 대청소를 하겠다는 욕망을 제압하며 우세 욕망으로 등극한 것이다. 이럴 때 '안 돼. 만화책에 정신을 팔면 대청소는 끝이야!'라고 생각하면서 만화책을 보고 싶은 욕망을 억제하는 것 역시 자기 통제다. 이런 자기 통제가 없으면 대청소라는 목적을 달성할 수 없다는 것은 두말할 필요가 없을 것이다.

발달심리학 분야의 연구에 의하면, 자기 통제의 맹아는 출생 후 18개월 정도부터 나타난다. 이 시기의 아기는 자신의 슬픔이나 분노를 숨길 줄 알게 되고, 그것을 통제하고 억제하기 위해 눈살을 찌푸리거나 입술을 굳게 달며 때로는 이를 악무는 모습을 보이기도 한다. 비록 아주 초보적인 수준일지라도, 자기 통제의 핵심인 감정 통제를 하기 시작하는 것이다. 20개월부터는 넘어졌을 때에도 어머니가 함께 있을 때에만 울음을 터뜨리며, 2세부터는 좌절에 대한 인내력이 증가한다. 그 결과 2~5세 아이들의 경우 부모에게 떼를 쓰고 반항하는 행동이 급감한다.[23] 이런 연구 결과는 아주 어려서부터 욕망이나 감정을 스스로 통제하는 심리 현상, 심리 작용이 나타나며 그 과정에서 의지와 관련된 속성이나 능력이 발달하기 시작한다는 것을 보여준다.

자기 통제가 매우 중요하다는 것은 주류 심리학도 인정하고 있다. 심리학자 마이어스와 드월은 "실제로 우리가 효율적으로 기능하기 위해서는 지연된 큰 보상을 위해서 즉각적인 작은 보상을 지연시키는 것을 학습해야만 한다"면서 "보다 가치 있는 보상을 얻기 위해서 자신의 충동을 제어하는 것을 학습하는 것은 성숙을 향한 커다란 진보"[24]라고 강조했다. 비록 학습이라는 행동주의 심리학의 틀로 설명하고는 있지만, 이것은 자기 통제의 중요성을 강조하는 발언이라고 할 수 있다.

주류 심리학은 '자기 통제self-control 체계'를, 목적을 추구하는 과정에서 수행을 점검하고 평가하며 적절한 보상과 처벌을 제공하는 등의 방법으로 행동을 조절하는 체계로 정의한다. 자기 통제와 관련된 연구에 의하면 더 우수한 자기 통제 능력은 훗날의 좋은 건강, 높은 수입, 좋은 학점 등을 예측한다.[25] 마시멜로 실험으로 유명한 심리학자 월터 미셸Walter Mischel은 여러 자기 통제 체계 중에서 만족 지연에 관해 연구했다. 만족 지연이란 미래의 더 큰 보상을 위해 현재의 보상을 포기하는 것이다. 만족 지연 연구에 의하면 미래의 더 많은 마시멜로를 얻기 위해 눈앞에 있는 마시멜로를 먹지 않았던 아이들, 즉 만족 지연 능력이 우수한 아이들이 훗날 더 높은 성취를 달성했다. 이로부터 미셸은 만족 지연이 장기적인 목적 달성을 위한 필수적인 행동으로서 삶의 모든 영역에서 요구되는 기본적인 자기 통제 체계라고 주장했다.[26] 비록 단편적이기는 하지만 이런 연구들도 자기 통제가 목적 달성에 필수적이라는 것을 보여준다.

자기 통제를 잘하는 사람 혹은 자기 통제 능력이 우수한 사람은 자기 효능감(자기 효능성)을 가지게 된다. 주류 심리학은 자기 효능감을 어떤 구체적인 활동에 대해 자신에게 그것을 충분히 해낼 수 있는 능력이 있다고 보는 신념으로 정의하고 있다.[27] 간단히 말하자면 자기 효능감이란 자신의 능력에 대한 믿음인 자신감이다. 여러 연구에 의하면 자기 효능감은 선천적이거나 저절로 생겨나는 것이 아니라, 자신이 어떤 활동을 실제로 잘 수행했던 경험에 기초해서 갖게 되거나 타인들이 자신에게 어떤 활동을 충분히 할 수 있다고 설득해줌으로써 얻어진다. 이 자기 효능감도 목적 달성에 큰 도움이 된다. "나는 할 수 없어"라는 자기 불신보다는 "나는 능히 할 수 있어"라는 자신감을 가지는 것이 목적 달성에 더 유리하다는 것은 너무나 당연하다. 의지는 자기 자신의 힘 혹은 능력에 대한 확신(자기 효능감 혹은 자신감)에 기초해 생겨나며, 자신에 대한 믿음은 실천을 통해 만들어진다. 이것은 자기 효능감이 자기 통제력, 즉 의지의 전제조건 혹은 구성요소라는 것을 의미한다.

　　한편 의지는 다른 심리 현상들과도 밀접히 관련되어 있다.

　　의지는 우선 사상, 신념과 밀접히 관련되어 있다. 사상, 신념은 의지의 사상적 기초다. 확고한 자기만의 사상과 신념을 가지고 있는 사람은 의지가 강하지만, 그렇지 않은 사람은 의지가 박약하다. 한마디로 신념이 강한 사람이 의지도 강하다. 건전한 사상과 신념을 가지고 있는 사람의 의지에는 한계가 없지만, 불건전한 사상과 신념을 가진 사람의 의지는 제한적이다. 예를 들면 돈을 많이 벌어 부자가 되는 것이 가장 중요하다고 믿는 개인이기주의자의 의지는 독립투사나 혁명가의 의지에 비할 수 없다.

　　의지는 또한 감정과도 밀접히 관련되어 있다. 도덕적인 의무감 같은 고상한 감정, 감정을 중요한 구성요소로 하는 양심, 뜨거운 형제애나 인류애 등은 인간이 숭고한 목적을 세우게 해주고 그 목적을 달성하기 위해 강한 의지력을 발휘하게 해준다. 한마디로 감정이 건전해야 의지가 강하다. 반면에 질투심 같은 저열한 감정, 병적인 자기애 등은 건전한 목적을 세우지 못하게 만들 뿐만 아니라 의지력도 저하시킨다.

02 의지 행동의 단계
의지적 노력, 결심과 실행

의지와 연관된 행동은 준비 단계와 실행 단계로 구분할 수 있다.

먼저 준비 단계는 사람이 자신의 목적을 자각하고 굳은 결의와 각오를 다지는 결심으로부터 시작된다. 영화나 드라마에서 주인공이 엄숙한 표정으로 주먹을 꽉 쥐면서 "그래, 결심했어"라고 외치는 장면을 떠올려보라. 의지는 무엇보다 결심 여하에 달려 있다. 그러려면 우선 자기 행동의 목적을 분명히 자각해야 한다. 이는 곧 자신이 무엇을 달성할 것인가에 대한 자각이며 이해다. 그러나 자기 행동의 목적을 자각하는 것이 곧 결심을 의미하지는 않는다. 결심을 하는 것에는 목적을 달성하기 위한 수단과 방법을 결정하는 심리 작용까지 포함된다. 또한 사람은 결심을 할 때 자신의 요구를 충족시키기 위한 목적에 대해 구체적으로 타산하고 판단하고 가늠해보는 식으로 심사숙고한다. 이 심사숙고의 과정과 내용은 매우 복잡하고 다양할 수 있다. 그것은 목적을 두고 진행될 수도 있고, 수단과 방법을 선택하기 위해 진행될 수도 있다.

결심을 할 때에는 목적과 그 실현 방도를 둘러싼 복잡한 의지 상태, 즉 갈등 상태가 조성될 수 있다. 우선 목적을 선택하는 과정을 보자. 목적이 여러 가지 있는데 그것들이 다 중요한 의의를 가진다고 판단될 때, 그중에서 하나를 선택하기 위해 긴장을 동반

1
2
2

하는 노력을 하는 심리 상태가 조성된다. 이때 나타나는 심리 현상을 의지적 노력이라고 한다. 예를 들면 음악가도 되고 싶고 선생님도 되고 싶은 학생이 이 두 가지 목적 중에서 하나를 선택하려고 할 때 의지적 노력을 하게 된다. 학생은 이런 의지적 노력을 통해 둘 중 하나를 선택하거나 혹은 음악 선생님이라는 새로운 목적을 세우게 된다.

　　다음으로 목적 달성의 방도와 수단을 선택하는 과정에서도 갈등 상태가 조성될 수 있다. 일단 목적이 선택되면 목적 달성의 방도와 수단을 결정하기 위한 심사숙고 과정은 금방 시작된다. 예를 들면 어떤 물건을 구입하기로 결정하면 곧바로 어떤 수단을 이용해 구입할 것인가(예: 인터넷으로 구매할까, 아니면 대리점에 방문해 구매할까)를 고민한다. 그러나 이 경우에도 내적으로 심리적 충돌과 갈등이 일어날 수 있다. 어떤 대학에 입학하는 것을 목적으로 세운 다음 정시와 수시 사이에서 갈등하는 것을 예로 들 수 있다.

　　결심은 쉬운 결심, 조급한 결심, 심사숙고한 결심으로 구분할 수 있다. 쉬운 결심은 목적과 동기, 수단과 방법 사이에 모순이나 갈등이 없어서 비교적 빨리, 쉽게 결심하는 것을 말한다. 조급한 결심은 목적의 타당성, 목적 달성의 방도와 수단 등에 대한 충분한 고민 없이 마구잡이로 하는 결심이다. 심사숙고한 결심은 충분한 근거를 가지고 하는 결심으로, 목적의 타당성과 목적 달성의 조건 등을 심사숙고하고 그 결과까지도 예견하면서 하는 결심이다.

의지와 연관된 행동의 다음 단계는 실행이다. 어떤 행동을 하기로 결심하는 것은 단지 시작에 불과하다. 그래서 작심삼일作心三日이라는 말도 있지 않은가. 중요한 것은 결심을 실행에 옮기는 것이다. 실행 단계는 결심을 한다고 해서 저절로 뒤따라오는 것이 아니다. 결심은 곧바로 실행으로 나아가지 못한 채 지연되거나 중단되기도 한다.

결심이 즉시 실행으로 옮겨지지 않고 중단되는 것은 우선 결심 이후에 심적 동요가 발생하기 때문이다. 즉 자신이 내린 결심, 행동의 목적, 목적 달성의 수단과 방법 등에 대한 가치 평가에서 변화와 동요가 발생하기 때문이다. '내 결심이 과연 옳았나? 혹시 경솔한 판단에 따른 것은 아니었을까?', '혹시 이 방법보다 더 나은 방법이 있지 않을까?'와 같은 의문과 의혹으로 번민하는 것을 예로 들 수 있다. 또한 결심을 실행하려고 할 때 긴장감, 두려움, 걱정 같은 부정적인 심리를 체험하기 때문에 중단되기도 한다. 수영을 못하는 사람이 막상 수영을 배우겠다고 결심은 했지만 두려움과 걱정으로 주저하는 것을 예로 들 수 있다. 이렇듯 부정적인 심리가 행동을 방해한다는 것은 의지와 정신건강이 비례 관계에 있다는 것을 의미한다. 마지막으로, 미처 예상하지 못했던 새로운 문제가 제기되는 경우에도 결심이 실행으로 나아가지 못하고 중단되곤 한다. 제주도로 여름휴가를 가기로 결심했는데, 그 시기에 제주도에 비가 온다는 일기예보를 보게 되자 결심이 흔들리는 것을 예로 들 수 있다. 따라서 결심이 실행으로 옮겨지려면 강한 의지적 노력이 뒷받침되어야 한다. 강한 의지적 노력에 의해서만 결심이 실행으로 나아갈 수 있다는 것이다.

의지와 연관된 행동의 실행 과정에서는 자기가 수행하는 행동에 대한 가치 평가가 동반된다. 사람들은 어떤 목적을 달성하기 위한 행동을 수행하면서 그것이 가지는 사회적 가치를 서로 다르게 평가하고 그에 따라 다양한 감정을 체험한다. 사람들의 사상과 신념, 이상, 태도 등이 서로 다르기 때문이다. 이 때문에 건전한 목적을 달성하기 위한 행동을 수행하는 경우에도 그 가치 평가는 사람마다 서로 다를 수 있다.

03 의지적 특성
목적지향, 결단, 완강, 용감, 대담, 인내, 자제

특정한 심리 상태가 생활 과정에서 반복되면 심리적 속성으로 굳어진다. 의지도 마찬가지다. 의지와 관련된 심리 현상이나 심리 상태가 반복되면 심리적 속성으로 굳어지는데, 그것이 바로 의지적 특성이다. 의지는 실천 속에서 형성되고 공고화되어 의지적 특성 혹은 능력으로 굳어지게 된다.

이러한 의지적 특성에는 목적지향성, 결단성, 완강성, 용감성, 대담성, 인내성, 자제력 등이 있다.

목적지향성은 목적을 세우고는 그것을 달성할 때까지 그 지향을 버리지 않고, 별다른 동요 없이 노력해나가는 의지적 특성이다. 비유적으로 말하자면, 일단 서울에서 부산까지 가기로 마음을 먹으면 절대 딴 길로 새지 않고 부산을 향해서만 줄기차게 나아가는 것이라고 할 수 있다. 목적이 원대하고 숭고할수록 한두 번의 행동이나 짧은 시간에 달성되지 않는다. 그런 목적은 오랜 기간에 걸쳐 복잡하고 어려우며 시련 가득한 실천을 통해서만 달성할 수 있다. 이 때문에 목적지향성은 독립운동가나 혁명가 같은 원대하고 숭고한 목적을 가진 사람들에게서 전형적으로 관찰된다.

결단성은 복잡한 상황 속에서도 든든한 배짱을 가지고 적시에 결심하고 동요 없이 실행으로 옮기는 의지적 특성이다. 결단성은 매우 중요한 의지적 특성이다. 왜냐하면 목적 달성에 필요한 정확한 방도와 수단을 선택해서 결심을 제때 행동으로 옮기는 것이, 많은 경우 순탄한 환경이 아니라 복잡하고 어려운 상황 속에서 진행되기 때문이다. 인류 역사를 보면 중요한 순간에 결심을 하지 못하거나 결심을 실행에 옮기지 못한 채 우유부단하게 처신하다가 일을 망친 사람들을 자주 목격하게 되는데, 이들에게 부족한 것이 바로 결단성이다. 결단성은 건전한 동기, 목적과 함께 지식과 판단력을 필요로 한다. 쉽게 말해 무식하면 결단성에 악영향을 미칠 수 있다는 것이다. 결단성의 대척점에 있는 부정적 특성은 우유부단함이다. 우유부단함은 목적 달성에 대한 확고한 입장이 없어서 결심을 주저하거나 일단 결심을 하고도 자주 바꾸는 부정적인 의지적 특성이다.

완강성은 일단 결심하고 시작한 일은, 거듭되는 실패와 어려움 속에서도 물러서지 않고 신념을 가지고 악착스럽게 달려들어 끝까지 해내고야 마는 의지적 특성이다. 이런 특성을 가진 사람은 칠전팔기의 신화를 창조하면서 기어이 목적을 달성한다. 노무현 전 대통령은 계속 낙선의 고배를 마시면서도 지역주의를 깨겠다는 신념으로 부산 지역에 거듭 출마했는데, 이런 것이 바로 완강성이라고 할 수 있다. 완강성은 실패를 하는 경우에도 낙심하거나 주저앉지 않게 해주고, 용기와 신념을 가지고 끈질기게 목적을 달성할 수 있게 해준다. 완강성은 고집과는 다르다. 고집은 비현실적이고 불합리한 것을 계속 추구하면서 잘못된 것을 바꾸거나 고치지 않는 부정적인 의지적 특성이다.

용감성과 대담성도 중요한 의지적 특성이다. 난관이나 시련 앞에서도 주저하거나 당황하지 않고 생명의 위험까지 무릅쓰면서 정면 돌파하는 특성이다. 재난 영화의 주인공이 다른 사람들의 목숨을 구하기 위해 조금도 주저하지 않고 죽음을 무릅쓰며 위험한 일에 과감하게 뛰어드는 장면을 떠올려보라. 용감성과 대담성은 자기 행동의 정당성에 대한 자각과 확신에 기초하고 있다. 이런 점에서 악한 사람이 아닌 선한 사람들에게 고유한 의지적 특성이라고 할 수 있다. 용감성과 대담성을 가지고 있는 사람은 실패나 위험을 겁내지 않고 통 크게 생각하며 패기에 넘쳐 낙천적으로 살아간다.

인내성과 자제력은 자기의 행동을 조절·통제하며 목적 달성을 방해하는 부정적인 욕망이나 감정 등을 억제하고 통제하는 의지적 특성이다. 자기 통제에 관한 주류 심리학의 연구들은 이 인내성과 자제력이라는 특성을 탐구하는 것이라고 할 수 있다.

04 신념
지식, 감정, 의지의 합

신념은 어떤 사상이나 이론의 진리성과 정당성, 그 승리에 대한 확고부동한 믿음이며, 그것이 가리키는 대로 사고하고 행동하려는 강한 의지다. 이러한 정의는 신념이 단순한 지식이 아니라 의지를 포함하고 있다는 것을 보여준다.

신념은 사람의 의식 속에 깊이 뿌리내리고 굳어진 것이기 때문에, 사람이 어떤 조건과 환경 속에서도 흔들리지 않고 확고부동하게 목적지향적으로 사고하고 행동하게 하는 마음의 기둥이 된다. 그럼으로써 자기가 받아들인 견해와 관점, 이론의 진리성과 정당성을 잣대로 삼아 일관성 있게 사고하고 행동하도록 만든다.

신념은 인간의 전반적 지향성을 규정한다. 언제나 사고와 행동의 지침이 되어 사람이 움직이는 기본 방향을 규제한다. 그래서 일정한 신념을 가지면 주저와 동요 없이 일정한 방향으로 사고하고 행동하게 되는 것이다. 신념은 맹목적인 믿음이나 종교적 신앙심과는 다르다. 신념은 과학적인 사상과 이론이 실천과 생활 체험을 통해 감정·정서적으로 공감되고 체득되어 자기의 피와 살로 된 것이다. 반면에 맹목적인 믿음이나 종교적 신앙심은 과학적이지 않은 사상과 이론을 이러저러한 이유로 붙들고 있는 것이다.

신념에 대해 논할 때 어떤 계급이나 사회적 집단의 사상·세계관으로서의 신념과, 개별적 인간의 사상·세계관으로서의 신념을 구분할 필요가 있다.

어떤 계급 또는 사회적 집단의 요구와 이해관계를 이론적 명제의 형식으로 일반화한 사상·세계관(사회적 의식)은 그 계급 또는 집단의 대표자에 의해 창시되고 정립된다. 초기 자본주의 시기에 활동했던 마르크스가 노동자 계급의 요구와 이해관계에 따라 마르크스주의를 창시한 것을 예로 들 수 있다. 이러한 사회적인 사상·세계관은 철학의 연구 대상으로서, 당대의 과학 지식과 사회적 경험, 특정 계급이나 집단의 근본 요구와 지향을 집대성하여 표현하고 있다. 반면에 개인의 의식으로서의 신념이나 사상은 사회적인 사상·세계관과 그 범위, 공고성 등에서 구별된다. 개인은 교육과 실천 활동을 통해 사회적인 사상·세계관을 습득하고, 그 진리성과 정당성에 감정·정서적으로 공감하여 자기의 피와 살로 만듦으로써 그것을 신념으로 간직한다. 따라서 심리학에서 다루는 신념은 사회적인 사상·세계관과 밀접하게 연관되면서도 그것과는 구별되는 개인적인 사상·세계관으로서, 개인의 사고와 행동의 직접적 동기로 작용한다. 예를 들면 마르크스주의가 사회적인 사상·세계관이라면, 그것을 받아들여 자기 것으로 신념화한 남미의 혁명가 체 게바라의 의식은 개별적 사람의 사상·세계관이다.

신념은 또한 강한 의지로 뒷받침되는 믿음이다. 즉 신념은 사회적 사상을 확고하게 체득한 것에 기초해 그 사상에 부합되게 사고하고 행동하려는 확고한 결심이자 각오다. 자기가 확신하는 사상을 옹호하고 관철하려는 결심과 각오로 뒷받침된 신념은 그래서 인간의 사고와 행동을 규정하고 추동하는 강한 동기로 작용할 수 있다. 또한 계급사회에서 신념은 계급적 성격을 가진다. 즉 개개인의 사회계급적 처지와 지향, 이해관계에 기초하며 그것을 표현한다.

신념의 구성요소는 지식, 감정, 의지다.

지식은 신념의 전제다. 물론 지식 그 자체가 곧 신념은 아니지만, 과학적 지식이야말로 신념의 인식적 전제다. 예를 들면 "자본주의는 자체의 모순으로 인해 필연적으로 멸망한다"와 같은 과학적 지식 없이는 신념을 가질 수 없다.

감정 역시 신념의 필수 요소다. 지식은 아무리 많이 축적된다고 해도 그것만으로는 신념이 될 수 없다. 과학적 지식이 감정·정서와 결부되어 공감될 때에만 비로소 신념으로 전환될 수 있다. 다시 말해 제아무리 많은 지식을 갖고 있어도 감정·정서적으로 공감하지 않는다면 그 지식은 신념으로 전환되지 않는다. 예를 들면 어떤 도덕적 규범이나 원칙에 대한 지식 그 자체는 사람의 행동을 규제하거나 추동하지 못한다. 건전한 감정에 기초해 그런 규범이나 원칙에 공감할 때에만 사람의 행동을 규제하거나 추동하는 신념이 될 수 있다.

의지 역시 신념의 중요 구성요소다. 사람은 신념을 실천 속에서 구현하기를 원한다. 그런데 신념의 구현은 어려움의 극복을 전제로 한다. 이 때문에 결심과 각오, 투지 등으로 발현되는 의지가 신념의 필수적인 구성요소가 되는 것이다. 의지로 뒷받침된 신념은 그것이 가리키는 일정한 방향으로 나아가도록 사람을 고무하고 추동한다.

그런데 신념은 어느 날 갑자기 하늘에서 뚝 떨어지는 것이 아니라, 어떤 심리적 계기를 거치면서 합법칙적으로 형성, 발전된다. 신념 형성의 심리적 계기에는 인식적 계기, 정서적 계기, 축적의 계기 등이 있다.

신념 형성의 인식적 계기란 어떤 사상이나 이론의 정당성과 진리성을 원리적으로 파악하는 것을 말한다. 이것이 신념 형성의 출발점이자 전제다. 뭐라도 알아야 사리 분별을 할 수 있고 앞을 내다볼 수 있듯이, 어떤 사상이나 이론을 정확히 인식해야만 그것이 자기한테 도움이 되는지 안 되는지를 판단할 수 있고, 그것을 받아들일지 말지를 결정할 수 있다. 환경 문제를 다룬 책을 읽으면서 인류가 시급히 행동하지 않으면 환경 파괴로 인해 인류가 전멸하게 된다는 지식을 알게 되는 것을 예로 들 수 있다.

신념 형성의 정서적 계기란 어떤 사상이나 이론의 정당성과 진리성에 공감하는 것을 말한다. 사람은 원리적인 인식을 넘어서서 그것에 깊이 공감해야만 비로소 그 사상이나 이론을 자기 것으로 만들 수 있다. 심지어는 그것에 매혹될 때, 그 사상이나 이론은 자기 삶에서 절대로 떼어낼 수 없는 신념으로 전환된다. 인간에 대한 사랑(인류애)에 기초해 환경 문제를 해결하기 위해서는 반드시 사회제도를 개혁해야 한다는 견해에 깊이 공감하는 것을 예로 들 수 있다.

신념 형성의 축적의 계기란 생활과 실천을 통해 자기가 받아들인 사상과 이론을 다져나가면서 자기 삶의 확고한 지침으로 만드는 것을 말한다. 신념은 저절로, 단번에 만들어지지 않는다. 생활 속에서 지난한 실천 과정이 축적되면서 점차 굳어지는 것이다. 실천적 체험을 통해 이미 받아들인 어렴풋한 신념을 더욱 확고하게 만드는 것이다. 기후 위기로 인한 재난을 연거푸 경험하거나 목격하고 열정적으로 환경운동을 하는 과정에서, 독점자본가들의 무제한적 탐욕에 기초하고 있는 자본주의 제도를 새로운 사회제도로 바꾸지 않고서는 환경 문제를 해결할 수 없다는 신념이 더욱 굳어져 생활과 실천의 확고한 지침이 되는 것을 예로 들 수 있다.

신념의 형성 과정은 사람마다 다르게 진행될 수 있다. 그것은 사람들의 사회계급적 처지와 생활 조건, 생활 경로가 서로 다르며 의식 수준과 문화 수준도 차이가 있기 때문이다.

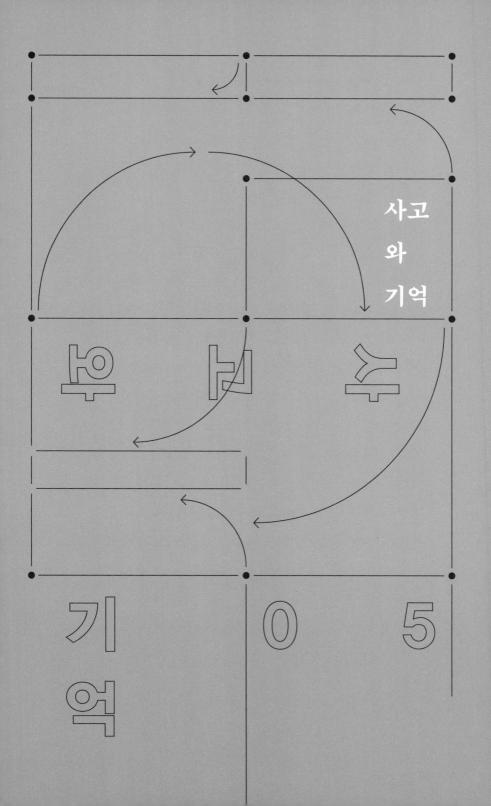

사고
와
기억

기 0 5

사고란 무엇인가 - 사고에 작용하는 심리적 요인들 - 감성적 인식 - 감각, 지각, 표상 - 이성적 인식 - 사고의 특징과 형태, 의의 - 기억과 망각 - 새김, 보존, 재생 - 상상 - 새로운 형상을 구성하는 심리 과정 - 사고와 다른 심리 현상 간의 관계 - 욕망, 감정, 의지와의 상호작용

심리학이 철학에서 분리되어 독자적인 학문으로 등장했던 초창기에는, 비록 초보적인 사고(인식)에 국한되어 있기는 했지만 사고를 주요한 연구 대상으로 삼고 있었다. 그러나 미국에서 행동주의 심리학이 탄생하면서 사고에 대한 관심은 급속하게 사그라들었다. 사람과 동물을 질적으로 같은 존재로 간주했던 행동주의 심리학이 지배적이었던 시절에는 사고에 대한 고려나 연구가 거의 없었다. 미국 심리학자들이 다시 사고에 대해 관심을 갖게 된 계기는 컴퓨터의 출현이었다. 샥터 등은 다음과 같이 말했다.

> 컴퓨터의 출현은 심리학의 모든 영역에 걸쳐 정신과정에 대한 관심이 다시 생겨나도록 이끌었고, 인지심리학이라는 새로운 접근법을 낳았다. 인지심리학은 지각, 사고, 기억, 추론을 포함

하는 정신과정을 과학적으로 연구하는 것이다.[28]

컴퓨터가 사고에 대한 관심과 연구를 촉발한 것은 당시의 심리학자들, 특히 미국의 심리학자들이 컴퓨터와 인간의 사고가 본질적으로 같다는 아이디어로 인해 흥분했기 때문이다. 다시 말해 안 그래도 인간 심리에는 도무지 관심이 없는 행동주의 심리학에 서서히 염증을 느끼고 있던 차에 컴퓨터가 인간의 사고를 이해할 수 있는 휘황한 길을 열어준다고 판단해 만세를 불렀던 것이다.

여기에서 알 수 있듯이 주류 심리학은 인간의 사고가 외부에서 주어지는 정보를 논리적 규칙에 기초해 해석하거나 지적으로 조작하며, 그것을 내부적으로 부호화하고 저장했다가 인출한다는 점에서 본질적으로 컴퓨터와 같다고 본다. 인지주의 심리학이 인간의 사고를 설명할 때 정보, 부호화 같은 컴퓨터 분야의 용어를 빈번하게 사용하는 것은 이 때문이다. 이렇듯 컴퓨터가 출현한 시기부터 미국에서는 인지주의가 행동주의와 더불어 심리학의 주요한 패러다임—인지행동주의—으로 자리매김하게 되었다. 그러나 그렇다고 해서 주류 심리학이 사람을 사회적 존재로 바라보게 된 것은 아니다. 단지 사람을 머리에 컴퓨터를 달고 있는 엄청 똑똑한 동물로 바라보게 되었을 뿐이다.

주류 심리학은 사고, 사유, 인식 같은 철학적 개념 대신 인지

cognition라는 개념을 사용한다. 인지는 흔히 "사고하기, 알기, 기억하기, 의사소통하기와 연합된 모든 심적 활동"[29]으로 정의된다. 즉 사물 현상을 지각하고, 주의를 기울이고, 기억했다가 회상하는 것에서부터 주어진 정보로부터 판단하고 추리하며 문제를 해결하는 것까지를 포괄하는 넓은 개념이다. 이것은 인지가 철학에서 말하는 사고 혹은 사유라는 개념과 별 차이가 없음을 의미한다. 그렇다면 주류 심리학은 예전부터 사용해왔던 사고라는 철학적 개념을 그대로 사용하면 될 텐데 왜 굳이 인지라는 개념을 고집하는 것일까?

주류 심리학은 철학적 개념 같은 포괄적이고 추상적인 개념을 아주 싫어한다. 대표적으로 행동주의 심리학은 심리학에서 철학 개념을 추방해야 한다고 외치면서, 심리학에서 사용하는 개념은 반드시 조작적으로 정의해야 한다고 주장했다. 쉽게 말해 개념을 실험실에서 측정할 수 있고 연구자가 조작할 수 있도록 구체적으로 정의해야 한다는 것이다. 예를 들면 지능을 "지능 검사에서 측정된 점수"로, 자극을 "2초 동안 켜져 있는 붉은 불빛" 따위로 구체적으로 정의해야 한다는 것이다.

그런데 이렇게 조작적 정의를 중시하는 주류 심리학이 왜 인지라는 개념만큼은 철학적 개념과 별반 다르지 않은 포괄적인 의미로 정의하는 것일까? 처음에 주류 심리학은 감각, 지각 같은 감성적 사고를 지칭하는 좁은 의미로만 인지라는 개념을 사용했다. 그런데 연구를 하면 할수록 사람이 이성적 사고를 한다는 사실이 명확하게 드러났다. 달리 말하자면 이성적 사고를 전제하지 않고서는 인간 심리를 제대로 설명할 수 없다는 것이 분명해졌다. 이로부터 주류 심리학은 인지라는 개념의 범위를 확장했고, 그 결과 인지는 사고라는 철학 개념과 별 차이가 없는 포괄적인 개념이 되어버렸다. 그러므로 나는 여기에서 사고라는 개념을 주로 사용할 것이다.

01 사고란 무엇인가
사고(인식)에 작용하는 심리적 요인들

사람이 고차적인 사고를 한다는 사실을 주류 심리학이 인정하고 그것을 연구하게 된 것은 그나마 다행스러운 일이지만, 주류 심리학의 사고에 관한 연구는 여러 문제점을 안고 있다. 대표적으로 사고와 다른 심리 현상들 간의 관계(예: 사고와 욕망 간의 관계)를 거의 연구하지 않는 것, 상대적으로 감성적 사고에 초점을 맞춘 채 이성적 사고에 대한 연구를 등한시하는 것, 사람의 불완전성을 강조하기 위해 사고 오류(인지 오류)를 과도하게 부각시키는 것 등을 꼽을 수 있다.

사고는 사람이 사물 현상의 본질과 법칙, 그것들 간의 관계를 파악하는 이성적 인식 과정이다. 여기에서 인식이란 인식의 주체인 사람이 세계와 자기 자신을 능동적으로 파악하는 것을 의미한다. 철학에서는 사고·사유가 곧 이성적 인식을 의미하기 때문에 사고와 인식이라는 두 가지 개념을 혼용한다. 사고 혹은 사고 능력은 사람에게 고유한 특징이다. 사고를 할 수 있기 때문에 사람은 세계와 자기 자신을 인식할 수 있고, 인식의 결과인 지식을 자신의 요구에 맞게 이용하면서 세계와 자기 자신을 개조하고 변혁할 수 있다.

사람은 사물 현상을 접할 때 그것을 기계적으로 다 받아들이는 것이 아니라 자기의 요구나 태도에 기초해서 받아들인다. 그것은 현실 인식이 수동적인 과정이 아니라 사람의 능동적이며 적극적인 요구와 태도, 활동 등에 의해 규제되는 목적지향적인 심리 과정이기 때문이다.

이러한 현실 인식은 사상과 신념, 감정과 정서, 지식 수준, 인식 능력 등에 의해 영향을 받으며 제약된다.

우선 현실 인식에는 인간의 사상과 신념이 크게 영향을 미친다. 사람의 모든 활동을 추동하는 기본 요인은 사람의 요구를 담고 있는 사상과 신념이다. 사상과 신념은 사람들의 절실한 요구와 이해관계에 대한 자각, 그것을 실현하려는 의지를 포함하고 있기 때문에 인식 활동을 적극 추동한다. 예를 들면 조선 시대에 신분제를 타파하고 만민 평등의 세상을 건설하려는 요구를 담고 있는 사상을 갖고 있던 한국인들은 그런 사상이 추동하는 적극적인 인식 활동을 통해 동학 이념을 창시했다.

사상과 신념은 현실을 인식하는 과정, 인식의 대상과 방향을 결정한다. 사람은 현실에서 아무것이나 받아들이는 것이 아니라 자신의 요구에 부합하는 것을 인식의 대상으로 정하여 받아들인다. 예를 들면 역사를 알고 싶어 하는 요구가 강한 아이는 TV에서 역사 관련 내용이 나오면 주의를 집중해 시청하며, 남들보다 훨씬 더 많이 역사 관련 책들을 찾아 읽음으로써 역사에 대한 인식을 심화시켜나간다. 사상과 신념은 또한 현실 인식의 수준을 결정한다. 사람의 요구를 반영한 사상과 신념의 강도가 크면 클수록 인식 수준이 높아진다. 즉 사상과 신념의 강도가 크면 다양한 사물 현상들을 인식할 때 그 표면에 머무르지 않고 깊이 파고들어서 본질을 파악할 수 있게 된다는 것이다.

다음으로 현실 인식에는 풍부하고 다양한 감정·정서가 영향을 미친다. 사람은 현실을 인식하고 사물 현상의 본질을 이해하는 과정에서 독특한 지적 감정을 체험한다. 지적 감정에는 단순한 호기심에서부터 흥미진진(넘쳐흐를 정도로 흥미가 매우 많다)한 관심 등 여러 가지가 있다. 이러한 지적 감정들은 현실의 다양한 현상을 더욱더 깊이 있게 전면적으로 파악하도록 고무하고 추동한다. 어떤 책을 읽다가 크나큰 깨달음을 얻었을 때의 기분이나 느낌을 한번 떠올려보라.

사람은 건전한 감정·정서에 기초해 현실을 인식할 때 긍정적이고 본질적이며 진보적인 것들을 인식할 수 있다. 그렇지 않으면 부정적이고 부차적이며 낡은 것들에만 매달리게 된다. 1940년대에 건전한 감정을 가지고 독립운동을 했던 사람들은 당시의 국제 정세를 보면서 일제의 패망이 필연적이며 머지않아 독립의 날이 올 것임을 인식할 수 있었다. 예를 들면 여운형 선생은 일제의 패망을 예견하고 건국준비위원회 설립에 착수하기도 했다. 반대로 당시 패배주의적이고 비관적인 감정에 빠져 있던 다수의 지식인은 일제의 대동아공영권이 영원할 것이라고 믿으면서 대거 변절했다. 이들이 당시의 국제 정세를 정확하게 인식하지 못한 것에는 지적인 능력의 부족보다는 불건전한 감정이 더 큰 영향을 미쳤다. 긍정심리학에서는 긍정적 사고의 중요성을 무척 강조하는데, 긍정적 사고를 가능하게 해주는 중요한 요인 중 하나가 바로 건전한 감정이다. 우울증 환자가 긍정적 사고를 하기 힘든 것은 이 때문이다. 건전한 감정은 사람을 긍정적 사고로 이끌지만 불건전한 감정은 부정적 사고로 이끈다. 이것은 감정이 현실 인식에 작용하는 중요한 심리 중 하나임을 보여준다.

또한 현실 인식은 사람의 준비된 한계를 넘어설 수 없다. 이것은 구체적으로 다음의 두 측면을 통해 나타난다.

첫째, 사람의 지식이 풍부해질수록 복잡하고 다양한 연관 속에서 능동적으로 분석·판단하고 논리적으로 추리하며 그 본질을 깊이 인식한다. 이는 현실 인식의 감성적 계기와 이성적 계기 모두에서 동일하게 작용한다. 사람의 인식은 현실의 반영이지만, 현실은 저절로 의식에 반영되지 않는다. 사람은 아는 것이 많을수록 현실을 더욱 폭넓고 깊이 있게 받아들이며 인식할 수 있다. 반면에 보고 들은 것이 적고 체험이 풍부하지 않으면 식견이 좁을 수밖에 없다. 산에 갔다가 어떤 새를 보게 되었을 때 조류 전문가가 일반인에 비해 그 새를 훨씬 더 잘 이해하는 것을 예로 들 수 있다.

둘째, 사람의 현실 인식은 능동적인 사고 과정으로서의 인식 능력에 의해서 제약된다. 인식 능력은 높은 사고력으로 능동적인 인식 활동을 할 수 있게 해줌으로써 인식의 성과를 실제적으로 담보한다. 인식 능력, 즉 분석과 종합, 추상화와 일반화 같은 지적 조작 능력과 관찰력 등은 대상을 더 폭넓고 깊이 있게 그리고 빨리 파악할 수 있게 해준다. 한마디로 인식 능력이 높을수록 더 잘 인식한다는 것이다. 사람은 인식 능력이 발전할수록 더 효과적인 인식의 수단과 방법을 사용하게 된다. 가장 강력한 인식 수단과 방법 중 하나는 논리적 수단과 방법이다. 과학적 추상화 같은 인식 방법을 제쳐놓은 채 깊이 있는 현실 인식, 과학적 인식을 생각할 수는 없다. 진리는 오직 과학적인 논리의 힘에 의해서만 파악할 수 있다. 인식 능력이 발전함에 따라 사람은 자연과 사회의 다양한 사물 현상, 현실에서 복잡하게 전개되어나가는 여러 사회 현상과 인간의 생활을 더욱더 폭넓고 깊이 있게 인식할 수 있게 된다.

이처럼 현실 인식 과정은 사람의 지식과 인식 능력에 기초해 진행되기 때문에 그것에는 사람의 준비된 한계를 넘어설 수 없다는 법칙이 작용한다. 한마디로 현실 인식에서 사람은 자신이 아는 것만큼 보고 듣고 느끼며 받아들인다는 일반적 합법칙성이 작용한다는 것이다.

02 감성적 인식
감각, 지각, 표상

감성적 인식은 감각기관의 작용을 통해 다양한 사물 현상을 생생하게 파악하는 것이다. 사람은 무엇보다 자기의 감각기관을 통해 다양한 사물 현상을 직접 파악하게 된다. 잠자리를 접할 때 눈으로는 잠자리의 형태를 보고 귀로는 잠자리 소리를 듣는 것을 예로 들 수 있다.

현실을 직접 파악하게 해주는 감성적 인식에는 감각, 지각, 표상이 있다.

감각

감각은 감각기관을 통해 사물 현상의 개별적 징표를 받아들이는 것이다. 예를 들어 눈이라는 감각기관을 통해 토끼의 귀나 꼬리의 형태, 색깔 등을 파악하는 것, 또는 눈·코·혀 등의 감각기관을 통해 사과가 둥글고 빨갛고 향기롭고 맛있다는 것을 따로따로 파악하는 것이 감각이다.

지각

지각은 사물 현상을 접할 때 그것을 '전체적으로 반영'하는 것이다. 감각이 사물 현상의 개별적 징표를 반영한다면, 지각은 사물 현상을 전체적으로 반영한다. 예를 들어 토끼의 귀나 꼬리의 형태, 색깔 등을 따로따로 파악하는 것이 감각이라면, 그런 개별적 징표들을 전체적으로 통합해 토끼로 파악하는 것이 지각이다. 감성적 인식에서 기본은 지각이다. 즉 사람은 지각을 통해, 직접 체험하는 다양한 사물 현상을 여러 속성과 측면을 가지는 대상으로서 전체적으로 반영한다.

지각은 전체성, 의미성, 선택성 같은 특징을 가진다.

지각의 전체성은 사물의 개별적 속성을 따로따로 받아들이는 것이 아니라 여러 속성이 통일된 하나의 전체로 지각하는 특성이다. 예를 들어 사과를 지각한다고 할 때 둥글고 빨갛고 향기롭고 맛있다는 것을 따로따로 지각하는 것이 아니라, 그런 여러 속성이 통일된 전체로서의 대상, 즉 사과를 지각하는 것이다. 지각의 전체성을 강조하는 것에서 출발한 이론이 바로 게슈탈트 심리학이다.

지각의 의미성은 과거의 지식과 경험의 영향 아래 사물 현상에 대한 이해를 동반하면서 지각하는 특성을 말한다. 사람은 단순히 사물을 보는 것이 아니라 알아보며, 단순히 소리를 듣는 것이 아니라 알아듣는다. 즉 어떤 사물 현상을 지각할 때 그것에 대해서 이해하고 그것을 일정한 범주에 귀속시킨다. 쉽게 말해 길을 가다가 어떤 개를 보면 그것이 '개'임을 알아본다는 것이다.

지각의 선택성은 감각기관에 작용하는 여러 사물 현상 중에서 일부를 먼저 분리하여 지각하는 특성이다. 현실 속에서는 수많은 사물 현상이 사람의 감각기관에 동시에 혹은 시간차를 두고 작용한다. 이때 사람은 그 모든 사물 현상을 동시에 똑같은 정도로 선명하게 지각하는 것이 아니라 그 일부를 우선적으로 지각한다. 바로 이것이 지각의 선택성이다. 지각의 선택성은 주관적·객관적 요인에 의해 발생한다. 객관적 요인으로는 강한 자극, 운동, 대비(대조), 조명, 거리 등을 꼽을 수 있다. 예를 들면 모든 사람이 정지해 있는데 누군가가 혼자서만 움직이면(운동, 대비) 그 사람이 우선적으로 지각되는 것이다. 주관적 요인으로는 주어진 사물 현상이 가지는 의의, 욕망과 흥미, 지식과 경험 등을 꼽을 수 있다. 예를 들면 연애하고 싶다는 욕망이 강한 사람이 다수의 군중 속에서 자기와 비슷한 나이의 이성을 우선적으로 지각하는 것이다. "뭐 눈에는 뭐만 보인다"는 속담은 지각의 주관적 요인을 일컫고 있다.

한편 지각은 대상에 따라 공간지각, 시간지각, 운동지각으로 구분되며, 감각기관에 따라 시지각, 청지각, 피부지각 등으로 구분된다. 또 그 능동성과 적극성에 따라 의도적 지각과 비의도적 지각으로 구분된다. 그중 현실 인식에서 가장 중요한 의의를 가지는 것은 의도적 지각인 관찰이다. 관찰은 목적의식적이고 적극적인 지각으로, 뚜렷한 목적을 가지고 지속적으로 진행하는 지각이다. 훌륭한 관찰력이 있어야 인식의 대상을 깊이 있게, 체계적으로, 정확하게 인식할 수 있다.

표 상

표상은 감각기관에 직접 작용하지 않는 사물 현상에 대한 생생한 형상으로 주어지는 감성적 인식이다. 사람은 일정한 순간에 자기한테 직접적으로 작용하지 않는 사물 현상도 생생하게 그려볼 수 있는데, 예를 들면 동물원에서 코끼리를 보고 나서 조금 전에 보았던 코끼리의 모습을 생생하게 떠올리는 것이다. 표상은 감성적 인식의 한 형태이기는 하지만, 감각이나 지각과 달리 대상을 어느 정도 일반화하여 인식한다. 즉 감성적 인식인 동시에 이성적 인식의 특징을 일부 포함하는 것이다. 이를테면 코끼리를 마치 사진처럼 똑같이 반영하는 감각·지각과는 달리 코끼리를 마치 그림처럼 반영—코끼리의 주요 특징을 일반화, 추상화한 것—하는 것이 표상이다. 극사실적인 인물화가 감각·지각이라면, 캐리커처는 표상이라고 할 수 있다.

표상은 현실 인식에서 중요한 의의를 가진다. 표상은 사람이 직접 보고 듣고 체험하지 못한 것들에 대한 생생한 직관적 형상을 줌으로써 사물 현상을 정확하게 인식할 수 있게 해준다. 예를 들면 광주민중항쟁을 직접 목격하지는 못했다 하더라도 그에 관한 이야기를 듣거나 자료를 보고 나면, 시민들을 잔인하게 학살하고 탄압하는 진압군의 형상을 머릿속에서 생생하게 그려보면서 강한 적개심이나 증오를 체험할 수 있다. 이렇듯 표상은 다양한 사물 현상에 대한 올바른 인식을 갖게 하고 건전한 감정을 체험하도록 한다는 데서 중요하다고 할 수 있다.

감성적 인식에는 여러 법칙이 작용한다. 그중에서 기본적인 법칙은 감각에서의 순응, 지각에서의 하향 처리, 표상에서의 연상과 융합이다.

감각에서의 순응

일반적으로 순응은 환경에 대한 적응을 뜻한다. 순응이라는 개념은 심리학적인 의미만이 아니라 생물학적·사회적 의미도 가지고 있다. 사회적 의미로서의 순응은 사람이 새로운 생활 환경과 조건을 맞이했을 때, 처음에는 긴장하고 흥분된 반응과 심리적 체험을 하다가 점차 익숙해져서 나중에는 특별한 의식적인 노력과 긴장 없이 생활하는 것에서 찾아볼 수 있다. 새로운 직장에 취직하면 처음에는 긴장하고 흥분하지만 시간이 지나면서 안정되는 것을 예로 들 수 있다.

심리학적 개념으로서의 순응은 감각기관에 작용하는 자극의 영향으로 감수성과 반응이 변화하는 현상을 말한다. 일정한 자극이 계속 가해지면 감각기관은 감수성이 높아지거나 낮아지는 방향으로 적응하게 된다.

순응은 모든 감각에서 나타나지만, 특히 시각과 피부감각에서 뚜렷하다. 가장 전형적인 것은 시각적 순응인 명순응과 암순응이다. 명순응이란 강한 빛의 영향으로 시각 감수성이 낮아지는 것이다. 빛이 강해지면 눈의 감수성이 저하된다. 어두운 곳에 있다가 밝은 곳으로 나가면 처음에는 잘 보이지 않다가 점차 잘 볼 수 있게 되는데, 이것이 바로 명순응이다. 암순응은 약한 빛의 영향으로 시각 감수성이 높아지는 것이다. 밝은 곳에 있다가 어두운 곳으로 가면 처음에는 아무것도 보이지 않지만 조금 시간이 지나면 점차 사물을 구별할 수 있게 되는데, 이것이 바로 암순응이다.

순응에는 이 밖에도 소리의 세기에 의한 순응과 온도의 높이에 의한 순응 등 여러 가지가 있다. 이러한 모든 순응은 급격히 강화되는 자극 혹은 지나치게 예리한 자극의 작용으로부터 인간의 감각기관을 보호하고 그것이 정상적인 기능을 수행하도록 도와준다.

지각에서의 하향 처리

지각에서의 하향 처리top-down processing란 사람의 요구와 지향, 흥미와 관심, 지식과 경험 등에 대한 지각의 의존성을 의미한다. 주류 심리학은 지각에는 자극 중심의 상향 처리bottom-up processing와 기존 지식에 기초하는 하향 처리가 있다면서, 마치 이 두 가지가 동등한 의의를 가지는 것처럼 묘사하지만, 지각에서 본질적인 것은 하향 처리다. 동일한 사물 현상이라고 해도 모든 사람이 그것을 똑같이 인식하는 것은 아니다. 어떤 사물 현상을 접해서 인식할 때 지각의 내용과 깊이, 폭, 속도와 정확성 등은 사람에 따라 다르다. 즉 어떤 사람은 그것을 과거에 습득한 지식이나 경험과 연관시켜 폭넓고 깊이 있게 지각하기도 하고, 어떤 사람은 그것을 고립적으로 보면서 협소하게 단편적으로 지각하기도 한다. 예를 들면 미국에서 빈발하는 총기 난사 사건을 접할 때 어떤 사람은 자신의 풍부한 경험과 지식에 토대해 그 현상의 본질과 의의를 깊이 있고 정확하게 지각하고 파악하는가 하면(예: 총기 난사 사건은 불평등의 산물이다), 어떤 사람은 표면적으로 나타나는 개별적 측면에만 매달리면서 그 현상을 깊이 있게 체계적으로 지각하지 못하기도 한다(예: 총기 난사 사건은 미친놈의 소행일 뿐이다). 이것은 현실을 인식하는 것이 수동적이며 기계적인 과정이 아니라는 것을 말해준다.

지각에서의 하향 처리는 지속적인 것과 일시적인 것으로 구분할 수 있다. 지속적인 하향 처리는 사람의 인격적 특징에 대한 지각의 의존성을 말한다. 즉 사상과 신념, 지식과 인식 능력 등에 대한 지각의 의존성이다. 임진왜란 당시 이순신 장군이 남다른 수준에서 전황을 인식함으로써 탁월한 전략 전술을 수립할 수 있었던 것을 예로 들 수 있다. 일시적인 하향 처리는 주어진 조건에서 일시적으로 조성되는 심리 상태, 예를 들어 기분이나 격정 등에 대한 지각의 의존성이다. 순간적으로 화가 나서 상황을 부정확하게 인식하는 것을 예로 들 수 있다.

표상에서의 연상과 융합

연상이란 어떤 대상을 지각하거나 표상할 때 그것과 연관되어 있는 다른 대상에 대한 표상이 연달아 떠오르는 현상이다. 원래 연상은 표상이 서로 결합되는 것을 의미한다. 즉 하나의 표상이 떠오를 때 다른 표상이 연달아 떠오르며 새로운 표상을 발생시키는 것이다.

연상은 접근연상, 유사연상, 대비연상으로 구분된다.

접근연상은 한 사물 현상에 대한 표상이 그것과 시간적·공간적으로 근접해 있는 다른 표상을 불러일으키는 현상이다. 어린 시절에 다녔던 초등학교에 대한 표상이 그 학교 앞에 있던 떡볶 잇집에 대한 표상을 불러일으키는 것을 예로 들 수 있다.

유사연상은 어떤 대상에 대해 표상할 때 그것과 비슷한 다른 대상에 대한 표상이 떠오르는 현상이다. 예를 들면 개에 대한 표상이 늑대에 대한 표상을 불러일으키는 것이다.

대비연상은 특정한 대상에 대해 표상할 때 그것과 반대되는 대상에 대한 표상이 떠오르는 현상이다. 안중근 의사에 대한 표상이 이완용에 대한 표상을 촉발하는 것을 예로 들 수 있다.

표상에서는 또한 연합과 융합이 일어난다. 표상의 연합이란 어떤 표상이 다른 표상과 연결되는 것이고, 표상의 융합이란 한 표상이 다른 표상과 결합되어 새롭고 복잡한 표상을 형성하는 것이다. 일반적으로 예술작품의 창조 과정에서는 수많은 표상의 융합이 이루어진다.

03   이성적 인식
사고의 특징과 형태, 의의

사람은 이성적 인식(사고)을 통해 복잡하고 다양한 사물 현상의 본질을 깊이 있게 파악할 수 있다. 사고는 다양한 사물 현상의 본질과 법칙, 그것들 간의 관계, 그것들과 자신 간의 관계를 파악하는 인식 과정이다. 사물 현상에서 기본을 이루는 본질은 현상과 밀접히 연관되고 그것을 통해서 발현되지만, 현상이 본질과 일치하는 것은 아니며 본질 그 자체도 아니다. 예를 들면 자본주의 제도의 모순이라는 본질은 불평등과 빈부 격차, 사회 분열과 갈등, 노동자의 실업, 경제 공황 같은 여러 가지 현상으로 발현되지만 그것들이 본질 그 자체는 아니다. 감성적 인식을 통해서는 사물 현상의 본질을 파악할 수 없기 때문에, 대상의 본질을 파악하기 위해서는 새로운 인식, 더욱 고차적인 인식으로서의 이성적 인식이 필요하다.

사람은 감성적 인식을 통해 얻은 자료들 속에서 사고를 통해 본질적인 것을 분석하고, 대상의 본질과 사물 현상들 사이의 필연적인 연관, 즉 법칙을 파악한다. 또한 자기가 파악하게 되는 대상과 자기 자신 간의 관계도 파악하게 된다. 이때 사람은 자기의 요구에 기초해 대상과의 관계를 인식하며 평가한다. 예를 들면 기후 위기 문제의 본질을 파악하고 그것이 자기한테 해롭다는 평가를 내리는 것이다.

사고는 다음과 같은 특징을 가지고 있다.

첫째, 사고는 간접적이며 일반화된 인식이다. 사고가 간접적인 인식이라는 것은 그것이 감성적 인식에 기초하여 본질적인 것을 분석·종합하는 방식으로 이루어진다는 것에서 나타난다. 사고는 또한 개별적 대상에 대한 파악이 아니라, 같은 부류에 속하는 사물 현상들이 가지는 공통적이며 본질적인 것을 파악하는 과정이기 때문에 일반화된 인식이라는 특징을 가진다.

둘째, 사고는 언어와 밀접히 연관되어 있다. 사람은 언어를 통해 사고하며, 언어를 통해 사고 과정의 결과를 외적으로 고착시키고 표현한다. 언어는 사고의 중요한 수단이다. 사고와 언어의 밀접한 관계는 사람이 자기의 생각을 소리 내어 말하든 아니면 속으로만 생각하든 간에 뇌에서 언어와 관련된 부위가 활성화되는 것을 통해서 짐작할 수 있다. 연구에 의하면 소리를 내지 않고 속으로 생각할 때에도 말을 할 때와 마찬가지로 뇌의 언어 관련 부위가 활성화된다. 다만 이때에는 언어기관의 근육운동은 약화된다. 사고와 언어가 밀접히 연관되어 있다는 것은 사고 과정에서 개념과 판단이 단어와 문장과 밀접히 연관되어 있는 것을 보더라도 잘 알 수 있다. 개념과 판단은 단어 또는 단어의 결합에 의해 만들어지고 표현된다. 예를 들면 컴퓨터라는 개념은 '컴퓨터'라는 단어로, 역사가 진보한다는 생각이나 판단은 "역사는 진보한다"라는 문장으로 표현된다. 언어 능력과 사고 능력이 비례 관계에 있다는 것 역시 사고와 언어 간의 밀접한 연관을 보여주는 또 한 가지 증거다.

사고와 언어는 밀접히 연관되어 있지만 결코 동일한 것은 아니다. 언어가 사고를 결정한다는 견해를 언어 결정론linguistic determinism 혹은 언어 상대성 가설linguistic relativity hypothesis이라고 한다. 다수의 심리학자들은 언어가 사고를 결정한다는 견해에는 동의하지 않지만, 언어가 사고에 지대한 영향을 미친다는 것에는 동의한다. 브라질의 원시 부족인 피라하족은 1과 2라는 숫자를 나타내는 단어는 가지고 있지만, 그 이상의 숫자들은 '많다'라는 하나의 단어로만 표현한다.[30] 이 때문에 피라하족 사람들은 3 이상의 숫자를 다루는 걸 대단히 어려워한다. 언어 결정론은 사고와 언어가 동일하지 않다는 점을 간과하고는 있지만 그 둘이 아주 밀접히 연관되어 있음을 강조한다는 점에서는 의미가 있다.

한편 사고의 형태에는 직관형상적 사고, 언어논리적 사고, 재생적 사고와 창조적 사고 등이 있다.

직관형상적 사고는 지각 또는 표상에 기초해 진행되는 사고로, 주로 아동기에 나타난다. 어린아이들은 '철수의 아들'이라는 말을 들으면 그 사람이 자기 같은 아이라고 생각한다. 그래서 그 사람이 수염 난 할아버지라고 말해주면 이해하기 힘들어하고 이상하게 생각한다. 이것은 아이들이 직관형상적 사고를 하고 있음을 보여준다.

언어논리적 사고는 언어, 단어와 문장에 기초해 진행되는 사고로, 개념적 사고 혹은 추상적 사고라고도 한다. 청소년기 이상의 성인에게서 나타나는 가장 고차적인 사고 형태다.

재생적 사고란 이미 축적된 지식과 경험을 활용하여 주어진 대상의 본질, 법칙을 끌어내는 사고 형태다. 예를 들면 어떤 수학 문제를 풀기 위해 기존에 알고 있던 구구단 지식을 활용하는 것이다. 창조적 사고는 이미 축적된 지식과 경험의 범위를 벗어나 특정한 사물 현상의 본질과 법칙을 새롭게 찾아내는 사고 형태다.

사고는 사상과 신념, 창조적인 능력의 형성과 발전에서 중요한 의의를 가진다.

사고는 무엇보다 사상이나 신념의 형성과 발전에서 필수적 전제가 된다. 사상이나 신념은 사람의 요구와 이해관계를 반영한 의식으로서, 사람이 사고 활동을 통해 자신의 요구와 이해관계를 파악하고 자각할 때 비로소 형성된다. 이는 곧 사고가 욕망의 필수적 전제라는 말과도 통한다. 요구의 구체적 체험인 욕망 역시 자신의 요구를 파악하게 해주는 사고 활동이 뒷받침되어야 하기 때문이다. 사고는 사람이 주위 세계로부터 자신을 분리하여 생각할 수 있게 해주며, 자신과 주위 세계를 연관시켜 생각하고 그 속에서 자신을 고찰함으로써 자신에 대한 의식을 포함하는 세계에 대한 의식을 가질 수 있게 해준다.

사고는 또한 창조적인 능력의 형성과 발전에 결정적인 영향을 미친다. 창조적 능력의 중요 구성요소인 과학 지식의 습득은 사고에 의해 가능해진다. 사람은 사고를 통해 인류가 장구한 역사 속에서 획득한 풍부한 지식과 경험을 자기 것으로 만든다. 인류가 이룩한 지식과 경험이 언어에 의해 외적 형태로 고착됨으로써 사람들은 그것을 공동으로 이용할 수 있으며 다음 세대로 전달할 수 있다. 그 결과 지식과 경험은 사회·역사적으로 부단히 축적된다. 이런 점에서 특정한 시기의 지식과 경험은 기존의 사회·역사 발전의 총합, 결과물이라고 할 수 있다. 사람은 사고를 통해 인류가 축적해온 지식과 경험을 습득하고 합리적으로 이용할 수 있기 때문에 세상에서 가장 힘 있는 존재, 창조적 능력의 소유자가 될 수 있다. 이 외에도 사고는 노동 도구를 비롯해 사람의 육체적 힘을 무한히 높일 수 있는 물질적 수단들을 만들어낼 수 있게 해준다.

04 기억과 망각
새김, 보존, 재생

만약 사람에게 기억 능력이 없다면 어떤 일이 벌어질까? 아침에 잠에서 깨어난 아들과 아버지는 다음과 같은 대화를 나누게 될 것이다.

"어? 아저씨는 누구세요?"

"나? 글쎄, 내가 누구지? 근데, 그러는 너는 누구냐?"

"저요? 그러게요, 제가 누굴까요?"

기억은 인식하고 체험하고 행동한 것을 머릿속에 새겨 넣고 보존하며 재생하는 심리 과정이다. 즉 보고 듣고 느끼고 체험하고 행동한 것을 머릿속에 보존했다가 되살리는 과정인 것이다. 기억은 사람이 자기를 둘러싼 세계의 본질을 인식하고 그것에 기초해 실천을 하는 데서 중요한 역할을 차지한다. 사람의 모든 인식 활동과 실천 활동, 심리적 체험은 머리에 저장되어 있는 지식과 경험에 기초하지 않고서는 한 걸음도 나아갈 수 없다. 기억은 감각, 지각, 사고처럼 현실에 대한 인식이지만, 그것들과는 달리 과거에 인식했던 것들에 대한 인식이다.

기억은 새김, 보존, 재생 같은 일련의 과정으로 이루어진다. 다시 말해 인식하고 체험하고 행동한 것을 머릿속에 흔적으로 남기는 새김, 그것을 일정한 기간 동안 간직해두는 보존, 필요에 따라 그것을 되살리는 재생 과정으로 이루어진다. 인간의 사고나 기억을 컴퓨터의 정보처리 용어를 통해 표현하는 주류 심리학은 새김을 부호화encoding(정보를 기억 시스템에 집어넣는 과정, 자판 두드리기)로, 보존을 저장storage(부호화된 정보를 오랫동안 파지하는 것, 하드디스크에 저장하기)으로, 재생을 인출retrieval(기억 저장소에서 정보를 끌어내는 과정, 마우스를 클릭해서 하드디스크의 내용을 불러오기)[31]로 부르고 있다.

기억은 다른 심리 현상들과 밀접히 연관되어 있다.

기억은 우선 요구, 흥미, 관심 등과 밀접히 연관되어 있다. 사람은 자기의 요구와 흥미, 관심 등에 부합하는 것을 더 잘 기억한다. 즉 수많은 사물 현상과 사건 중에서 자기의 요구, 흥미 등과 관련이 있는 것을 더 많이, 더 빨리, 더 정확하게 그리고 더 오랫동안 기억한다.

기억은 또한 사고, 지식, 경험 등과도 밀접히 연관되어 있다. 당연한 말이겠지만 적극적으로 사고하는 사람, 폭넓은 지식과 경험이 있는 사람, 높은 인식 능력을 가진 사람이 기억을 더 잘한다.

기억은 또한 감정·정서와도 밀접히 연관되어 있다. 사람한테 강한 인상과 정서적 체험을 불러일으키는 대상은 강한 흔적을 남기므로 오랜 시일이 지난 다음에도 생생하게 회상될 수 있다. 이를 섬광기억flashbulb memory이라고도 한다. 주류 심리학은 섬광기억을 "정서적으로 중차대한 순간이나 사건에 대한 선명한 기억"[32]으로 정의하고 있다.

기억은 또한 의지와도 연관되어 있다. 반드시 기억을 하고야 말겠다는 의지가 뒷받침될 때 기억을 더 잘한다. 또한 일반적으로 의지가 강한 사람일수록 기억을 더 잘한다.

이렇듯 기억은 인간의 전반적인 정신생활과 관련되어 있는 심리 현상이다. 이것은 기억력이 좋거나 나쁜 것이 단순히 인식 능력에 관한 문제가 아니라 그 사람의 정신생활 전반과 관련되어 있는 문제임을 의미한다.

기억은 그 과정에서 작용하는 지배적인 심리 활동의 역할에 따라 운동적 기억, 형상적 기억, 언어논리적 기억, 정서적 기억으로 구분할 수 있다.

운동적 기억은 이런저런 운동, 동작에 대한 기억이다. 이를 절차기억procedural memory이라고도 한다. 주류 심리학은 절차기억을 "암묵기억의 한 종류로서 연습의 결과로서 점진적으로 습득하는 기술 또는 행하는 방법을 아는 것"[33]으로 정의하고 있다. 자전거 타기, 수영하기 등에 대한 기억을 예로 들 수 있다.

형상적 기억은 사물의 형상을 내용으로 하는 기억이다. 예전에 여행을 갔던 해수욕장에서 보았던 다양한 형상에 대한 기억을 예로 들 수 있다.

언어논리적 기억은 단어에 의해 표현된 개념과 범주, 이론적 명제 등에 관한 기억이다. 성인에게서 기본은 언어논리적 기억이다. 성인이 어린 시절의 기억을 회상하기 어려워하는 것은 어린 시절의 기억이 성인과는 달리 주로 운동적 기억이나 형상적 기억이기 때문이기도 하다.

정서적 기억은 과거에 체험했던 감정·정서에 대한 기억이다. 어떤 영화를 보고 크나큰 감동을 받았을 때의 느낌을 먼 훗날까지도 생생하게 기억하는 것을 예로 들 수 있다.

한편 기억은 시간적 지속성에 따라 장기기억과 단기기억으로 구분된다. 장기기억은 기억한 자료들을 오랫동안 보존하는 기억이며, 단기기억은 기억한 다음 그리 길지 않은 시간 동안만 보존하는 기억이다. 단기기억을 일종의 정신적 작업대라는 의미를 강조하기 위해 작업기억working memory으로 부르기도 한다.

이 외에 기억은 의도성에 따라 의도적 기억과 비의도적 기억으로도 구분된다. 의도적 기억에는 논리적 기억과 기계적 기억이 있다. 논리적 기억은 기억하려는 자료를 잘 이해하고 이미 가지고 있는 지식이나 경험 등과 결부하여 기억하는 것을 말한다. 이를 의미기억이라고도 한다. 기계적 기억은 기억하려는 자료를 이해하지 않고 무턱대고 외우는 기억이다. 조선왕조 왕들의 이름을 무작정 외우는 것, 구구단을 외우는 것 등을 예로 들 수 있다. 사람에게 가장 중요한 것은 논리적 기억이다. 비의도적 기억이란 의도하지 않았으나 자기도 모르게 기억하는 것을 말한다.

그렇다면 기억을 잘하려면 어떻게 해야 할까?

첫째, 기억의 첫 과정인 새김을 잘해야 한다. 새김을 정확하고 강하게 그리고 깊이 있게 잘해야 자료가 오랫동안 보존될 뿐만 아니라 되살리기도 잘된다. 잘 새기지 않으면 잘 보존하거나 되살리기 힘들다는 것은 너무나 당연하다. 사람들이 꼭 기억해야 하는 것에 대해 되뇌거나 되새김을 하는 것은 새김을 더 잘하기 위해서다.

둘째, 망각을 막아야 한다. 망각이란 새겨 넣은 것이 보존되지 못하고 사라지는 현상이다. 따라서 기억을 잘하려면 망각의 원인이 무엇인지 알고 그것을 방지해야 한다.

망각의 원인은 우선 머리에 새겨 넣은 것을 사용하지 않는 것에 있다. 머리에 잘 새긴 것이라 할지라도 사용하지 않으면 시간이 지남에 따라 잊힐 수 있다. 따라서 망각을 방지하려면 잘 새겨 넣은 것도 자주 반복하면서 다지는 과정을 거쳐야 한다.

망각의 또 다른 원인은 먼저 기억한 것과 후에 기억한 것 사이의 상호작용이다. 먼저 학습한 A와 다음에 학습한 B는 서로 기억의 효과를 떨어뜨리는 작용을 한다. 이때 먼저 학습한 A의 기억 효과를 다음에 학습한 B가 낮추는 것을 역행간섭retroactive interference 혹은 소급성 제지라고 하며, 그것과 반대되는 경우를 순행간섭proactive interference 혹은 전진성 제지라고 한다. 기억에 관한 연구에 의하면 망각의 거의 절반 정도가 순행간섭(전진성 제지) 때문에 일어난다.

간섭 현상을 막는 효과적인 방법 중 하나는 앞에서 학습한 것과 뒤에 학습한 것 간의 유사성을 피하는 것이다. 예를 들면 영어를 학습한 다음에 연이어 프랑스어를 학습하면 유사성이 높기 때문에 간섭 작용이 심해지는 반면, 프랑스어 대신 수학 공부를 한다든지 역사 자료를 기억하는 경우에는 유사성이 거의 없기 때문에 먼저 학습한 영어를 망각할 확률이 낮아진다. 간섭 현상을 막는 데는 또한 두 학습 사이의 시간 간격을 적정하게 조절하는 것이 중요하다.

상상

새로운 형상을 구성하는 심리 과정

사람은 감각기관에 직접 작용하는 사물 현상을 인식할 뿐만 아니라 한 번도 경험하지 않은 사물 현상 또한 그려보며 인식할 수 있다. 이렇듯 직접 경험하지 못한 대상에 대한 새로운 형상을 구성하는 심리 과정, 인식 과정이 바로 상상이다.

상상은 발명가들이 새 기계의 형상을 구성하는 기술 발명이나 작가들이 작품에 등장하는 인물에 대한 새로운 형상을 창조하는 창작 과정에서 흔하게 나타난다. 상상은 넓은 의미에서 새로운 사상의 착상이나 발견까지도 포함할 수 있다. 상상은 인간 활동에서 필수적이다. 상상이 없다면 오늘날의 인류 역사의 진보는 없었다고까지 말할 수 있다.

상상은 복잡한 심리 과정으로서 다른 심리 과정들과 밀접히 연관되어 있다.

상상은 우선 기억과 밀접히 연관되어 있다. 기억이 없다면 상상 형상을 구성하는 표상이 있을 수 없기 때문에 상상이 불가능하다. 상상은 과거의 자료를 기초로 새로운 형상을 구상하는 심리 활동이므로 기억에 있는 자료나 형상을 전제로 하기 때문이다.

상상은 사고와도 밀접히 연관되어 있다. 복잡한 상상 형상의 구성은 사고 활동 없이는 불가능하다. 과학자, 작가, 예술가의 창조 활동을 관통하고 있는 상상은 사고가 없이는 불가능하다. 사고와 마찬가지로 상상은 자신이 세운 목적에 따라 기존의 지식이나 형상을 목적의식적으로 분석·종합하는 심리 활동이다.

상상에는 재구성적 상상과 창조적 상상이 있다.

재구성적 상상은 언어적 서술 또는 조건부적 묘사에 기초해 새로운 형상을 구성하는 것이다. 사람은 일상생활과 활동 과정에서 수많은 재구성적 상상을 하게 된다. 다른 사람의 이야기를 들으면서 그 이야기에 등장하는 인물들과 그들이 살아가고 있는 도시 등을 그려보거나, 문학 작품을 읽으면서 주인공의 형상을 그려보는 것 등이 재구성적 상상이다. 재구성적 상상을 할 때는 그것에 도움이 되는 자료를 활용하는 것이 중요하다. 예를 들면 조선시대의 생활 모습, 역사적 사실, 인물들에 대해 상상할 때 그 당시 사람들의 생활이나 모습을 그린 그림, 구체적인 역사적 사실을 묘사한 역사책이나 문학 작품, 유물 등을 보는 것이 큰 도움이 될 수 있다.

창조적 상상은 새로운 형상을 독창적으로 구상하는 것이다. 작가가 새로운 작품을 쓸 때 주인공을 비롯한 여러 인물의 형상을 새롭게 구성하는 것, 건축가가 새롭고 독창적인 설계안을 작성하는 것 등이 창조적 상상이다. 스마트폰은 물론이고 그 같은 개념조차 없던 시절에 아이폰에 대한 형상을 만들었던 것을 예로 들 수 있다.

새로운 형상을 구성하는 상상은 욕망과 흥미 등에 의해 추동된다. 사람은 자신의 요구를 실현하기 위해 활동하는데, 그 활동을 시작하기 전에 머릿속에서 그 목적과 대상, 방도와 수법 등을 구상한다. 이처럼 상상은 사람의 요구와 밀접히 연관되어 발생한다. 그러나 자신의 요구를 자각하는 것만으로는 상상이 이루어지지 않는다. 상상 과정이 시작되려면 그 밖에도 객관 세계에 대한 풍부한 지식과 경험이 축적되어 있어야 한다. 요구가 상상의 추동력이자 주된 요인이라면, 지식과 경험 그리고 그것을 얻기 위한 관찰과 사고 등은 상상을 위한 필수적인 구성요소다.

또한 상상은 분석·종합 활동을 통해 실현된다. 여기에는 결합법, 강조법 등이 있다.

결합법은 여러 표상 중에서 일정한 징표와 속성을 분리하여 그것을 하나의 새로운 형상으로 결합하는 방법이다. 과학 연구와 기술 발명, 문예 창작 등 여러 분야에서 널리 이용된다. 결합법에는 첨가(덧붙이기)법과 혼합법이 있다. 하나의 형상에 이런저런 요소를 덧붙여 새 형상을 구성하는 것이 첨가법이다. 동화나 영화 등에 나오는 인물이나 여러 형상(예: 뿔 달린 사람, 날개 달린 사람)은 주로 첨가법에 의해 만들어진다. 첨가법은 비교적 쉬운 방법이어서 어린아이들도 비교적 잘 이용하는 편이다. 그리고 혼합법은 여러 사물 현상의 개별적 특징들을 결합하여 완전히 새로운 형상, 독창적인 형상을 얻는 방법이다. 과거에는 전혀 볼 수 없었던 완전히 새로운 만화 캐릭터를 그려내거나, 히어로 영화에서 예전에는 전혀 볼 수 없었던 새로운 빌런을 등장시키는 것 등을 예로 들 수 있다.

강조법은 사물 현상의 어떤 부분이나 특징 또는 대상 전체를 확대하거나 축소하는 방법으로 새 형상을 얻는 것이다. 미술이나 만화 창작 과정에서 많이 쓰인다. 이때 전체적인 대상을 확대하거나 축소할 수도 있고, 대상의 개별적 부분을 확대하거나 축소할 수도 있다. 〈킹콩〉이라는 영화에 등장하는 큰 고릴라는 실제 고릴라를 전체적으로 확대한 것이다. 〈뽀빠이〉라는 만화영화의 주인공인 뽀빠이는 주먹과 팔만 비정상적으로 큰데, 이것은 개별적 특징만을 확대한 것이다.

06   사고와 다른 심리 현상 간의 관계
욕망, 감정, 의지와의 상호작용

인간의 의식은 그 내용을 기준으로 할 때 자신의 요구와 이해관계를 인식한 사상과, 세상을 있는 그대로 반영한 지식으로 구분된다. 심리 중에서 욕망, 감정, 의지는 주로 사상과 관련이 있다. 반면에 사고(인식)는 주로 지식과 관련이 있다. 즉 사고는 주로 지식의 획득, 형성, 활용, 축적 등과 관련이 있는 심리인 것이다.

그러나 사고는 단지 지식만이 아니라 다른 모든 심리와도 밀접한 관련이 있다. 인간 심리는 어떤 것이든 간에 사고의 뒷받침 없이는 불가능하다. 사람이 욕망을 체험하려면 자기 요구를 알아야 하는데, 이를 위해서는 세계와 자기 자신에 대한 지식, 세계와 자기 자신 간의 관계에 대한 지식이 필수적이다. 이것은 사고가 전제되어야 욕망이 가능하다는 것을 의미한다. 사람은 미래에 벌어질 어떤 사건을 상상하는 사고 과정을 통해서도 감정을 체험할 수 있다. 예를 들면 미래에 큰 성취를 이루는 장면을 상상하면서 행복감을 느끼기도 하고, 미래에 실업자가 되는 장면을 상상하면서 근심에 잠기기도 한다. 이것은 감정 역시 사고가 전제되어야 한다는 것을 의미한다. 이렇게 인간의 욕망, 감정, 의지 같은 심리는 모두 사고를 전제하고 있거나 사고를 수반한다.

앞에서 살펴보았듯이, 인간 심리에서 핵으로 작용하는 것은 욕망이다. 물론 욕망, 감정, 의지, 사고 등은 서로 긴밀히 상호작용하면서 영향을 주고받지만, 그중에서도 특히 욕망이 나머지를 규정하는 관계를 이룬다. 감정은 욕망의 충족 혹은 좌절에 의해 그 질과 내용이 결정되고, 의지는 욕망의 실현을 위해 발생하며, 주로 지식과 관련이 있는 사고 역시 욕망에 의해 규정된다. 이와 동시에 인간의 모든 심리는 사고를 전제로 하거나 수반하고 있다. 결론적으로 인간 심리는 욕망을 중심으로 구조화되어 있으며, 그것들은 모두 사고를 전제하거나 수반한다. 그리고 이 인간 심리는 인간의 행동이나 활동의 동기로 작용한다. 이를 그림으로 단순화 하여 표현하면 다음과 같다.

심리의 구성요소들 간의 관계

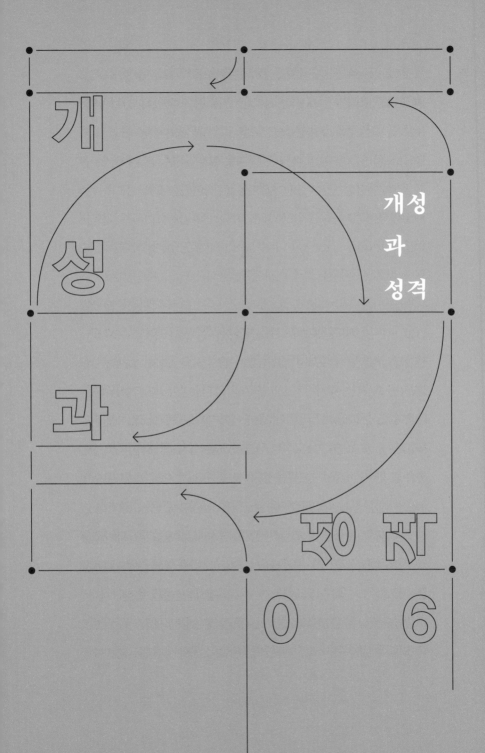

개성
과
성격

개성
과
성격

06

개성과 자기 의식 - 자기 자신
에 대한 인식과 자각 - 성격이
란 무엇인가 - 나를 나이게 하는
욕망, 창조적 능력, 성미 - 성격
과 성미 - 개방적·내성적·성
급한·느린, 성미의 네 가지 유
형과 특징 - 습관 - 자동적이
고 확고한 심리적 특성 - 재능
- 소질과 취미, 개별 능력과 사
회적 환경 - 지능 - 사고력, 기
억력, 상상력, 관찰력, 주의력

사람들은 서로 다르다. 세상에 완전히 똑같은 사람이란 없다. 사람들은 서로 생김새가 다를 뿐만 아니라 의식의 체험인 심리도 다르다. 즉 욕망, 감정, 의지, 사고 등이 서로 다를 뿐만 아니라 그 것들의 표현에서도 서로 다르다. 사람들은 누군가가 다른 사람들과 다르거나 독특할 때 "저 사람 참 개성적이야", "개성이 뚜렷하네"라고 말하곤 한다. 여기에서 알 수 있듯이 개성은 "어떤 사람이 다른 사람과 다른 것"—이를 개인차라고 말하기도 한다—혹은 "다른 사람과 구별되는 어떤 사람의 독특성"을 지칭하는 개념이다.

　원래 개성은 개체에 속하는 특성, 개인적 특성을 의미한다. 즉 하나의 개체를 그 개체답게 해주는 특성, 개개인의 특성을 개성이라고 한다. 개성에는 그 사람에게 고유한 특성과 함께 그가 속해 있는 사회와 집단(예: 민족, 계급)의 모든 구성원이 가지고 있는 보편적인 특성도 포함된다. 이를 달리 표현하자면 개성은 사람으로서의 보편적인 특성을 가진 사람에게만 해당되는 개념이라고 할 수 있다. 사람들은 사람과 개를 비교하면서 "개보다는 사람이 더 개성적이군"이라고 말하거나, 개와 고양이를 비교하면서 "이 고양이가 더 개성적이야"라고 말하지는 않는다. 오직 어떤 사람을 다른 사람과 비교할 때에만 "저 사람 참 개성적이야"라고 말한다. 이 때문에 언어 능력 같은 사람으로서의 초보적인 능력조차 아직 갖추지 못한 갓난아이에 대해서는 개체라고는 부를 수 있지만 개성이 있다고는 말하기 어렵다. 그 아기가 자라나서 사람으로서의 보편적 특성을 갖게 되었을 때 비로소 개성에 대해 논할 수 있다.

이런 점에서 사회적 존재로서의 특성, 즉 인간성을 상실한 사람에 대해서는 개성을 논할 수 없다고 할 수 있다. 인간성을 상실한 누군가가 제아무리 화려하게 치장하고 꾸며서 다른 사람과 차별화를 시도하더라도 그는 개성을 가질 수 없다는 것이다. 사람은 세상에 태어나자마자 자기가 태어나기 전부터 존재하고 있는, 역사적으로 형성된 일정한 사회관계의 체계에 포함되기 마련이다. 이때부터 사람이라는 개체의 개성화가 시작된다. 즉 사회 속에서 성장하면서 사회적 존재로서의 사람의 특성들을 습득하면서부터 개체는 비로소 개성을 가진 존재가 되기 시작한다.

한국이라는 동일한 사회 속에서 동일한 역사적 시기에 살아간다 하더라도 개개인의 가정 환경, 교육 내용, 생활 경로 등은 똑같을 수 없다. 이에 따라 사람마다 사회적 인간으로서의 본질적 속성, 사람으로서의 보편적 특성을 서로 다르게 체현하게 된다. 예를 들면 사람들은 사회 속에서 성장하는 과정에서 누구나 언어 능력을 갖게 되지만, 그 수준이 사람마다 서로 다르고 말을 하는 태도나 방식 등도 서로 다르다는 것이다. 개인마다 가지는 이러한 고유한 개인적 차이, 개인적 특성이 바로 개성이다. 정리하자면 다른 사람과 구별되는 개성적 특성은 사람의 일반적이며 근본적인 특성을 개체적으로 표현한다. 인간의 본질적 속성은 개별적 사람들에게 체현되어 있고 개성을 통해 나타나며, 개성적인 인간의 특징은 사람의 본질적 속성의 발현이다. 개별적 인간과 분리된 추상적인 본질적 속성이란 없으며, 본질적 속성을 체현하고 있지 않은 개별적인 사람, 개성 역시 있을 수 없다.

개인차를 연구하는 심리학의 분과는 성격심리학이다. 주류 심리학은 성격을 "개인의 특징적인 사고, 감정, 행위 패턴 혹은 양식"[34] 혹은 "개인의 고유한 내적 속성이며, 정신신체적 체계들(사고, 감정, 신체생리, 행동)이 통합적으로 관여하고, 상황과 시간에 대한 일관성을 갖는 것"[35]으로 정의하고 있다. 그러나 정확히 말하자면 성격은 개성에 포함되는 것이므로, 개인차를 연구하는 심리학은 성격심리학이 아니라 개성심리학으로 부르는 것이 타당할 것이다.

01 개성과 자기 의식
자기 자신에 대한 인식과 자각

사회적 존재인 인간, 개인은 모두 사회적 존재로서의 특성을 가지지만 그 특성에는 각기 차이가 있다. 즉 모든 사람이 다 사상과 지식, 성격과 성미, 재능과 소질 등을 가지고 있지만 그것들이 사람마다 다르다는 것이다. 이런 차이가 개개의 인간, 개인의 구체적인 특성, 즉 개성이다.

개성은 자기 의식과 밀접한 관련이 있다. 주류 심리학은 자기 의식이 아니라 자기 개념self-concept이라는 용어를 사용한다. 의식의 내용 중에서 오직 지식만 전제하기 때문이다. 그래서 주류 심리학에서는 자기 개념을 "자기 자신의 행동, 성격 특성 및 기타 특징들에 대해 자신이 알고 있는 지식",[36] "어떤 사람이 자기 자신을 하나의 대상으로 간주하고 자기 자신에 대해서 스스로 어떻게 생각하고 느끼는지에 관한 포괄적이고 개념적인 표상"[37] 등으로 정의한다. 자기 개념을 자기 자신에 대한 견해나 지식으로 이해하는 것이다. 그러나 사람의 의식에는 자기 자신에 대한 요구나 태도 등도 포함되어 있다. 따라서 자기와 관련된 의식은 '자기 개념'이 아니라 '자기 의식'이라고 지칭해야 할 것이다.

자기 의식(자아 의식)이란 자기 자신에 대한 인식과 자각, 그리고 사회(집단) 속에서의 자기의 지위와 역할에 대한 인식과 자각을 말한다. 자기 의식은 인식적 측면(지식적 측면)—이것을 자기 개념이라고 할 수 있다—과 정서적 가치 평가의 측면, 의지적 측면으로 이루어진다.

먼저 자기 의식의 인식적 측면은 자기의 인격과 성격, 능력과 외모, 자신의 인간성 등에 대한 표상, 즉 자기라는 인간에 대한 이해이자 견해다(예: '나는 착하고 잘생긴 남자야'). 그리고 자기 의식의 정서적 가치 평가의 측면은 사회적 인간으로서 가지는 긍지감, 자부심, 존엄감 등이다(예: '나는 사회에 꼭 필요한 훌륭한 과학자야'). 쉽게 말하자면 자기 자신에 대한 감정이다. 마지막으로 자기 의식의 의지적 측면은 다른 사람들과 사회의 인정과 평가를 받고 사회 속에서 자기의 지위와 역할에 맞게 책임을 다하려는 결심과 각오다(예: '한국을 대표하는 과학자답게 살겠다').

자기 의식은 자기 평가의 기능, 자기 통제의 기능, 자기 계발의 기능을 수행한다.

자기 평가의 기능은 자기 자신의 행위, 도덕적 품성을 정확히 인식하고 자기의 사회적 가치를 파악하게 하는 기능이다. 잘못된 행동을 하고 나서 "나는 그동안 사람들의 행복을 위해 살아왔다고 자부했는데, 어떻게 이런 큰 실수를 했을까?"라며 후회하는 것을 예로 들 수 있다. 자기 평가의 결과, 즉 자신의 사회적 가치에 대한 이해가 자존감(자존심)을 좌우한다.

자기 통제의 기능은 구체적 조건과 환경에서 사회의 요구에 맞게 사고하고 행동하도록 하고, 사회의 요구에 맞게 행동할 때 만족감을 느끼게 해주는 기능이다. '나는 도덕적인 사람이야'라는 자기 의식을 가진 사람이 어려운 조건에서 도덕적인 행동을 한 다음 뿌듯해하는 것을 예로 들 수 있다.

자기 계발의 기능은 자기를 더 나은 사람으로 완성하기 위해 의식적으로 노력하도록 만드는 기능이다. 자기 의식에 기초해 과거의 자기, 현재의 자기, 미래의 이상적인 자기를 비교하면서 열심히 노력하는 것을 예로 들 수 있다. 이런 기능들 덕분에 자기 의식은 자기 자신을 정확히 인식하게 해줄 뿐만 아니라 자신의 성장과 발전을 위해 더 노력하도록 동기를 부여한다.

자기 의식은 의식의 높은 형태로서, 인류 발전의 견지에서 보든 개인 발전의 견지에서 보든 간에, 의식 발전의 일정한 단계에서 나타난다. 인류는 씨족사회에 들어서면서 비로소 자기 의식을 갖기 시작했다. 즉 사회적 집단의 발전과 사회적 재부의 축적, 추상적 사유 능력의 발전으로 세계와 자기 자신, 집단과 자기 자신을 구별해서 볼 수 있게 되었고, 그것에 기초해 자기 의식이 발생한 것이다. 사람들은 민족과 국가 단위로 계급사회(최초의 계급 사회인 노예제 사회)에서 살게 되면서 자기의 지위와 역할, 인간의 본질적 특성 등을 더 깊이 인식하게 되었고, 그것에 기초해 자기 의식이 더 발전되고 내용이 풍부해졌다.

개인의 성장 과정에서도 사람은 처음부터 세계로부터 자신을 분리하고 자기 자신을 정확하게 파악하거나 자각하는 것은 아니다. 사람은 성장 과정에서 사고를 비롯한 기억과 상상 등 여러 심리의 발전에 기초해 현재의 자기 자신을 과거 및 미래의 자기 자신과 연관시켜보고 자기 자신에 대한 주관적 체험을 하게 된다. 그 결과 자기 자신에 이해로서의 자기 의식을 갖게 된다. 개성은 자연과 사회에 대한 이해만이 아니라 자기 자신에 대한 이해, 즉 자기 의식을 갖게 되어야 비로소 형성되고 발전할 수 있다.

02 성격이란 무엇인가
나를 나이게 하는 욕망, 창조적 능력, 성미

사람마다 다 자기의 얼굴을 가지고 있듯이 사람마다 다 자기의 성격을 가지고 있다. 성격은 사물 현상에 대한 사람의 확고한 태도—요구, 욕망이 태도를 결정한다는 점을 기억하라—와 행동방식에서 나타나는 확고한 심리적 특징들의 독특한 결합으로, 각 사람에게 고유한 사상·정신적 특징과 그것의 개성적 표현이다. 여기에서 단지 태도나 심리적 특징이라고 하지 않고 그 앞에 '확고한'이라는 수식어를 붙이는 것은, 일시적이거나 가변적인 태도나 심리 상태 그리고 그것이 초래하는 행동방식은 성격에 포함시킬 수 없기 때문이다. 건널목의 신호등에 빨간불이 들어오면 사람들은 길을 건너지 않는다. 그런데 이때 시간에 쫓기는 데다가 잔뜩 화가 나 있는 어떤 사람이 빨간불을 무시하고 길을 건넜다고 해서 이를 그의 성격 탓으로 돌릴 수는 없다. 왜냐하면 그 사람이 매번 그러는 것은 아니기 때문이다. 반면에 만일 그가 빨간불에서도 매번 건널목을 건너갔다면 빨간불에 대한 그의 태도와 행동방식은 확고한 것이므로 성격으로 간주할 수 있다.

성격적 특징은 개개인을 다름 아닌 바로 그 사람으로 되게 해주며, 특정한 태도와 사고와 행동방식을 통해 드러난다. 항상 높은 톤으로 경망스럽게 "헤헤헤헤" 하고 웃던 사람이 어느 날부터 갑자기 점잖게 웃는다면 주위 사람들은 '저 사람은 내가 알던 그 사람이 아니야. 아무래도 외계인이 변장한 것 같아'라고 생각할지도 모른다. 이때 경망스러운 웃음은 그 사람을 바로 그 사람으로 되게 해주는 성격적 특성이라고 할 수 있다. 만일 어떤 두 사람의 욕망이 똑같더라도 그것을 표현하는 방식이 서로 다르면 사람들은 그들을 다르다고 느낄 수 있다. 예를 들면 둘 다 과시 욕망이 강하지만 한 사람은 그것을 은근하고 세련되게 표현하는 반면 다른 사람은 노골적이고 유치하게 표현한다면 사람들은 그들을 다르다고 인식할 수 있다는 것이다. 이런 행동방식의 차이도 성격적 특성에 포함된다.

성격을 이해하는 데서 중요한 것은 무엇보다 태도와 행동방식 간의 관계다. 사람의 요구와 이해관계를 반영하는 태도는 그에 적합한 행동방식을 낳는다. 사물 현상에 대한 태도와 행동방식이 생활 과정에서 되풀이되어 굳어지면 확고한 심리적 특징으로서의 성격이 된다. 그러므로 성격 이해에서는 태도와 행동방식 간의 관계를 구체적으로 분석하는 것이 중요하다. 같은 태도로부터 출발하는 행동일지라도 행동방식이 사람마다 다를 수 있기 때문이다. 즉 사람마다 태도의 내용이나 수준뿐만 아니라 그 표현 형식도 서로 다를 수 있다는 것이다. 예를 들면 어려움을 헤쳐나갈 때 어떤 사람은 정열적이고 명랑하며 씩씩하게 이겨나가지만, 어떤 사람은 시종일관 차분한 모습으로 꾸준하고 완강하게 이겨나갈 수 있다. 이와는 반대로 겉보기에는 행동방식이 비슷할지라도 태도가 서로 다를 수도 있다. 예를 들면 똑같이 예의 바른 행동방식으로 사람들을 대하는 경우에 어떤 사람은 타인에 대한 우호적인 태도를 가지고 있을 수 있는 반면, 어떤 사람은 타인을 경계하거나 두려워하는 태도를 가지고 있을 수 있다.

　　일반적으로 특정한 태도는 특정한 행동방식을 낳는다. 타인에 대한 우호적 태도는 대체로 친절한 행동방식으로 표현된다. 그러나 대부분의 사람들이 특정한 태도에서 기인했을 것으로 추측하는 행동방식이 그 사람의 내적 태도와 일치하지 않는 경우도 꽤 많다. 다소 차갑고 건방진 듯한 인상을 풍기지만 이때 그의 다소 거칠어 보이는 행동은 사람들에 대한 그의 내적 태도―호의적 태도―와는 일치하지 않을 수 있다. 이런 사람은 비록 평소에는 차가운 인상을 풍기더라도 친구가 차비가 떨어졌다면서 돈을 빌려달라고 하면 기꺼이 빌려준다. 반면에 어떤 사람이 겉보기에는 정중하고 친절하게 행동하지만 그의 내적 태도는 교만과 거만, 사람에 대한 멸시일 수 있다. 이런 사람은 평소에는 예의 바르고 따뜻한 인상을 풍길지라도 친구가 차비가 떨어졌다면서 돈을 좀 빌려달라고 하면 속으로는 친구를 깔보면서도 친절한 말과 태도로 거절할 수 있다. 이런 사례들은 성격에 대한 이해에서 중요한 것이 사람의 내적 태도와 행동방식 간의 일치 정도를 정확하게 분석·평가하는 것임을 시사해준다.

성격을 이해하는 데서 또 한 가지 중요한 것은 성격의 구성요소가 무엇인지를 아는 것이다. 그래야 성격이 어떤 심리적 특징들로 이루어지고, 다른 심리적 특징들과는 어떤 관계에 있으며, 그것이 어떻게 발현되는지를 알 수 있다. 성격의 구성요소에는 욕망(요구), 창조적 능력, 성미 등이 있다.

성격의 구성요소 중에서 가장 중요한 것은 욕망이다. 욕망은 사람의 태도와 사고방식, 행동방식을 규정하는 성격의 핵이다. 욕망은 인간의 목적이나 동기를 규정할 뿐만 아니라 성격을 관통하며 그것을 규정한다. 이 때문에 사람들이 서로 다른 것은 무엇보다 욕망이 달라서라고 말하기도 하는 것이다. 욕망은 사람이 언제나 특정한 태도를 가지고 특정한 방식으로 행동하도록 이끈다. 이 특정한 행동방식이 반복되면서 습관으로 굳어지면 성격적 특징으로 전환된다. 예를 들면 폭력적인 아버지한테 매를 맞지 않고 싶다는 욕망이 아버지한테 아부하며 굽신대는 비굴한 행동방식을 유발할 수 있는데, 이것이 생활 과정에서 반복되다가 습관화되어 성격적 특징으로 될 수 있다는 것이다.

주류 심리학 성격 이론의 가장 큰 문제점은, 성격을 "개인의 특징적인 사고, 감정, 행위 패턴"이라고 정의하는 것에서 알 수 있듯이, 성격의 핵인 욕망을 성격에 포함시키지 않는다는 것이다. 그나마 성격에 감정을 포함시키고는 있지만 감정을 좌우하는 것이 욕망이라는 사실을 고려해볼 때 욕망을 성격에서 배제하는 것은 큰 잘못이다. 다시 한번 강조하지만 사람들을 서로 차이 나게 만드는 것은 무엇보다 욕망이며, 욕망이야말로 성격의 핵이다. 못된 사람은 못된 욕망을 가지고 있는 사람이고, 착한 사람은 선한 욕망을 가지고 있는 사람이다. 이런 점에서 사람들 간의 차이란 곧 욕망의 차이라고 해도 과언이 아니다.

성격의 구성요소 중에서 또 한 가지 중요한 것은 창조적 능력이다. 창조적 능력은 현실에 대한 태도의 다양성과 행동방식의 특성을 규제한다. 예를 들면 창조적 능력의 발전은 노동에 대한 태도를 규제한다. 창조적 능력이 높은 사람은 합리적인 방법을 선택하며 노동의 질과 속도를 보장할 수 있는 행동방식을 취하는 반면, 창조적 능력이 낮은 사람은 그렇게 하지 못한다. 농담 섞어 말하자면 코미디 영화의 주인공 미스터 빈이 괴상하고 비합리적인 행동방식을 가지고 있는 것은 그의 창조적 능력이 낮기 때문이기도 하다고 할 수 있다. 또한 창조적 능력은 사고 활동의 특성, 예를 들면 창의성이나 도식성 같은 성격적 특징을 규제한다. 창조적 능력이 높은 사람은 창의적인 사고를 하는 반면, 창조적 능력이 낮은 사람은 도식적인 사고를 한다.

성격의 구성요소 중에서 마지막으로 중요한 것은 성미性味다. 국어사전은 성미를 "성질, 마음씨, 비위, 버릇 따위를 통틀어 이르는 말"이라고 정의하고 있다. 한국인들은 전통적으로 사람들 간의 차이를 표현할 때 혹은 행동방식의 원인을 표현할 때 성미라는 단어를 사용해왔다. "그 사람은 정말 성미가 고약해", "그 사람은 성미가 대쪽 같아", "그 사람은 성미가 급해"라는 말 등을 예로 들 수 있다. 심리학적 견지에서 성미란 인간의 개성을 기질적으로 특징짓는 심리 현상, 심리적 특징이라고 할 수 있다. 성미가 인간의 개성을 특징짓는다는 것은 사람의 개성을 각 사람의 기질적 차이에 굴절시켜서 서로 다르게 나타나게 한다는 것을 의미한다.

성미는 개성을 성격이나 습성과는 달리 기질적 측면에서 특징짓는다. 이 말을 더 정확히 이해하려면 기질temperament이 무엇인지 살펴볼 필요가 있다. 일반적으로 기질은 개개인에게 확고하게 굳어진 개인적 특성을 의미한다. 그러나 심리학적 측면에서 볼 때 기질이란 주로 감수성과 반응성의 차이와 관련이 있다. 즉 기질적 차이는 특정한 자극이나 정보를 받아들이는 감수성과 그에 대한 반응의 속도, 강도, 지속성, 적응성 등의 차이다. 기질은 사람마다 다르다. 사람은 이 기질적 차이로 인해 감수성이 예민한 사람과 그렇지 않은 사람, 반응 속도가 빠른 사람과 느린 사람, 자극에 대한 반응의 강도가 큰 사람과 작은 사람, 반응이 지속적인 사람과 가변적인 사람, 침착한 사람과 충동적인 사람 등으로 구별된다.

주류 심리학에서는 기질을 "한 개인의 행동 양식과 정서적 반응 유형을 의미하는 것으로 활동 수준, 사회성, 과민성과 같은 특성을 포함한다"[38]고 정의하고 있다. 기질 이론가들은 기질이 선천적이거나 생후 초기부터 발현되며 발달 과정에서 비교적 안정적으로 나타나는 행동 및 조절 능력의 개인차의 원인이라고 주장한다. 스테펀 A. 아하디Stephan A. Ahadi와 메리 K. 로스바트Mary K. Rothbart는 기질이 아동과 성인의 성격을 형성하는 모체라고 주장했다.[39] 대부분의 기질 이론가들은 기질이 성인기까지 지속적으로 성격에 영향을 미친다고 강조한다. 알렉산더 토머스Alexander Thomas와 스텔라 체스Stella Chess가 1956년에 시작한 뉴욕 종단 연구는 기질에 관한 선구적 연구라고 할 수 있는데, 그들은 기질을 구성하는 아홉 가지 요인을 발견했고, 이를 기준으로 영아를 순한easy 아이, 까다로운difficult 아이, 반응이 느린slow-to-warm up 아이로 유형화했다.[40] 이처럼 기질의 차이에 따라 사람을 유형화한 것이 바로 성미다. 성미는 개성을 기질적으로 특징지음으로써 사람들을 구별하게 해주는 확고한 심리적 특징이다.

03   성격과 성미
개방적·내성적·성급한·느린,
성미의 네 가지 유형과 특징

성미와 성격은 밀접히 연관되어 있으며 서로 영향을 미친다. 이 때문에 성미와 성격을 같은 것으로 이해하거나 혼용하기도 한다. 그러나 정확하게 말하자면 성격이 사람의 개인적·정신적 특징을 규정한다면, 성미는 그 특징을 기질에 굴절시켜서 나타낸다고 할 수 있다.

　　성격은 성미의 의미를 규제한다. 사람은 단순히 정보를 받아들이고 그대로 전달하는 것이 아니라 자기의 욕망(성격의 핵) 등에 기초해 일정한 의도 아래 그 정보를 분석·판단하고 그에 대한 자기의 입장을 다양한 심리적 반응, 즉 말투, 얼굴 표정, 몸짓 등으로 나타낸다. 사람이 어떤 상황에서 부드럽거나 거친 말투, 밝거나 어두운 인상, 안정되거나 불안정한 표정과 행동을 표출할 때, 그것은 그 밑바탕에 놓여 있는 각 사람의 심리 상태에 의해서 규제된다. 성미는 그 자체로는 아무 의미도 갖지 못한다. 급한 성미를 가진 사람이라고 해서 그의 빠른 말과 행동 자체를 어떤 욕망 때문이라고 볼 수 없다는 것이다. 다시 말해 그 사람은 단지 기질 때문에 말과 행동이 상대적으로 빠를 뿐이라는 것이다. 급한 성미를 가진 사람의 말이나 행동에 의미를 부여하는 것은 성격이다. 예를 들면 불건전한 욕망에 기초해 말과 행동을 빠르게 할 때에만 이를 저열하거나 조악한 것으로 간주할 수 있다.

성격이 성미의 의미를 규제한다면 성미는 성격의 다양성을 규제한다. 성미가 성격을 표현한다고 해서 성격을 천편일률적으로 똑같이 표현하는 것은 아니다. 동일한 빛도 여과기의 특성에 따라 여러 가지 색으로 나타나듯이, 똑같은 세계관이나 정신적 특징을 가지고 있다 하더라도 성미가 다르면 서로 다른 성격이 될 수 있다. 예를 들어 똑같은 세계관을 공유하고 있는 두 환경운동가가 있는데, 만일 둘의 성미가 완전히 똑같다면 성격도 거의 같겠지만—물론 성격은 성미 이외의 것들도 포함하고 있으므로 성미가 완전히 똑같다 하더라도 성격까지 완전히 똑같을 수는 없다—두 사람의 성미가 다르면 둘의 성격은 판이하게 달라질 수 있다는 것이다. 사람들이 서로 다른 성격의 소유자가 되는 것은 사람마다 정신적 특징이 다를 뿐만 아니라 성미가 그 특징을 각 사람의 고유한 기질에 굴절시켜서 서로 다르게, 다양하게 표현하기 때문이다.

성미는 심리 과정, 특히 감정 체험과 행동방식에서 뚜렷이 드러난다. 이런 점에서 성미를 사람의 심리적 체험과 행동방식의 역동적 측면에서 나타나는 개성적 특성이라고도 할 수 있다. 즉 성미는 심리 과정, 감정 체험, 생활 환경 변화에 적응하는 신축성, 작업 능력의 지속성과 피로의 속도, 기능 습득의 속도와 행동방식의 일관성 등을 통해 나타나는 개성적 특성이다.

성미의 유형에 따르는 특징에 대해서는 오래전부터 논의되어왔다. 성미의 유형에 대한 과거의 견해 중에서 대표적인 것은 체액설과 체형설(체격설)이다.

체액설은 고대 그리스의 히포크라테스 등이 주장했다. 그는 사람의 육체 안에 있는 혈액, 점액, 담즙 등 체액의 혼합 비율에 따라 성미를 다혈질, 담즙질, 점액질, 우울질로 구분했다. 그에 의하면 다혈질은 쾌활하고 농담을 좋아하며 감정 체험이 빠르고 기분이 자주 바뀌며, 담즙질은 정신적인 과정이 대단히 빠르고 격렬하며 분노하기 쉽다. 점액질은 감정 체험이 느리고 온화하며, 우울질은 감정적으로 예민하다. 그러나 그의 가설은 공상에 가까운 비과학적인 견해여서 과학의 진보와 함께 사장되었다. 체형설은 독일의 에른스트 크레치머Ernst Kretschmer 등이 내놓았던 견해다. 그는 체격의 형태상 특징에 따라 사람들을 투사형, 비만형, 수장형, 발육불완전형으로 나누고, 성미를 점착성 기질, 순환성 기질, 분열성 기질 등으로 구분했다.

심리학자들은 사람을 단지 성미와 관련된 특성만이 아니라 성격적 특성이나 정신적 특성 등으로도 구분한다. 한스 아이젱크 Hans Eysenck는 외향성extraversion, 신경증 성향neuroticism, 정신병질 성향psychoticism이라는 세 가지 기본 차원에 기초해 사람을 구분한다. 또 성격의 5요인 모형Big Five을 지지하는 심리학자들은 신경증 성향neuroticism(근심이 많고 불안정하며 자학한다), 외향성extraversion(사교적이고 재미있으며 싹싹하다), 경험에 대한 개방성openness to experience(상상력이 풍부하고 다양성이 있으며 독립적이다), 우호성agreeableness(온화하고 타인을 신뢰하며 협조적이다), 성실성conscientiousness(체계적이고 조심성과 자제력이 있다)이라는 다섯 가지 차원에 기초해 사람들을 구분한다.[41]

그런데 유형 구분에 성미만이 아닌 욕망이나 정신적 특성까지 포함시키면 유형의 개수가 지나치게 많아져 유형화를 하는 의미가 퇴색될 우려가 있다. 예를 들면 욕망을 기준으로 유형화할 경우 물질형, 쾌락형, 과시형 같은 유형으로 구분할 수 있고, 정신건강을 기준으로 유형화할 경우에도 신경증 유형, 나르시시즘 유형, 편집증적 유형, 자폐적 유형, 반사회적 유형 등으로 구분할 수 있다. 따라서 성격 이해를 위한 유형화는 이것저것 다 포함시키는 것이 아니라 오직 성미(기질)만을 기준으로 하는 것이 더 유용할 것이라고 생각한다.

사람을 일정한 기준에 근거해 구분하거나 분류하는 것을 유형type 이론이라고 한다. 사람을 분류한다는 발상은 먼 과거부터 존재해왔고, 대부분의 사람들이 생활 속에서 자기 나름의 분류법을 사용하고 있다. 예를 들면 이성한테 고백을 받은 사람이 "미안하지만 당신은 내 타입이 아니야"라고 말하는 것은 그가 사람을 자기 나름대로 유형화하고 있다는 것을 의미한다. 피부색을 기준으로 백인, 흑인, 황인으로 구분하는 것, 돈을 기준으로 부자, 중산층, 빈곤층으로 구분하는 것, 성공을 기준으로 승리자와 패배자로 구분하는 것 등이 모두 세속적인 유형 이론이다.

한국에서 주기적으로 유행하고 있는 MBTI 역시 유형 이론에 속한다. 참고로 한국에서의 MBTI의 대중적 인기에도 불구하고 다수의 심리학자는 여전히 그것을 과학적 이론으로 인정하지 않고 있다. MBTI를 둘러싼 논쟁점에 대해서는 이 책의 주제를 벗어나기 때문에 다루지 않을 것이다. MBTI는 사람을 일정한 특성들—기질적 특성을 주요 내용으로 포함하고 있다—에 따라 유형화한다. 예를 들면 외부 자극에 개방적이고 활동적이며, 말과 표현이 활달한 사람을 외향형으로 분류하는 식이다.

기존의 유형 이론들은 일부 타당하고 유용한 측면도 가지고 있지만 심각한 문제점도 안고 있다. 무엇보다 개인차에 대한 충분한 설명을 제공해주지 못한다. 노무현 전 대통령과 이명박은 MBTI 분류에 기초해볼 때 모두 ENTJ(장군, 불도저)다. 그러나 두 사람은 달라도 너무 다르다. 이는 무엇보다 두 사람의 욕망이 너무도 달라서다. 노무현 전 대통령은 정의로운 사회를 건설하려는 건전한 욕망을 가진 사람이지만, 이명박은 권력을 이용해 한몫 챙기겠다는 불건전한 욕망을 가진 사람이다. 일부 MBTI 신봉자들은 유형만 정확하게 알면 개인차를 다 이해할 수 있다고 주장하기도 한다. 그러나 기존의 유형 이론들은 개인차 중에서 일부만을 설명할 수 있을 뿐이다. 한마디로 유형 이론만으로는 개인차는 물론이고 인간 심리나 인간 그 자체를 절대로 이해할 수 없다.

기존의 유형 이론들은 또한 심리적 특성의 고정불변성을 강조함으로써 인간 심리의 변화와 발전 가능성을 암묵적으로 거부하는 경향이 있다. 일부 유형 이론들은 사람의 유형이 거의 바뀌지 않는다거나 그것을 바꾸기가 거의 불가능하다고 주장한다. 유형이 잘 바뀌지 않는다는 말은 곧 각 유형을 특징짓는 특성들이 잘 바뀌지 않는다는 말과 통한다. 그러나 사람이 가지고 있는 수많은 정신적·심리적 특성 중에서 선천적인 것으로 간주할 수 있는 것은 오직 기질과 관련된 극소수 특성뿐이다. 그 외의 특성은 모두 변화 가능하다. 인간 심리는 끊임없이 변화하며, 그 발전 가능성은 무궁무진하다. 그럼에도 일부 유형 이론은 사람의 성격을 이해하는 데서 선천적인 측면을 지나치게 강조하거나 절대화하고 있다. 개인차를 알려면 성미를 아는 것만으로는 부족하다. 성격도 알아야 한다. 성격을 아는 것으로도 부족하다. 개성을 구성하고 있는 모든 것을 알아야 한다.

앞에서 언급했듯이, 토머스와 체스는 기질에 기초해 영아들을 순한 성미, 까다로운 성미, 반응이 느린 성미로 구분했는데, 그들의 견해를 참고하여 네 가지 성미를 제안하면 다음과 같다.

개방적인 성미

개방적인 성미는 심리적인 감수와 반응의 속도가 빠르고 강하며 균형적인 유형이다. 특히 하나의 심리 과정 속도가 빠를 뿐만 아니라 한 심리 과정에서 다른 심리 과정으로 넘어가는 속도도 빠르다. 예를 들면 독서를 하다가 바로 책을 덮고 누군가와 대화를 시작할 수 있다. 이런 점에서 개방적인 성미를 활달한 성미라고 부를 수도 있다. 주류 심리학의 유형 이론에 나오는 외향형과 가장 가까운 성미라고 할 수 있다.

개방적인 성미를 가진 사람은 인식적 측면에서 호기심이 많고 외부 자극에 민감하며 관심의 범위가 넓다. 자기 주변의 모든 것에 관심을 기울이고 그것을 받아들이려 하며 다른 사람들에게 전달하려고 한다. 누군가에게 무슨 이야기를 해줬는데 얼마 지나지 않아 그 주변 사람이 모두 그 이야기를 알고 있다면, 아마도 그는 개방적인 성미를 가진 사람일 것이다.

감정 체험에서는 정서적 느낌이 다양하고 겉으로 잘 드러나며 쉽게 공감하고 감정에 잘 전염되는 특징을 가지고 있다. 정서적 체험의 색채가 선명하고 생동하며 언제나 명랑한 기분을 유지하려고 한다.

활동에서는 행동이 민첩하고 그 범위가 넓으며 새로운 동작이나 방식을 쉽게 받아들이고 새로운 환경에 쉽게 적응한다. 남들보다 훨씬 빠른 속도로 행동 수행에 관한 정보를 입수하고 결심을 하며 즉시 행동으로 넘어가고, 상황에 맞게 동작과 수행 방식을 신축성 있게 변화시킨다. 예를 들면 자전거 타는 방법을 가르쳐주면 아주 빨리 배우고 그 즉시 자전거에 올라타 페달을 밟는다.

인간관계의 측면에서는 광범위한 사람들과 접촉하고 처음 보는 사람과도 쉽게 어울린다. 자기의 속마음을 그대로 털어놓는 편이어서 다른 사람들이 마음 편하게 접근할 수 있다. 다른 사람의 생각이나 감정에 쉽게 동조하고 그에 맞는 적극적인 태도를 취한다.

개방적인 성미는 민감성, 활발함, 사교성 같은 장점을 가지는 반면, 표면성, 가벼움, 지구력 부족 같은 단점을 가진다. 개방적인 성미가 좋게 발전하면 정열적이고 혈기왕성하며 낙천적인 사업가나 활동가가 될 수 있고, 나쁘게 되면 경솔하며 실속 없는 사람이 될 수도 있다.

내성적인 성미

내성적인 성미는 심리적 감수와 반응의 강도가 약하고 지속적이며, 적절한 수준으로 반응하는 유형이다. 외부 세계보다는 자기의 심리적 체험에 더 주의를 돌리고 그것을 적절히 유지하면서 외부에 대해 과도하지 않게 반응하는 특징이 있다. 주류 심리학의 유형 이론에 등장하는 내향형과 가까운 성미라고 할 수 있다.

인식적 측면에서는 어떤 자극이나 정보를 침착하게 받아들이고 깊이 있게 분석해 자기의 견해를 세우는 것이 특징이다. 이런저런 정보를 가볍게 스쳐 보내지 않고 하나하나 신중하게 받아들이며, 그것에 대한 자기의 견해를 쉽사리 드러내지 않는다.

감정 체험에서는 어떤 감정·정서를 빠른 속도로 체험하기보다는 긴 시간 동안 강하게 체험하며 외적인 감정 표현이 유연하고 부드럽다. 예를 들면 남들은 깔깔대며 웃고 손뼉을 칠 때 조용히 미소를 지으며 기쁨을 길게 음미한다.

활동에서는 신중하게 행동 수행에 대한 결심을 하며 각각의 동작을 조심스럽게 한다. 행동이 침착하며, 활발하게 많은 행동을 하기보다는 이미 잘 알고 있는 행동을 정확하게 진행하려고 한다. 예를 들면 자전거 타기를 배운 다음 행동으로 옮기기까지 시간이 다소 오래 걸리며, 막상 자전거를 탈 때에도 핸들을 돌려보거나 페달을 만져보고 나서 신중하게 올라탄다.

인간관계에서는 많은 사람을 접촉하기보다는 이미 알고 있는 소수의 사람과 어울리는 걸 좋아하며 깊은 교제를 하려고 한다. 새로운 사람과 접촉하거나 교제하기를 다소 어려워하며, 잘 아는 사람과 익숙한 환경에서 조용히, 안정감을 가지고 생활하는 걸 좋아한다.

내성적인 성미는 침착함, 자제력, 지구력 같은 장점을 가지는 반면, 굼뜸, 약간의 폐쇄적인 성향 같은 단점을 가진다. 내성적인 성미는 좋게 발전하면 근면하고 성실한 사람이 될 수 있고, 나쁘게 되면 소심하고 신경질적인 사람이 될 수도 있다.

성급한 성미

성급한 성미는 심리적 감수와 반응의 속도가 빠르고 강하며 지속적인 유형이다. 특히 감정 체험의 강도가 크고 흥분적이며 행동 수행이 매우 적극적이다.

인식적 측면에서는 자극이나 정보를 받아들이는 속도와 판단이 빠르고 단도직입적인 것이 특징이다. 각종 정보를 즉시 받아들일 뿐만 아니라 복잡한 것까지도 자기 식으로 단순하게 받아들이고 판단하는 경향이 있다. 이 때문에 성급한 성미를 가진 사람은 남들한테 화통하다거나 단순하다는 느낌을 주기도 한다.

감정 체험에서는 정서적 체험이 강할 뿐만 아니라 그것이 겉으로 강하게, 뚜렷이 드러난다. 자기 감정을 숨기려 하지 않으며 감정을 강하게 열정적으로 체험한다. 웃음도 조용히 웃는 것이 아니라 큰 소리로 호탕하게 웃는다. 소설《삼국지》에 등장하는 장비를 떠올려보라.

활동에서는 씩씩하고 열정적이며 일단 시작한 일은 반드시 끝낸다. 활동 과정에서 부딪치는 어려움 앞에서도 물러서지 않고 정면으로 돌파해나가며, 그 활동을 결단성 있게 끝내려고 한다. 예를 들면 자전거 타는 방법을 다 가르쳐주기도 전에 자전거에 올라타 페달을 마구 밟으면서 앞으로 나아가고, 자전거를 타다가 쓰러져도 개의치 않고 다시 일어나 계속 탄다.

인간관계에서는 상대방과 툭 터놓고 직선적으로 이야기를 나누려 한다. 인간관계에서 조심하고 주저하는 것을 매우 싫어하고, 상대방이 누구든 가리지 않고 자기 속을 다 드러내면서 적극적으로 교제하려 한다.

성급한 성미는 적극성, 열정, 결단성 같은 장점을 가지는 반면, 과격함, 자제력 부족 같은 단점을 가진다. 성급한 성미는 좋게 발전하면 정의감 강하고 책임감이 있으며 실천력 강한 사람이 될 수 있고, 나쁘게 되면 늘 남과 다투는 사람이 될 수도 있다.

느린 성미

느린 성미는 심리적 감수와 반응의 강도가 세고 지속 기간이 긴 반면 심리 과정의 전환 속도가 느린 유형이다. 특히 조건과 환경의 변화와 무관하게 자기만의 내적 균형을 유지해나가는 특징이 있다.

인식적 측면에서는 여러 가지 정보를 한 번에 받아들이는 것이 아니라 하나씩 침착하고 정확하게 받아들인다. 수시로 변화되는 상황 속에서도 여러 가지 정보에 매달리거나 끌려다니지 않고 하나하나 철저히 분석하며 정확하게 받아들인다.

감정 체험에서는 안정된 기분 상태를 유지하면서 은근하게 정서를 체험한다. 울다가 웃고 웃다가 우는 식으로 변화무쌍하게 감정을 체험하는 것이 아니라, 자기의 심리 세계에 기초하는 정서를 지속적으로 유지하면서 외부 자극에 완만하게 반응하며 다른 사람의 감정에 쉽게 동화되지 않는다.

활동에서는 행동 수행 방식이 침착하고 여유가 있는 것이 특징이다. 한 번에 많은 일을 벌이지 않으며 한두 가지 일을 끈기 있게 해나간다. 예를 들면 자전거 타기를 가르쳐주면 그 내용을 아주 꼼꼼하게 숙지하며, 자전거를 타기로 결심한 다음에도 자전거의 이곳저곳을 한참 동안 만져보고, 자전거에 올라탄 다음에도 한동안 뜸을 들이며 조금 페달을 밟다가는 서고 다시 페달을 조금 밟다가는 서는 식으로 조심스럽게 탄다.

인간관계에서는 제한된 범위의 사람과만 교제하기를 좋아한다. 처음 만나는 사람이라고 해서 긴장하거나 어려워하지는 않지만 잘 알지 못하는 사람과는 속을 터놓고 교제하려고 하지 않는다. 그러나 일단 친밀해지면 진지하게 대화를 하고 전인격적으로 교제를 하며 협조적인 태도를 변함없이 유지한다.

느린 성미는 신중함, 치밀함, 지속성 같은 장점을 가지는 반면, 지나친 굼뜸, 비사교성, 무관심 같은 단점을 가진다. 느린 성미는 좋게 발전하면 침착하고 철두철미하며 책임감 강한 사람이 될 수 있고, 나쁘게 되면 무사태평하고 냉정한 사람이 될 수도 있다.

성미에는 이러한 네 가지 일반적 유형 외에도 각 유형 사이에 존재하는 중간형과 이런저런 유형이 결합된 혼합형이 있다. 예를 들면 개방적이고 성급한 사람, 내성적이고 성급한 사람 등이 있을 수 있다. 혼합형의 특징은 두 유형의 특징을 모두 다 가지는 것이 아니라 일부 개별적 특징이 없어지기도 하고 서로 융합되어 나타나기도 한다는 것이다. 예를 들면 개방적이면서 성급한 사람은 간혹 민첩함이나 예민함보다는 행동에서의 기백이나 결단성을 두드러지게 나타낼 수도 있고, 내성적이고 성급한 사람은 감정 체험의 풍부성이나 다양성보다는 과묵한 특성이 두드러지게 나타날 수도 있다.

04　습관
자동적이고 확고한 심리적 특성

습관(습성)은 개인의 개성적 특성이다. 즉 일정한 환경과 조건에서 특별한 의식적 노력이 없어도 저절로, 자동적으로 수행될 수 있을 정도로 확고하게 굳어진 행동방식을 낳는 심리적 특성이 습관이다. 예를 들면 소방관이 불길이 타오르는 상황에서도 여유만만하게, 재빠르게 상황을 분석·판단하고 결심을 내리며 일련의 행동·동작을 원만하게 수행하도록 해주는 심리적 특성이다. 이 때문에 굳어진 사고방식이나 행동방식을 통해 사람의 습관을 알 수 있지만, 그렇다고 해서 모든 굳어진 행동방식이 다 습관이 되는 것은 아니다.

습관이란 말은 여러 가지 의미로 쓰인다. 습관은 버릇이나 관습 또는 습성이라고도 한다. 버릇이 주로 개별적인 행동·동작에서의 굳어진 행동방식(예: 말할 때 자꾸 코를 만지작거린다)을 의미한다면, 관습은 사회적으로 오랫동안 이어져오면서 굳어지고 인정된 생활방식(예: 장례식장에 갈 때는 어두운색 옷을 입는다)을 의미한다. 따라서 관습에는 대개 여러 가지 습관적인 행동·동작들이 포함된다. 사회나 집단의 요구를 실현하기 위한 집단적인 활동과 생활 과정에서, 집단 구성원에게 공통적으로 형성되는 사고방식과 행동방식이 곧 관습이다. 이렇게 습관, 관습, 버릇은 엄밀한 의미에서 서로 다르지만, 모두 오랜 생활 과정에서 확고하게 굳어진 행동·동작 방식을 통해 나타난다.

습관은 그 구성으로 볼 때 심리적 측면과 생리적 측면의 두 측면을 가진다. 일반적으로 습관을 이루는 행동·동작은 사람의 특정한 의식과 그것에 기초해 이루어지는 유기체의 통일적인 동작 과정이라고 볼 수 있다. 즉 사람의 행동·동작은 단순한 유기체의 동작 과정이 아니라, 의식의 구체적인 작용 아래 이루어지는 심리와 그 생리적 기초인 유기체의 통일적인 작용 과정이다. 이 때문에 습관은 심리적 측면과 유기체의 활동이라는 생리적 측면을 포괄한다. 습관의 심리적 측면은 의식적 측면이고, 생리적 측면은 대뇌피질의 기본 기능인 조건반사 활동이다.

습관은 우선 욕망과 긍정적인 감정·정서 등의 결합으로 이루어지는 심리의 작용 방식이다. 일정한 생활 조건에서 어떤 동작에 대한 욕망과 그것에 대한 감정·정서와 같은 심리가 통일적으로 작용하게 되는데, 이런 것들을 통틀어 습관의 심리적 측면이라고 한다. 어떤 동작에 대한 욕망(예: 커피를 마실 때 담배를 피우고 싶다)이 그 수행과 결과에 대한 긍정적인 감정·정서(예: 커피를 마시면서 담배를 피우니까 기분이 좋다)와 결합되면 더욱 강렬한 욕망(예: 커피를 마실 때면 반드시 담배를 피워야 한다)이 되며, 그 결과 그 동작을 더 적극적으로 수행하게 한다. 이처럼 서로 밀접히 연결된 욕망, 감정·정서, 의지가 하나로 어울려 동작 수행의 심리적 측면을 이루며, 이런 심리가 습관적 행동의 전 과정을 조절·통제한다.

습관은 심리적 측면과 함께 생리적 측면도 가지고 있다. 바로 대뇌피질의 조건반사 활동이다. 예를 들어 아침에 일어나기만 하면 다음과 같은 동작들이 연이어, 저절로 수행된다.

"일정한 시간에 기상 – 잠자리 정돈 – 세면 – 화장 – 아침 식사 – 옷 입기 – 거울 보기 – 신발 신기 – 직장으로 출발"

일정한 순서의 동작을 반복적으로 하다 보면 뇌에서 그것과 관련된, 상대적으로 공고한 신경연결이 만들어지는데, 그런 다음부터는 자동적으로 조건반사 활동이 진행된다. 습관은 바로 이것에 기초하고 있다.

그 결과 습관은 다음과 같은 심리적 특징을 가진다.

첫째, 자발적이며 자동적이다. 이는 습관이 일정한 조건만 조성되면 별다른 의식적인 노력이 없어도 행동·동작이 스스로, 거침없이 진행되도록 한다는 것을 의미한다. 습관은 사람에게 욕망화된 확고한 심리적 특성이기 때문에 언제나 그런 방식으로 움직이고 행동하려는 경향성을 가지게 한다.

둘째, 확고하고 집요하다. 일단 형성된 습관은 잘 변하지 않는다. 사람의 욕망과 긍정적인 감정 체험을 동반하는 수많은 반복을 통해 굳어진 것이기 때문이다. 습관은 익숙한 행동·동작으로 사람을 강하게 추동하며, 그 익숙한 행동·동작을 하지 않고서는 견딜 수 없게 만든다. 따라서 사람들은 익숙한 행동·동작을 하면 만족감과 안정감을 체험하지만, 그러지 못할 때에는 긴장감과 불쾌감을 체험한다. 손을 씻고 또 씻는 것과 같은 강박행동—손을 청결하게 만들고 싶다는 욕망, 손을 씻는 행동을 할 때와 하고 난 후의 만족감과 불안 감소—도 일종의 습관이라고 할 수 있다.

습관은 일련의 요인과 작용에 의해 어려서부터 형성되고 발전한다.

습관은 성장 과정을 통해 형성된다. 육체적 발육과 의식 수준이 낮은 단계에서는 주로 유기체적 욕망(예: 유아의 손가락 빨기)이 습관 형성의 심리적 요인으로 작용한다. 그러나 사물 현상에 대한 인식 능력이 발전하면서부터는 호기심이 주요한 심리적 요인으로 작용한다. 어린아이들에게 사물 현상에 대한 호기심은 일정한 행동·동작 수행에 대한 강한 욕망을 불러일으키고, 그 행동으로 강하게 추동한다.

호기심에 의한 습관 형성은 주로 모방을 통해 이루어진다. 모방은 현실에 대한 직접적인 인식 방법의 하나로서 타인의 행동, 언어, 몸가짐 등을 따라 하면서 자기의 것으로 체득하는 것이다. 모방은 사물 현상과 행동·동작을 적극적으로 지각하는 데에서 시작된다. 이때 대뇌피질에서 발생한 흥분이 분석·종합되며, 모방에 대한 강한 욕망이 생기고, 행동·동작에 대한 표상이 이루어진다. 그 결과 다른 사람의 언어, 행동, 몸가짐 등을 그대로 모방하는 활동이 수행된다. 그리고 이 같은 동작 수행의 결과에 대한 확신과 만족감, 쾌감, 기쁨 등 긍정적 정서를 체험한다. 이런 긍정적인 정서는 모방 활동을 적극 추동하며, 그 결과 모방 활동이 반복되고 그 과정에서 뇌에서 공고한 신경연결이 만들어져 습관이 형성된다. 이후 활동이 다양해지고 활동성이 강한 시기에는 주로 행동·동작에 대한 직접적인 흥미가 습관 형성의 기본 요인이 된다.

의식 수준이 더욱 높아진 시기부터는 일정한 행동·동작에 대한 자각이 습관 형성의 기본적인 심리적 요인으로 작용한다. 다시 말해 호기심에 따른 모방이나 행동·동작에 대한 직접적인 흥미가 아니라, 자각에 기초해 일정한 행동·동작을 목적의식적으로 수행하고 체계적인 연습을 하는 과정에서 습관이 형성된다.

이렇게 성장 과정에서 습관 형성에 작용하는 심리적 요인을 표로 정리하면 다음과 같다.

발달 단계	심리적 요인	습관 형성 방법
육체적 발육과 의식 수준이 매우 낮은 시기	유기체적 욕망	단순한 조건반사 활동의 반복
지각이 이루어지는 시기	호기심	모방 활동의 반복
활동이 활발해지는 시기	동작에 대한 흥미	행동·동작 자체의 반복
뚜렷한 목적지향성을 가지는 시기	자각	목적의식적 반복

습관은 다음과 같은 일련의 단계를 거치면서 합법칙적으로 형성된다.

첫 번째 단계는 지향의 단계다. 습관 형성은 일정한 행동·동작 수행에 대한 지향으로부터 시작된다. 사람은 물질적 욕망, 문화적 욕망, 사회정치적 욕망 등 여러 가지 욕망을 가지는데, 이런 욕망에 따른 지향이 습관 형성의 기초가 된다. 이 지향 단계에서는 어떤 행동·동작 수행에 대한 충동이 발생하고부터 행동·동작으로 전환되기까지의 정신적·육체적 준비가 이루어진다. 지향하는 행동·동작에 주의를 집중시키고 그 주의가 강화되는 과정에서 지각이 더욱 뚜렷해지고 정확한 표상이 형성된다. 그 과정에서 만족감, 쾌감 등의 긍정적인 정서를 체험한다.

다음 단계는 반복과 정서적 체험이다. 지향을 실현하기 위한 행동·동작이 부단히 반복됨으로써 행동·동작을 수행할 수 있는 기능이 형성되고, 그것이 감정·정서와 밀접히 결합되어 습관이 형성된다. 이 단계에서는 일정한 행동·동작이 긍정적인 감정·정서와 결합되어 일시적인 신경연결이 만들어지고, 그것이 굳어지고 체계화된다. 이때부터는 일정한 순서로 실현되는 조건반사 과정이 별다른 어려움 없이 순조롭게 진행된다. 습관의 생리적 기초가 만들어짐에 따라 행동·동작이 더욱더 부단히 반복되고, 그것이 감정·정서와 밀접히 결합되어 습관으로 굳어진다.

습관 형성의 마지막 단계는 굳어지는 단계다. 이 단계에서는 우선 일정한 행동·동작이 자동적으로 진행되며, 그것에 대한 의식적 통제가 점차 약화되고 정신적 피로가 감소된다. 또한 습관이 감정·정서와 더욱 밀접히 결합된다. 그 결과 자동적으로 수행되는 행동·동작에는 언제나 기쁨과 만족, 즐거움 등의 긍정적인 정서가 뒷받침된다. 이런 과정을 거쳐 습관으로 굳어진 행동·

동작은 더욱 욕망화되고, 이를 수행하지 않고서는 견딜 수 없게
된다.

05 재능
소질과 취미, 개별 능력과 사회적 환경

어떤 분야에서 남달리 뛰어난 능력을 가지고 있어서 사람들의 시
선을 끌거나 놀라게 하는 이들이 있다. 이런 사람을 가리켜 재능
있는 사람이라고 한다. 17세의 나이로 밴 클라이번 피아노 콩쿠
르에서 우승한 피아니스트 임윤찬을 예로 들 수 있다.

재능은 다른 사람보다 뛰어난 능력, 발전된 기능과 숙련으
로 이루어진 개인적 특성이다. 다른 사람보다 노래를 특히 잘 부
르는 것, 인류의 과학기술 발전에 기여할 새로운 것을 발명하는
것 등은 다 재능 덕분이다. 재능은 일정한 활동을 성과적으로 수
행할 수 있게 해주는 여러 능력이 조화롭게 결합된 개인적·심리
적 특성이다.

재능은 능력과 밀접히 관련되어 있지만 그것과는 구별된다.
재능은 개별적 능력 그 자체가 아니라 활동의 성과적 수행을 담
보하는 개별적 능력들의 총체다. 활동 수행에 필요한 능력은 사람
마다 차이가 있다. 그러한 개별적 능력의 수준과 그 능력들의 결

합 상태 등에 따라 특정 활동을 평범하게 수행하는 사람, 뒤떨어지게 수행하는 사람, 특별히 잘하는 사람들로 나뉘게 된다. 즉 재능은 활동 수행에 필요한 여러 개별적 능력을 갖고 있을 뿐만 아니라 그것들이 높은 수준에서 조화롭게 결합되어 있는 것이다. 따라서 재능은 어떤 하나의 개별적 능력이 아니며, 개별적 능력들의 기계적인 합도 아니다.

사람들의 재능은 서로 다르다. 어떤 사람은 머리가 팽팽 돌아가고 손재주가 좋아서 작업을 아주 재빨리, 맵시 있게 해낸다. 또 어떤 사람은 머리가 잘 돌아가지 않고 그렇게 예민하지도 않지만 어떤 일을 일단 시작하면 끈기 있게, 철저하게 수행하기도 한다. 이처럼 사람의 재능은 활동 수행 과정에서 양적으로나 질적으로 서로 다르게 나타나는 개인적 특성이다. 재능의 차이는 활동의 습득 속도와 활동의 양과 질에서 나타난다.

재능은 우선 소질과 밀접히 연관되어 있다. 사람은 누구나 다 훌륭한 사람이 될 수 있는 소질을 가지고 태어난다. 소질은 사람이 타고나는 생리적 특성의 총체이며, 재능의 형성과 발전을 위한 전제다. 예를 들면 청각적 소질은 음악적 재능에서, 시각적 소질은 미술적 재능에서 큰 의의를 가진다. 소질은 재능을 통해 나타나며, 재능과 소질은 하나로 융합되어 있다. 재능이 있다는 것과 소질이 있다는 것은 내용적으로 볼 때 서로 다르지만 실제로는 결합되어 있다. 뛰어난 소질은 비교적 일찍부터 나타난다.

재능은 또한 취미와 밀접히 연관되어 있다. 취미는 어떤 활동(예: 그림 그리기, 음악 연주, 글쓰기)을 직접 수행하려는 욕망의 발현이다. 건전한 취미는 사람의 재능을 표현해주는 중요한 징표다. 취미는 어떤 활동에 대한 강한 지향과 정열에서 나타나며, 재능 발전을 강하게 추동한다. 소질과 마찬가지로 취미도 대체로 일찍 나타난다. 취미는 어떤 조건에서도, 심지어는 불리한 조건에서도 나타나는데, 이것은 취미에 어느 정도의 자연적·생리적 전제가 있음을 시사해준다. 취미 역시 소질과 밀접하게 연관된 것으로서 재능 발전을 제약한다. 취미와 재능의 밀접한 연관은 재능에도 자연적·생리적 전제가 있다는 것을 시사해준다. 재능의 자연적·생리적 전제는 외부 자극의 작용에 대한 특정 감각기관의 감수성이 높다는 것이다.

그렇다면 재능은 어떻게 형성되고 발전하는 것일까?

재능은 일정한 소질에 기초해 다양한 실천 활동을 하며 교육을 통해 지식을 습득하는 과정에서 형성되고 발전한다. 즉 재능은 성장 과정에서 이루어지는 발전의 산물이다. 소질이 실제적인 재능으로 전환되기 위해서는 일정한 조건이 보장되어야 한다. 여기에서 가장 중요한 의의를 가지는 것은 사회적 환경이다. 재능 발전에 유리한 사회적 환경은 잠재되어 있는 소질을 깨우쳐주며 재능의 발전을 촉진한다. 특히 어린 시절에 유리한 사회적 환경이 주는 영향력은 대단히 크다. 피아노에 소질이 있는 아이임에도 가난한 집에서 태어나는 바람에 어린 시절에 피아노를 접할 기회가 거의 없었다면 소질이 재능으로 꽃피지 못하고 사장돼버릴 수 있다.

재능은 일찍부터 나타난다. 특히 예술 분야에서는 더 그렇다. 같은 예술 분야라 할지라도 음악과 그림 그리기에 대한 재능이 상대적으로 더 일찍 나타나는 반면, 문학에 대한 재능은 상대적으로 늦게 나타난다. 과학에 대한 재능은 그보다 더 늦게 나타난다. 대체로 음악적 재능은 4~5세 때부터, 그림 그리기에 대한 재능은 그보다 조금 더 늦게 나타난다.

06 지능
사고력, 기억력, 상상력, 관찰력, 주의력

지능은 사물 현상의 본질을 인식하고 인식을 통해 얻은 지식과 경험을 이용하여 이론적·실천적 문제들을 풀어나가는 능력이다. 지능은 지식과 밀접히 연관되어 있지만, 지식은 아니다. 지능이란 쉽게 말해 머리를 쓰는 능력, 즉 머리를 써서 새로운 지식을 습득하고 그 습득한 지식을 활용해 새로운 것을 창조하는 지적 능력이다. 지능과 지식의 차이는 지식 수준이 지능 수준과 반드시 일치하지 않는 것에서 찾아볼 수 있다. 예를 들면 지식 수준이 높거나 학교 성적이 우수하다고 해서 곧 지능이 높은 것은 아니다. 지능이 그리 높지는 않더라도 지식 습득을 위해 꾸준히 노력하면 풍부한 지식을 가질 수 있다.

지능은 사고력, 기억력, 상상력, 관찰력, 주의력 같은 여러 구성요소로 이루어진다.

지능의 구성요소 중에서 가장 중요한 것은 사고력이다. 사고력은 사물 현상의 본질과 그 변화·발전의 법칙을 파악하고 이를 실천 활동에 응용할 수 있게 해주는 능력이다. 사람은 사고력의 도움으로 사물 현상의 본질과 연관관계를 알게 된다. 사고력에서 중요한 것은 분석·종합 능력, 추상일반화 능력, 비교 능력, 구체화와 체계화 능력 등이다. 이런 능력들은 서로 분리되어 작용하는 것이 아니라 밀접한 연관 속에서 작용한다.

기억력은 인식하고 체험하고 행동한 것을 새기고 보존하고 재생하는 능력이다. 즉 새김 능력, 보존 능력, 재생 능력으로 이루어진다. 기억력은 지적 활동을 성과적으로 진행하고 풍부한 지식을 소유할 수 있게 해준다.

상상력은 습득한 지식과 표상을 밑천 삼아 새로운 형상을 구성하는 능력이다. 사람은 사고력과 함께 상상력을 가지고 있기 때문에 기존에 존재하던 것을 변화시키거나 현실에 존재하지 않는 새로운 형상을 창조해낼 수 있으며, 미래의 일을 설계하고 그에 따라 움직일 수 있다. 상상력이 없이는 지적 활동이 원만히 진행될 수 없다. 지능의 발전 정도를 특징짓는 데서 특별히 중요한 것은 창조적 상상력이다.

관찰력은 사람에게 직접 작용하는 자극을 신속하고 정확하게 받아들이고, 그 자극들 간의 관계와 특징을 정확히 구별할 수 있는 능력이다.

주의력은 일정한 대상이나 현상에 정신을 돌리고 집중하는 능력으로, 지능의 다른 구성요소들의 역할을 높여준다.

한편 지능의 발달은 다음과 같은 일련의 특징들을 가지고 있다.

첫째, 지능은 성장 단계에 따라 순차적으로 발달하면서 점점 더 그 수준이 높아진다. 지능 발달은 대체로 학교 이전 시기부터 시작되어 청소년 시절에 가장 왕성하게 이루어지며, 그 이후부터는 거의 변화가 없다.

둘째, 지능 발달은 지능을 구성하는 여러 요소 간의 밀접한 연관 속에서 진행된다. 사고력의 발달은 상상력, 관찰력은 물론이고 기억력의 발달, 특히 의미적인 기억력의 발달을 촉진한다. 또 사고력 하나만 보더라도 그 하위의 구성요소들이 밀접히 연관되어 서로 영향을 주고받으면서 발달한다. 예를 들면 분석 능력이나 비교 능력의 발달은 추상일반화 능력의 발달을 촉진한다.

셋째, 지능 발달은 개인적 특성의 영향을 받으면서 사람마다 서로 다르게 이루어진다. 이 때문에 똑같은 나이일지라도 지능 발달 수준은 서로 다르다.

지금까지 살펴봤듯이 사람들이 서로 다른 것은 성격과 성미가 다르고, 습관(습성)이 다르며, 소질과 재능이 다르고, 지능이 달라서다. 설사 의식의 내용이 완전히 똑같은 사람들이 존재한다 하더라도 성격과 성미, 습관, 소질과 재능, 지능 등이 서로 다르기 때문에 모든 사람은 개성적이다. 즉 개성이 없는 인간은 존재할 수 없다.

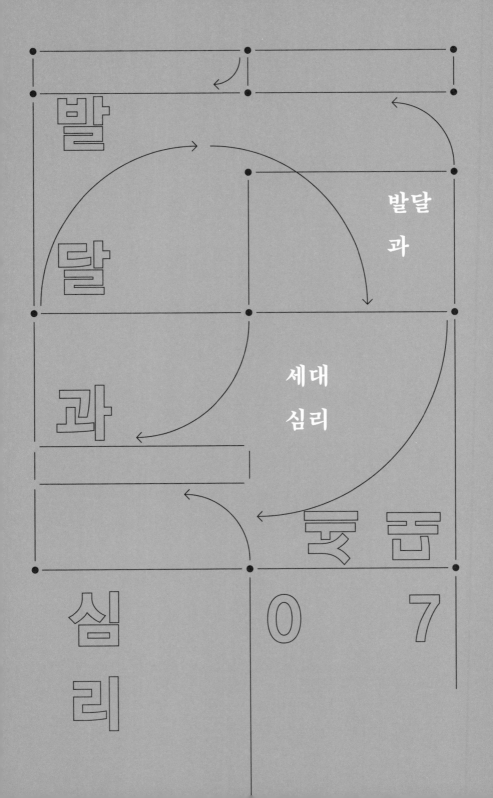

발달과

세대
심리

발달
과

돈

07

발달과심리

심
리

0   7

유년기의 심리적 특징 - 단순성, 정서 우세, 천진난만함 - 아동기의 심리적 특징 - 호기심, 활동성, 모방성, 철듦, 심리 분화 - 청년기의 심리적 특징 - 민감성과 진취성, 자립성, 포부와 이상 - 중년기의 심리적 특징 - 사유와 창조, 확고한 태도, 자존심과 긍지 - 노년기의 심리적 특징 - 자각과 반성, 안정, 다정함, 노여움

사람은 특정한 나이가 되면 그 시기에 고유한 일련의 심리를 갖
게 되는데, 이를 세대 심리라고 한다. 집단 심리의 하나인 세대 심
리는 인간의 발달과 밀접한 관련이 있다. 주류 심리학에서는 발
달을 "수정에서 시작되어 일생 동안 계속되는 움직임이나 변화의
패턴", "전 생애에 걸쳐 시간의 흐름에 따라 일어나는 모든 체계적
인 변화와 안정의 과정" 등으로 정의한다. 이를 연구하는 심리학
분과가 발달심리학이다. 발달심리학은 생물학적·개인적·환경적
영향으로 인해 한 개인의 사고, 행동, 추리, 기능 등에서 시간을 두
고 일어나는 변화를 기술하고 설명하려는 학문이다.[42]

  발달심리학은 육체적 발달, 지적 능력의 발달, 도덕성을 포
함하는 사회성 발달 등 다양한 영역을 연구한다. 주류 심리학 중
에서 발달심리학은 상대적으로 문제점이 덜한 분야이기는 하다.

그러나 발달을 사회와의 관계 속에서 살펴보지 않으며, 인지 발달처럼 특정한 영역의 발달은 깊이 파고들지만 그것들을 통합하여 전체적인 세대 심리의 특징을 설명하는 것에는 별 관심이 없다. 여기에서는 발달심리학 분야의 연구 성과를 참고하여 각 세대의 심리적 특징을 살펴보기로 한다.

01 유년기의 심리적 특징
단순성, 정서 우세, 천진난만함

유년기는 태어나서부터 약 5세까지의 시기다. 유년기 어린이를 유아라고 한다. 발달심리학은 이 시기를 다시 태아기, 영아기, 유아기 등으로 구분하고 있다.

유년기에는 자립적으로 활동하고 생활하는 데 필요한 심리 현상들이 싹트고 자라나며, 그것과 관련된 기본적인 동작들을 습득하게 된다. 이 시기의 유아는 두 발로 걸을 수 있게 되고 모국어와 각종 기본적인 운동·동작을 습득한다. 그리고 여러 가지 사회 현상을 접하고 태어나서 처음으로 유치원 같은 교육기관에서 체계적인 교육을 받게 되면서 주위 세계에 대한 초보적인 표상과 일정한 태도가 형성된다.

유년기 심리의 특징은 다음과 같다.

첫째, 세계에 대한 인식이 매우 단순하다. 유아는 자연이나 사회 현상과 처음으로 접촉하게 되고 유치원에서 체계적인 교육을 받으면서부터 더 많은 것을 알고 싶어 하는 인식적 요구가 강해진다. 그에 힘입어 활발하게 인식 활동을 하지만 그 인식은 매우 단순하게 진행된다. 유년기에는 인식 활동에 필요한 여러 심리 현상이 충분히 발달하지 못하며, 여러 심리 현상 간의 밀접한 연관도 부족하다. 그 결과 사물 현상에 대한 직접적·감성적 인식이 우세한 반면 이성적·추상적 사고는 취약하다.

유아의 인식이 단순하다는 것은 우선 사물과 현상을 고립적으로, 직선적으로 지각하는 것에서 드러난다. 인식 능력이 발달되어 있는 성인은 대상을 인식할 때 단순히 지각하는 데 그치는 것이 아니라 과거의 지식과 경험을 활용해 이해하며, 사고와 상상의 도움을 받아 분석하고 판단한다. 이와 달리 유아는 보고 듣고 체험한 것을 다양한 연관 속에서가 아니라 고립적으로, 개별적으로 분리하여 직선적으로 받아들인다. 그것을 표현할 때에도 이미 형성된 다른 심리들과의 유기적인 연관 속에서 표현하지 못한다. 이 때문에 유아의 인식은 넓고 깊지 못한 단편적인 수준에 머무른다.

유아의 인식이 단순하다는 것은 또한 인식 활동의 동기와 목적이 막연하고 즉흥적이라는 것에서 드러난다. 유년기에는 재미가 그대로 동기가 되고 활동 과정 자체가 목적이 되어 하루 종일 놀이를 하는 경우가 많다. 유아는 기어가고 걸으며 만지작거리고 던지면서 굴리는 동작, 읽고 쓰는 활동을 비롯한 각각의 활동 과정 그 자체에서 만족을 느끼면서 논다. 또한 눈앞에 보이는 것이 곧 활동의 동기가 되어 잠시도 가만히 있지 않고 항상 밀고 당기고 걷고 뛰면서 움직인다. 이 때문에 유아는 자기 행동의 결과, 예를 들면 자기가 그린 그림이 실물과 똑같은지에 대해서는 그다지 신경을 쓰지 않고, 단지 어떤 물체를 만들거나 가지고 논다는 그 자체에서 기쁨과 만족을 느낀다.

둘째, 유아는 정서가 우세하다. 이는 생활과 활동에서 이성과 의지 등에 비해 감성이 우세하며, 행동이 주로 감정 상태에 좌우된다는 것을 의미한다. 유아는 정서적 체험이 앞서는 반면 의지적 통제력은 약하다. 감정적 체험을 직선적으로 강하게 표현하며, 즐겁고 유쾌한 긍정적인 정서적 체험을 좋아하여 그것에 쉽게 이끌린다.

유아는 정서가 우세하다는 것은 우선 주위의 여러 자극에 쉽게 흥분하고 매혹되어 강한 인상을 받는 것에서 드러난다. 유아는 딸랑이를 흔들면서 소리를 내는 그 자체에서 커다란 만족을 체험하고, 종이비행기를 접고는 커다란 환희에 빠진다. 또한 자기한테 놀이를 가르쳐주고 따뜻하게 보살펴주는 어른에게 큰 만족을 느끼고 따르면서, 그들과 같이 행동하고 생활하는 것에서 커다란 기쁨을 체험한다. 유아는 기쁨이나 불만 등을 억제하기 힘들어하며, 자기의 감정·정서를 말과 행동, 노래와 춤 등으로 생동하게 표현한다.

유아는 정서가 우세하다는 것은 또한 여러 가지 정서 상태가 매우 빠르고 쉽게 전환되는 것에서 드러난다. 유아의 정서는 성인과는 달리 지속성이 부족하며 가변적이다. 유아는 금방 웃다가는 울고, 울다가는 웃는 식으로 가변적인 정서를 체험한다.

셋째, 유아는 천진난만하다. 이는 유아가 거짓이나 꾸밈을 모르며 순진하고 솔직하다는 것을 의미한다. 천진난만함은 유년기 심리를 전체적으로 특징지어주는 것으로서 여러 가지로 표현된다.

유아의 천진난만함은 우선 그들이 생활에서 보고 들은 것을 그대로 받아들이는 것에서 드러난다. 유아는 다른 사람의 말과 행동의 의미를 직선적으로, 단순하게 이해할 뿐 그 뒤에 있는 다른 의도나 뜻을 알지 못한다. 유아를 거짓말로 쉽게 속일 수 있는 것은 이 때문이다. 이것은 지적 발전의 상대적 제한성과 생활 체험의 부족에서 비롯된다.

유아의 천진난만함은 또한 그들이 자기의 요구나 느낌 등을 아무런 꾸밈과 가식 없이 그대로 표현하는 것에서 드러난다. 유아는 자기의 감정 상태를 표현할 때 주위 환경이나 상대방의 처지와 입장, 사람들 간의 상호관계에 대해 깊이 생각하지 못하고 직선적으로 표현한다. 한마디로 욕망, 감정과 정서 등을 신중한 고려나 계산 없이 그대로 드러낸다.

유아의 천진난만함은 또한 철이 없는 행동을 하는 것에서도 드러난다. 유아는 상대방에 대한 고려나 배려 없이 자기 마음대로 말하고 행동하며, 고집을 부리고 떼를 쓰곤 한다. 이를 발달심리학에서는 유아의 자기중심성이라고 한다.

02 아동기의 심리적 특징

호기심, 활동성, 모방성, 철듦, 심리 분화

아동기는 약 6세부터 12세까지의 시기다. 이 시기에는 유년기의 심리들이 더욱 발달하는 것과 함께 새로운 심리적 내용이 더해진다.

아동기 심리의 특징은 다음과 같다.

첫째, 호기심과 흥미가 강하다. 아동은 초등학교에서 전문적인 교육을 받게 되면서 관찰력, 기억력, 사고력 등 전반적인 인식 능력이 빠른 속도로 발전한다. 이런 인식 능력에 기초해 주위 세계의 다양한 사물 현상을 알고 싶어 하는 호기심과 흥미가 더욱 강해진다. 아동은 아직 아는 것보다는 모르는 것이 훨씬 더 많고, 수많은 사물 현상과 사건들을 태어나서 처음 접하게 된다. 이로부터 자기가 접하게 되는 사물 현상이 무엇인지를 알아보려는 호기심과 흥미가 강해지고, 그에 따라 적극적으로 인식 활동을 한

다. 그리고 그 과정에서 더욱 체계적이고 논리정연한 지식을 습득
한다.

아동의 호기심은 유아의 호기심과는 다르다. 유아도 미지
의 세계를 알고 싶어 하는 호기심을 가지고 있다. 그러나 유아는
아직 인식 능력이 부족하고 미숙하기 때문에 명확한 대상을 향한
호기심을 가지지는 못한다. 유아는 주로 자기 앞에 있는 대상, 자
기가 접하게 된 사물 현상에 대해 그때그때 순간적인 호기심을
체험한다. 이 때문에 호기심이 인식 활동에 목적의식성을 부여하
지 못하고 금방 사라져버리는 경우가 많다. 반면에 아동은 정규
교육을 받으면서 습득한 체계적인 지식에 기초해 인식 활동의 방
향을 뚜렷하게 정하고 그것을 수행해나갈 수 있다. 즉 명확한 목
적을 가지는 호기심으로 적극적으로 인식 활동을 한다.

아동의 강한 호기심은 질문이 많은 것에서 드러난다. 궁금
증에 기초한 질문은 호기심과 흥미의 외적 표현이다. 사람은 호
기심과 흥미를 체험할 때 그것과 관련된 대상에 의문을 표시하며
질문을 던지게 된다. 아동은 다양한 사물 현상에 많은 의문을 가
지고 그 답을 찾기 위한 인식 활동을 하며, 그 과정에서 세계에 대
한 인식이 더욱 심화된다.

둘째, 아동은 활동성이 강하다. 유년기가 천진난만한 시기
라면, 아동기는 장난이 심하고 활동성이 강한 시기다. 활동성이
강하다는 것은 논리적으로 사색하기보다는 무엇인가를 직접 체

험하려는 욕망으로 인해 동작·행동이 우세해진다는 것이다. 아동기에 활동성이 강해지는 것은 그들이 가지는 요구들에서 비롯된다.

아동기에는 우선 주위 세계를 인식하려는 요구가 높아진다. 온전한 의미에서의 지적 능력의 발전은 통상적으로 5~6세 때부터 시작된다. 아동은 감성적 인식 능력과 함께 사고 능력이 빨리 발전하고 다양한 사물 현상에 호기심과 흥미를 가진다. 육체적으로 성장함으로써 자유로운 활동을 할 수 있는 조건이 갖추어짐에 따라, 어떤 사물 현상을 보고 듣는 것에 만족하지 않고 자신의 능동적인 활동으로 그것과 관련된 실천적 체험을 하고 싶어 한다. 아동이 어떤 대상을 접하면 일단 몸부터 움직여 그것을 만지거나 접촉하는 것은 이 때문이다. 이 시기 아동의 인식에 대한 요구는 넓은 범위의 사물 현상을 향하지만, 그 사물 현상의 본질이 아니라 주로 직관적인 것, 겉으로 보이는 현상에 머무른다. 또한 아동의 인식에 대한 요구는 의지력이 발달된 성인과는 달리 감정·정서적 충동과 결부되는 경우가 많다. 영화 〈쥬라기 공원〉에 등장하는 한 주인공은 공룡을 보는 것에 만족하지 않고 굳이 손으로 만지려고 하다가 위험을 자초하는데, 이런 행동은 적어도 그 순간에는 그의 인식적 요구가 충동과 결부되어 있음을 보여준다. 이 때문에 사람들은 그의 철없는 행동을 보고 "나이만 먹었지 아직 어린애야"라고 말하면서 혀를 차는 것이다.

아동기에는 또한 육체적인 성장, 발육이 왕성하다. 완성 단계에 들어선 유기체의 기관과 조직은 다양하고 복잡한 운동을 가능하게 해준다. 덕분에 아동은 피곤을 모르고 많은 운동량을 감당할 수 있게 되며, 잠시도 가만히 있지 못하고 끊임없이 움직인다. 아동은 달리기와 높이뛰기, 올라가기와 내려가기, 차기와 던지기 등을 끊임없이 수행하며 연필, 칼 등을 가지고 손장난하는 걸 아주 좋아한다. 또한 어떤 것을 손으로 만지작거리는 것에 만족하지 않고 뜯어보거나 분해해보려고 한다. 그렇지만 이 시기 아동의 운동이나 장난은 오래 지속되지 않으며 다른 것으로 빈번히 교체된다.

셋째, 아동은 모방성이 강하다. 모방은 다른 사람의 행동·동작 등에 대한 이해에 기초해 그것을 그대로 본뜨는 현상이다. 사회생활 경험이 부족한 아동은 주위 사람들의 습관, 생활양식, 활동 방식, 품성 등을 보고 그대로 본뜬다. 아동은 무엇보다 부모를 모방한다. 아동에게 부모는 육친적으로 가장 가까운 보호자일 뿐만 아니라 생활의 본보기다. 아동은 부모한테서 사회생활에 필요한 초보적인 생활방식을 배운다. 부모의 말과 행동을 그대로 자기의 생활에 옮기려고 하며, 부모처럼 말하고 행동하려고 한다. 한국의 일부 초등학생들이 가난한 집의 친구들을 '이백충'이니 '삼백충', '월거지'니 '전거지' 등으로 부르면서 깔보고(부모 월급이 이백만 원, 삼백만 원, 그리고 월세 사는 거지, 전세 사는 거지라는 뜻이다), 대형 아파트에 사는 아이들끼리 집단을 형성하여 중소형 아파트에 사는 아이들을 차별하고 무시하는 것은 어른들, 특히 부모를 모방하는 것에서 비롯된다.

아동의 모방은 다음과 같은 특징을 가지고 있다. 아동의 모방은 직접적이고 구체적이다. 아동은 아직 자기가 체험하는 것에 대한 비판적 분석력이 약하기 때문에, 자기가 따라 배워야 한다고 생각하는 것은 비판적 사고 없이 그대로 따라 하려고 한다. 예를 들면 아이는 부모의 말투에서부터 걸음걸이에 이르기까지 모든 행동을 모방한다. 이런 현상은 나이가 어릴수록 더 심하다. 아동은 또한 내면적인 것이 아니라 외적인 것, 직접 접한 것을 모방한다. 즉 다른 사람의 행동을 모방할 때 주로 겉으로 드러나는 것, 자기가 본 것을 그대로 따라 한다. 그런 행동을 하게 만든 내적인 정신이나 심리 등을 이해하고 그것을 따라 하려기보다는, 그 행동 자체에 감동해 그 행동을 모방한다는 것이다.

넷째, 아동은 철이 들기 시작한다. 이는 주위의 다양한 사물 현상들의 연관과 그 변화·발전에 대해 이치적으로 파악하고, 그에 맞게 행동할 수 있게 된다는 것을 의미한다. 아동은 교육을 받고 초보적으로나마 사회생활을 하는 과정에서 세계에 대한 인식을 더욱 심화시키며, 인간관계에서 작용하는 원리를 깨닫게 된다. 그 결과 사리를 분별할 수 있는 능력이 생기고 그에 기초해 다양한 사물 현상을 대하게 되며, 그에 맞는 적절한 행동을 할 수 있게 된다.

아동이 철이 들기 시작한다는 것은 인간관계를 명확히 파악하고 그에 맞는 태도를 형성하는 것을 통해 알 수 있다. 유년기에는 인간관계나 사회관계에 대한 이해가 부족하기 때문에 상황에 맞지 않는 행동을 하는 경우가 많다. 예를 들면 '나와 같은 아파트 단지에 산다', '힘이 세다', '집이 부자다'와 같은 부차적인 것의 공통성에 따라 친구 관계를 맺는다. 그러나 아동기부터는 비본질적이며 부차적인 것보다는 장래 희망이 같다든가 취미가 비슷하다든가 하는 상대적으로 근본적인 공통성에 기초해 친구 관계를 맺을 수 있다. 아동은 철이 들면서 인간관계의 본질적 의미가 어디에 있는지를 파악하게 되고, 그것에 근거해 사람들을 평가하며 관계를 맺게 된다. 특히 이 시기에는 사회계급 관계에 대한 인식과 태도가 형성된다. 한국의 경우 상당수 초등학생들이 돈 많은 사람, 성공한 사람, 유명한 사람 등을 선망하고 노동자를 천시하는데, 이것은 아동기에 한국의 사회계급 관계에 대한 인식과 태도가 형성되었음을 보여준다.

아동이 철이 들기 시작한다는 것은 사물 현상의 의미를 정확히 파악하는 것을 통해서도 알 수 있다. 유아의 대상에 대한 인식은 직선적이다. 그들은 다른 사람이 하는 말과 행동의 의미를 파악하기 위한 복잡한 사고를 하지 못하며 오직 보이는 것, 들리는 것 그대로를 그 대상의 본질로 받아들인다. 예를 들면 자기가

02 아동기의 심리적 특징

225

못된 짓을 하는 걸 보고 어떤 어른이 "잘~한다"라고 말하면 그 아이는 그 말의 의미를 정확히 이해하지 못하고 긍정적인 평가로 받아들인다. 그러나 아동은 단순히 드러난 현상에 대한 직선적인 인식에 머무르지 않고, 주위 세계의 사물 현상들을 다양하게 연관시켜보면서 그 현상의 본질을 이해할 수 있다.

다섯째, 아동은 심리적 체험이 명확히 분화된다. 유년기의 심리적 체험은 전체적이다. 즉 미분화적이다. 예를 들면 갓난아기는 냄새와 맛에 대한 지각과 정서를 잘 구별하지 못한다. 그러나 아동기에는 단지 막연하게 느끼는 것이 아니라, 여러 사물 현상에 대한 관계와 태도가 분화되고 높은 수준으로 발전하는 것에 힘입어 심리적 체험이 분화한다. 즉 아동은 어떤 대상을 보고 감정을 체험할 때 그저 일반적으로 흥분하는 것이 아니라 그 대상의 구체적인 측면을 분리하여 섬세한 정서적 체험을 할 수 있다. 예를 들면 꽃을 볼 때 그저 막연하게 좋다는 식이 아니라 매우 아름답다, 참 고상하다, 조화가 뛰어나다는 식으로 반응한다.

아동기까지의 심리는 사회적 조건의 영향을 매우 크게 받는다. 사회가 어떠하고 전반적인 사회생활 환경이 어떠한가에 따라 유아 심리, 아동 심리가 크게 달라진다는 것이다. 한국 사회는 약육강식의 법칙이 판치는 잔혹한 경쟁 사회이고, 사회적 갈등과 불화가 극심한 불평등 사회이며, 불안 수준이 엄청나게 높은 병든 사회다.[43] 이런 사회에서 살아가는 부모들은 정신적 고통과 불안을 피할 수 없고 그 상당 부분이 최약자인 아이들에게 전가된다. 한국의 유아, 아동들의 정신건강이 지속적으로 또 빠르게 악화되고 있는 것은 이 때문이다. 한국은 개인적 성공과 출세, 한마디로 말해 이웃과 사회가 어찌 되든 상관하지 않고 오직 돈만을 추구하도록 강요하는 입시 경쟁이 교육 현장을 지배하고 있다. 일찍부터 세상의 잔혹함과 무서움을 온몸으로 느끼면서 성장하는 한국의 어린이들은 불안에 사로잡히고 자연히 개인이기주의 심리를 갖게 된다.

03 청년기의 심리적 특징

민감성과 진취성, 자립성, 포부와 이상

청년기는 약 13세부터 29세까지의 시기다. 이를 다시 13~17세의 청년 초기(사춘기, 청소년기)와 18~24세의 청년 중기, 25~29세의 청년 후기로 구분할 수 있다. 청년은 미래의 주인공이자 사회의 가장 활력 있는 세대로서 고유한 심리를 가진다.

청년기의 심리는 그들의 육체적·정신적 발달과 성숙에 기초해 형성되고 발전한다.

청년기는 우선 육체적으로 급격하게 성숙해지며 혈기왕성한 시기다. 청년기에는 신체 발달 속도가 매우 빠를 뿐만 아니라 신체의 균형적 발달이 이루어진다. 청년기에 들어서면 몸 부위들의 상대적인 비례가 달라지면서 균형 잡힌 어른다운 몸매를 갖추게 된다. 청년기의 육체적 성숙은 복잡하고 어려운 활동도 능히 수행할 수 있게 해주며, 지칠 줄 모르는 열정을 발휘할 수 있게 해준다.

청년기는 또한 정신적으로 성숙해지고 지적 활동이 고도화되는 시기다. 청년기에는 여러 지각의 작용이 섬세해지며 사고력이 발전하고 기억력이 높아진다. 이것은 뇌의 발달에 따른 것이다. 정신 활동을 뒷받침해주는 뇌의 발달은 이 시기에 거의 완성된다. 갓 태어났을 때에는 400g 정도에 불과했던 뇌는 이 시기에 1400g 정도까지 커지며, 대뇌피질의 주름이 늘어나 각 부분 사이의 긴밀한 신경연결이 만들어지고 흥분과 제지 간의 균형이 이루어진다. 뇌의 발달은 기억력과 사고력의 발전을 이끈다. 청년기의 기억력은 그 어느 시기보다도 우수하다. 청년은 마치 사진기처럼, 보면 보는 대로 그 많은 내용을 쉽게 새길 뿐만 아니라 필요한 순간에 정확하게 재생하여 활동에 효과적으로 이용한다.

청년기에는 사고력도 우수하다. 청년은 개별적 사물에 대한 형상적 인식에 머무르는 아동기와는 달리 개별적 사물만이 아니라 여러 대상이 가지고 있는 일반적이고 본질적인 징표에 대한 분석과 판단을 할 수 있다. 즉 청년은 추상적이며 논리정연한 사고를 할 수 있다. 그래서 개개의 사실이나 사물 현상으로부터 일반적 원리, 추상적 원리를 연상하며, 현재에 근거해 과거와 미래를 상상하고 사고할 수 있다. 이런 지적 능력은 청년을 철학적 경향, 일반적 논의로 나아가게 해준다. 이것은 이 시기의 세계관 형성에 큰 영향을 미치는 중요한 현상이다. 요즘에는 대학이 기업화되면서 이런 현상이 약화되었지만, 1990년대 이전만 해도 한국의 대학생들은 활발한 철학적 사유를 통해 세계관을 확립하는 경우가 많았다.

청년기에는 세계관이 형성된다. 청년은 일정한 교육을 받고 실천 활동을 하는 과정에서 자연과 사회, 인간에 대한 견해와 그에 기초하는 관점과 입장을 가지게 된다. 특히 청년은 자기 자신에 대한 자각을 가지게 되며, 모든 것을 자기만의 방식으로 받아들이고 평가하기 시작한다. 한마디로 뚜렷한 주견을 갖게 되는 것이다. 세계관의 형성은 새로운 것과 낡은 것, 정의와 부정의, 진리와 허위를 정확하게 가려볼 수 있게 해주며, 높은 삶의 목표를 세울 수 있게 해준다. 청년기 심리는 지금까지 언급했던 급속한 육체적 발달과 정신적 성숙, 세계관의 형성에 기초해 만들어진다.

청년기 심리의 특징은 다음과 같다.

첫째, 새로운 것에 민감하고 진취성이 강하다. 이 같은 민감성과 진취성은 다양하게 체험되고 발현된다. 우선 주위의 사물 현상들 속에서 새로운 것을 발견하고 창조하려는 강한 호기심과 탐구심을 가지는 것에서 표현된다. 청년은 새로운 사물 현상을 접할 때 그것을 신비롭게 여기면서 강한 호기심을 가지고 깊이 파고든다. 청년의 호기심은 아동의 호기심과 차이가 있다. 아동은 표면적인 호기심을 가지며 그 강도가 작고 가변적이다. 반면에 청년의 호기심은 사물 현상의 이치와 본질에 대한 깊은 호기심이며 강하고 지속적이다. 청년은 하나를 보더라도 그저 스쳐보는 것이 아니라 깊이 있게 파고들어 따져본다. 자기가 알지 못하는 어떤 것, 특히 새로운 것에 강한 매력을 느끼는 청년은 사색을 거듭하여 그것이 무엇이며 그 이치가 무엇인지를 끝내 밝혀낸다. 청년은 왕성한 지식욕과 탐구심으로 새로운 것을 발견하고 본질을 파악하며 창조하기 위해 열정적으로 노력한다. 세계적인 발명, 혁신적인 아이디어가 청년에게서 많이 나오는 것은 그들의 새로운 것에 대한 탐구심과 열정을 잘 보여준다.

청년의 새로운 것에 대한 민감성과 진취성은 또한 이것저것 가리지 않고 과감하게 실천으로 뛰어드는 것에서 나타난다. 청년은 물불을 가리지 않는다. 즉 행동과 실천을 중시하고 앞세운다. 중년처럼 가족을 부양하지 않으며, 힘이 부족한 아동과는 달리 일생에서 가장 혈기왕성한 시기에 있는 청년은 그 어떤 것에도 구속되지 않으려 한다. 이 때문에 청년의 생각은 순수하고 단순하며 생각으로부터 행동으로 넘어가는 속도가 빠르다. 청년은 생각보다 행동이 앞서는 경우가 많다. 포부와 이상이 높고 감동하기 쉬운 경향을 가지고 있기 때문이다. 힘과 정력이 넘쳐나는 청년은 중년이나 노인과는 달리 주위에서 벌어지는 모든 일에 예민하게 또 신속하게 반응하며, 그것에 뛰어들어 한몫을 하려고 한다. 청년은 그 일이 자기와 직접적인 관계가 있든 없든 간에 일단 결심만 하면 희생을 두려워하지 않고 끝까지 해낸다.

청년은 자기가 아직 모르고 있는 것을 새로운 것이라고 착각할 수도 있다. 그래서 겉모양만 살짝 바꿔서 다시 등장한 낡은 것 혹은 비록 새롭기는 하지만 나쁜 것까지 받아들이는 경우가 있다. 따라서 청년은 정의와 불의, 진리와 허위, 진보적인 것과 수구적인 것 등을 가려볼 수 있도록 노력할 필요가 있다. 청년의 물불을 가리지 않는 특성은 심사숙고하지 않는 무분별한 언행으로 나타날 수도 있기 때문에 주의를 기울이고 조심할 필요가 있다.

청년의 새로운 것에 대한 민감성과 진취성은 각종 사회운동을 떠미는 강력한 힘으로 작용해왔다. 일제강점기에 주요한 독립운동을 선두에서 용감하게 이끌었던 것은 청년들이었다. 한국전쟁 이후에도 청년들은 1960년대의 4·19 혁명, 1980년대의 광주민중항쟁과 6월 항쟁을 폭발시키고 이끈 주역이었다. 오늘날의 한국 청년들은 신자유주의로 인한 사회 모순 격화와 정신건강 악화 등으로 청년기의 고유한 특징을 심각하게 억제당한 결과 청년다운 삶을 살지 못하고 있다. 그러나 오늘날 미국을 비롯한 서구 사회에서 청년들의 과반수가 신자유주의를 반대하며 사회주의를 지지하고 있는 것, 남미에서 30대의 좌파 대통령이 탄생하는 것

같은 현상은 신자유주의가 청년들의 특성을 완전히 제거할 수는 없으며, 특정한 조건과 계기만 주어지면 청년들이 다시 역사의 진보를 떠미는 주역으로 등장할 수 있다는 것을 보여준다. 인류 역사의 진보를 떠밀어왔던 각종 사회운동의 선봉대, 돌격대가 청년들이었던 것은 그들의 심리적 특징과 밀접한 관련이 있다.

둘째, 청년은 자립성 혹은 독립성이 강하다. 청년의 자립성은 우선 자기만의 주견을 갖는 것에서 나타난다. 청년은 우수한 지적 능력에 기초해 왕성하게 지식이나 정보를 받아들이며, 체계적인 교육을 통해서도 지식을 습득한다. 이것에 힘입어 청년은 주위 세계의 사물 현상과 자기 자신에 대한 명확한 견해와 자각을 발전시킴으로써 자립성을 갖게 된다. 세계관의 형성, 특히 자기 자신에 대한 자각—자기 의식(자기 개념)의 발달—과 사고력의 발달은 모든 것을 자기 방식으로 분석·판단할 수 있게 해준다. 청년은 부모나 선생님처럼 사고하고 행동하려는 아동과는 달리 모든 것을 자기의 주견에 기초해 비판적으로 받아들인다. 청년은 집단과 개인 사이의 관계를 이해하고 자각하지만, 타인이나 집단의 의견과 충고를 자기 식으로 받아들인다. 이 때문에 자기의 견해가 다른 사람들과 달라도 쉽게 인정하지 않고 끝까지 자기 주장을 하기도 한다.

청년의 자립성은 또한 모든 것을 자기 힘으로 해내려고 하는 것에서 나타난다. 자기 힘에 대한 확신이 있는 혈기왕성한 청년기에는 부모나 어른들에게 의존해 문제를 해결하던 어린 시절과는 달리 어떻게 해서든 자기 힘으로 문제를 해결하려고 한다. 사회생활을 막 시작해서 많은 것이 낯설기는 하지만 가능한 한 타인의 도움을 받지 않으려 한다. 어쩔 수 없이 도움을 받게 되는 경우에도 하루라도 빨리 그들의 도움이나 간섭에서 벗어나 자기 힘으로 하고 싶어 한다. 청년의 생활이나 직업 활동 등에서 관찰되는, 모든 일을 자기가 주인이 되어 자기 힘으로 해내려고 노력하는 모습은 자립성의 뚜렷한 표현이다.

청년의 자립성은 또한 자존심(자존감)이 강하고 나서기 좋아하는 것에서 나타난다. 청년은 자신을 다른 사람들과 비교해보면서 자기의 가치에 대해 평가하고 그에 기초해 자존심을 가진다.[44] 즉 자기가 무엇을 얼마나 할 수 있는지에 대한 자각과 확신을 가지며 그에 기초해 자존심과 자신감을 체험한다. 또 자기의 인격이나 가치를 모독하는 언행(예: 자기를 무시하는 말)을 참지 못하고 강하게 반발하며, 자기의 가치나 실력이 남들 못지않다는 것을 증명하려고 한다. 청년은 또한 사람들로부터 자신이 한몫할 수 있다는 평가와 칭찬을 받기를 원한다. 이것은 본격적으로 사회생활을 시작하게 되면서 인정 욕망, 존중 욕망 등이 특히 중요해지기 때문이다. 그래서 자기 능력을 보여줄 수 있는 기회가 오면 주저 없이 사람들 앞에 나서기도 한다. 그러나 오늘날 자본주의 세계의 일부 청년들이 사회와 집단, 심지어는 부모에게 어떤 영향을 주든 상관

없이 생각나는 대로 말하고 제멋대로 행동하는 것은 자립성의 표현이 아니다. 이는 반인간적이고 병든 사회가 부모들을 병들게 만든 탓에 이들이 어려서부터 사랑을 받지 못한 채 자라온 데다가, 사회가 청년들의 어려움을 방치하면서 고통만을 강요한 데서 비롯된 폐해다.

셋째, 청년은 원대한 포부와 이상을 가진다. 이 특징은 청년 실업률이 사상 최고 수준을 계속 경신하고 있는 오늘날의 한국 사회에서는 크게 약화되어 있다. 청년이 생존을 삶의 목적으로 삼을 수밖에 없도록 강요하고 있기 때문이다. 그러나 이 특징이 완전히 사라질 수는 없으므로 일정한 조건만 갖춰지면 되살아날 것이다.

청년의 원대한 포부와 이상은 우선 엉뚱한 환상이나 착상을 많이 품는 것에서 나타난다. 지나온 삶을 후회 없이 결산하려는 중년기, 노년기와는 달리 살아갈 날이 창창한 청년은 끝없이 공상한다. 세계 최고의 과학자가 되겠다는 등의 대담한 공상을 하기도 하며, 유명한 스타가 되거나 큰 성취를 이뤄서 만인의 찬사를 받겠다는 꿈을 꾸기도 한다. 아동이 낮은 상상력 수준과 제한된 지식과 경험에 근거해 주로 단편적인 꿈을 꾼다면, 청년은 높은 상상력 수준과 상대적으로 풍부한 지식과 경험에 근거해 더 폭넓고 원대한 꿈을 꾼다.

청년의 원대한 포부와 이상은 또한 정의롭고 아름다운 것에 대한 동경심이 강한 것에서 나타난다. 사물 현상의 발전 가능성을 이치적으로 예상할 수 있는 능력을 가지고 있는 청년은 정의롭고 아름다운 것을 상상하면서 그것이 빨리 실현되기를 바란다. 중년기와는 다른 청년기 동경심의 특징은 조바심과 결부되어 있다는 것이다. 중년도 미래에 실현될 어떤 것을 그려보고 간절히 바라기는 하지만, 그다지 조급해하지는 않고 느긋한 편이다. 반면에 청년은 자기가 바라는 것이 빨리 실현되지 않는 것을 안타까워하고 초조해한다.

청년의 원대한 포부와 이상은 또한 감정·정서가 풍부하며 낙천적으로 생활과 활동을 하는 것에서 표현된다. 목적과 이상이 원대하면 감정생활이 풍부해지지만, 목적과 이상이 없거나 초라하면 감정생활이 빈곤해진다. 원대한 포부와 이상이 있는 청년기에는 주위의 사물 현상을 접할 때 다양하고 풍부한 정서적 반응을 할 수 있지만, 나이가 들어가면서 점차 그런 정서적 반응이 약화된다. 청년은 슬픔과 우울한 기분에 빠져 있는 것을 싫어하며 그것이 지속되는 것을 참기 힘들어한다. 그래서 기쁨이나 유쾌한 기분 같은 긍정적 정서에 빨리 반응하며, 이를 지속적으로, 열정적으로 표현한다. 코미디 프로그램의 방청객 중 절대다수가 청년인 것도 이 때문이다. 이런 점에서 우울증이야말로 청년과는 상극인 정신장애, 즉 청년에게 최악의 고통을 강요하는 정신장애라고 할 수 있다. 청년은 다른 세대보다 훨씬 더 빨리 정서적 반응을 나타내며, 다른 세대 같으면 별다른 반응을 하지 않을 것 같은 평범하고 사소한 것에 대해서도 정서적 체험을 한다.

안타깝게도 오늘날의 자본주의 사회는 청년의 긍정적인 세대 심리를 심각하게 억제하고 있으며, 여기에 그치지 않고 청년들을 나날이 병들게 만들고 있다. 그러나 청년의 심리적 특징은 기본적으로 발달에 수반되는 것이므로 완전히 억제되거나 사라지는 것은 불가능하다.

04　중년기의 심리적 특징
사유와 창조, 확고한 태도, 자존심과 긍지

중년기는 약 30세부터 60세까지의 시기다. 이를 다시 30대의 중년 초기, 40대의 중년 중기, 50대의 중년 후기로 구분할 수 있다. 중년 초기와 중기는 정신적·육체적으로 가장 높은 능률을 낼 수 있는 시기다. 참고로 주류 심리학은 약 20세에서 39세까지를 성인 초기, 40세에서 65세까지를 중년기, 65세 이후를 성인 후기로 구분한다.[45]

중년기는 육체적으로나 정신적으로 원숙해지는 시기다. 중년은 자신의 전문분야에 대한 지식과 기술을 습득했고 풍부한 경험도 있기 때문에 사회의 모든 부문, 모든 단위에서 핵심적인 역할을 담당하고 수행한다. 가정에서는 부모로서 자녀를 양육하고 교육한다. 청년은 대개 미혼이거나 자녀가 없는 신혼부부인 경우가 많지만, 중년은 자녀가 있는 부모인 경우가 대부분이다. 이에 따라 중년에게는 자녀의 부양자이자 교육자로서의 책임과 의무가 부과된다.

중년기에는 육체적인 면에서 일련의 변화가 나타난다. 중년 초기(30대)에는 육체적·생리적 변화와 기능 저하를 잘 느끼지 못하지만, 실제로는 중년 초기부터 골격근육 계통, 신경 계통의 기능이 약화되며 기능의 숙련도 답보 상태에 빠진다. 상당수 운동선수가 20대에 전성기를 구가하는 것은 이 때문이다. 중년 중기(40대)에 들어서면 육체적 변화가 현저하게 나타난다. 이와 함께 중년은 정신 작용이나 지적 능력도 점차 완만해지는 것을 느끼게된다. 이런 변화는 특히 중년 후기(50대)에서 뚜렷하다. 그 결과 청년기에 비해 사고가 원활하지 않고 기억하기가 힘들다고 말하기시작한다. 중년기에 일어나는 육체적 변화 중 하나는 피부가 건조해지고 유연성이 줄어들며 거칠어지는 것이다. 머리가 희어지거나 얼굴에 주름살이 생기는 등 외모의 변화도 현저해진다. 눈 근육의 조절 기능도 약화되어 노안이 온다. 그래서 중년 후기인 50세가 지나면서부터는 전반적으로 능력이 감퇴하기 시작한다. 이런 육체적·정신적 변화가 중년기 심리에 영향을 미친다.

중년기 심리의 특징은 다음과 같다.

첫째, 독자적 사유와 창조적 활동이 왕성하다. 중년은 청년기에 습득한 지식을 오랜 사회생활 속에서 실천에 적용하는 과정을 거친 사람들이다. 경제와 학문 같은 사회 여러 부문에서 이론적·실천적 과제를 해결해나가면서 과거에 배웠던 지식을 적극 활용한다. 이 과정에서 기존에 습득한 지식을 더욱 심화시킴으로써 창조적인 사유 능력과 실천 능력을 획득하고, 그 결과 더 능률적이고 적극적인 활동을 하게 된다. 정신노동을 하는 사람들이 중년기에 들어서면 학자로서 빛을 발하는 것이나, 육체노동을 하는 사람들이 자기 분야의 달인이 되어 높은 성과를 내는 것은 이 때문이다.

적어도 정신노동 분야에서는 중년 후기가 청년기보다 못하다고 말할 수 없다. 물론 나이가 들면 사유와 기억 활동에서 일련의 변화가 나타나며, 청년기에 비해 그 속도와 기민함이 떨어지는 경향이 있다. 그러나 중년의 사유는 청년보다 더 비판적이며 가설의 제기와 문제 해결이 더 현실적이다. 청년의 사유 활동이 비록 기민하고 활발하지만 비판성이 부족하고 표면적이라면, 중년의 사유는 지식과 경험의 풍부함으로 인해 더 비판적이며 깊이가 있다. 한마디로 중년은 청년보다 심사숙고한다.

기억의 측면에서 볼 때 중년은 청년보다 못하다. 청년의 기억 활동은 왕성하고 속도가 빠르지만 중년은 그렇지 않다는 것이다. 그러나 기억의 논리성에서는 중년이 청년보다 우수하다. 중년

그것에 기초해 논리적인 기억을 할 수 있다. 전체적으로 볼 때 중
년기의 사고력과 창조적 능력은 청년기보다 더 발전한다고 말할
수 있다.

중년은 자기가 가진 지식과 경험, 실천 능력 덕분에 사물 현
상에 대한 인식에서 자신감을 가지며 자기 일을 능숙하게 수행한
다. 복잡하고 어려운 문제에 부딪혀도 당황하지 않고, 자신감을
가지고 침착하게 해결해나간다. 일반적으로 중년이 청년보다 더
믿음직하게 느껴지는 것은 이 때문이다. 그러나 중년 후기인 50
세가 지나면서부터는 사고 활동을 비롯한 인식 활동과 실천 활동
이 이전 시기에 비해 뒤떨어지는 경향이 나타난다. 이것은 중년
후기에 육체적인 노화와 더불어 활동 능력이 감퇴하는 데서 비롯
된다. 그래서 중년 후기부터는 격동적이거나 변화무쌍한 것보다
는 늘 해오던 대로 하는 것, 질서와 체계가 잡혀 있는 것, 변화가
적은 것을 더 선호하게 된다. 생활과 활동에서 안온한 분위기, 편
안한 조건과 환경을 선호하게 되고, 사고방식에서는 보신주의나
경험주의 경향이 싹트며, 새로운 것이나 선진적인 것에 대한 감수
성이 둔해진다.

둘째, 중년은 확고한 생활 태도가 있다. 일반적으로 태도란
주위 세계의 다양한 사물 현상에 대한 마음의 자세나 입장을 의
미한다. 중년은 다년간의 사회생활을 통해 책에서 배웠던 명제나

도덕관념 및 규범 등을 직접 실천해보면서 자기의 신념으로 만든다. 중년의 긴 사회생활은 각자가 이론적으로 인식한 명제들의 진리성, 정당성, 생활력 등을 검증할 수 있게 해준다. 그래서 중년은 풍부한 지식과 경험, 능력 덕분에 자신감을 가지고 낙천적으로, 능률적으로 활동할 수 있다. 이를테면 정주영 회장의 "해보기나 했어? 할 수 있어!"가 바로 중년의 모토인 것이다. 이런 측면에서 중년기를 인생의 황금기라고 부르기도 한다. 결론적으로 중년은 확고한 신념, 풍부한 경험, 전문적 능력 그리고 그것에 기초하는 자신감과 낙천성 등으로 인해 확고한 생활 태도를 가진다.

중년의 확고한 생활 태도는 활동 목표를 뚜렷하게 세우고 끝을 볼 때까지 줄기차게, 일관성 있게 활동하는 것에서 표현된다. 중년은 생활 태도가 오락가락하지 않는다. 활동의 조건이나 상황이 바뀌더라도 목표를 거의 변경하지 않는다. 중년기 이전 시기에는 생활 태도가 확고하지 못하기에 목표의 명확성이나 일관성이 부족하다. 특히 아동기에는 활동 목표가 자주 바뀐다. 아동은 TV에서 올림픽 금메달을 딴 선수를 보면 자기도 훌륭한 운동선수가 되겠다는 목표를 세우고, 유명한 과학자에 대한 이야기를 들으면 자기도 유명한 과학자가 되겠다는 목표를 세운다. 이렇게 아동은 생활이나 활동의 목표, 계획이 부단히 바뀐다. 물론 청년기에 이런 현상은 없어진다. 그러나 청년은 아직 생활 경험이 부족하고 충분히 세련되지 못해서 목표를 달성하지 못하거나 중도에 포기하거나 바꾸는 경우가 흔하다. 이와 달리 중년은 풍부한 생활 체험을 통해 확고한 생활 태도를 가지기 때문에 이것저것 해보는 식이거나 중도에 흐지부지하는 것이 아니라 뚜렷한 방향성을 가진 활동을 일관성 있게 해나간다.

셋째, 중년은 자존심과 긍지(자신의 역할이나 능력에 대한 당당함)가 높다. 중년기는 능력이 가장 높이 발휘되는 시기다. 청년도 자존심이 강하기는 하지만, 자신의 이상이나 희망에 비해 능력이 부족한 경우에는 자기 자신에 대한 불만을 가지며 스스로를 과소평가한다. 그러나 풍부한 지식과 경험을 소유한 중년에게는 자기가 해야 할 일을 능숙하게, 성과적으로 해나갈 수 있는 능력이 있다. 이 때문에 현실적으로 사회생활과 사회 발전에서 중년이 차지하는 역할은 매우 큰데, 이것은 자기에 대한 자존심과 긍지를 가지게 해준다.

중년의 자존심과 긍지는 자기 주장이 확고한 것에서 표현된다. 중년은 자기 나름의 명확한 견해와 주장을 가지고 있다. 흐리멍덩한 견해를 가지거나 남들의 눈치를 보면서 적당히 의사를 표시하는 것이 아니라, 자기 방식대로 분석·평가한 것에 기초하는 확고한 견해를 분명하고 강하게 주장한다. 중년의 자존심과 긍지는 잘못하면 자기에 대한 자만심이나 교만함, 반성 부족, 거만한 태도 등으로 발현될 수 있다. 이럴 경우 제 잘난 맛에 살고 교만하게 행동하며, 자기 의견만 고집하고 다른 사람의 의견이나 경험을

04 중년기의 심리적 특징

하찮게 여기며, 자기 지식만이 제일인 것처럼 여길 수 있다. 이런 일부 중년은 타인에게 불쾌감을 주며, 젊은이들한테 '꼰대'로 불리기도 한다.

05 노년기의 심리적 특징

자각과 반성, 안정, 다정함, 노여움

노년기는 약 60세 이후의 시기다. 이를 다시 60대의 초기 노년기, 70대의 중기 노년기, 80대의 후기 노년기(노쇠기)로 구분할 수 있다.

노년기에는 육체적·정신적인 면에서 많은 변화가 나타난다. 일반적으로 노인이 되면 감각이 무뎌지고 기억력이 감퇴하며 창조적 사고력이 저하된다. 오래전에 겪은 일을 더 잘 기억하며 최근의 것은 잘 되살리지 못한다. 노인의 기억은 또한 속도가 느리고 단편적이며 전면성과 체계성이 부족한 편이다. 이 때문에 어린이나 청년에 비해 몇 배의 시간을 소비하면서도 기억을 잘하지 못한다. 그러나 정신노동에 오랫동안 종사한 노인은 나이가 들어도 기억력이 그다지 심하게 감퇴하지 않는다. 그리고 노인의 사고는 비판성이 부족하고 도식화되는 경향이 있다.

노년기에는 환경의 변화에 능동적이고 합리적으로 반응할 수 있는 육체적·생리적 기능이 저하되거나 마비되기 시작한다.

한마디로 유기체의 적응 능력이 저하되는 탓에 마음은 앞서지만 몸이 말을 듣지 않게 된다. 노년기에는 영양 상태, 신진대사, 혈액 순환, 호흡 등과 같은 생리적 기능이 감퇴하고 저하된다. 시청각이 무뎌지고, 사지의 운동 기능이 약화되며, 치아가 결손되고, 간이나 위 등의 기능과 각종 내분비선의 작용이 저하되는 등 전신의 해이와 쇠퇴를 겪는다. 이런 육체적·생리적 변화로 인해 전반적인 활동 능력과 능률이 현저히 떨어진다. 노인의 육체적 및 정신적 변화는 노년기의 심리에 영향을 미친다.

노년기 심리의 특징은 다음과 같다.

첫째, 자기 자신에 대한 자각과 반성이 강하다. 노인은 자신의 과거로 향하는 자기반성적인 자각을 가진다. 물론 자신에 대한 자각은 청년기에도 나타난다. 그러나 청년의 자각이 주로 사회에 대한 동경, 미래에 대한 포부와 이상, 이성에 대한 관심 등에 초점을 맞춘다면, 노인의 자각은 2차적인 자각으로서 미래에 대한 구상 대신 지나온 자기 생애에 대한 회고적 경향이 강하다. 즉 앞으로 어떻게 살아갈 것인가를 설계하기보다는 자신이 젊었을 때 어떻게 살아왔고 어떤 일을 겪었는지를 회상하기 좋아한다.

그런데 노인의 이러한 회상은 일반적으로 지난날의 자기 생활에 대한 과대평가와 미화분식(그럴듯하게 꾸며 본질을 가리는 것)을 동반하는 경우가 많다. 이 때문에 자기의 지난 생활, 청년 시절은 찬양하는 반면 오늘날의 청년은 과소평가하면서 나무라기도 한다. 노인은 우리가 젊었을 때는 어떠어떠했는데 요즘 청년들은 어떻다느니 하면서 불만을 털어놓는 경우가 많다. "요즘 젊은 것들은!"이 노인의 주제가인 것이다. 심리학자 마거릿 W. 매틀린Margaret W. Matlin은 노인에게서 긍정적인 정서와 연합된 것을 더 잘 기억하는 긍정성 효과가 더 두드러지게 나타난다고 보고했는데,[46] 이것은 과거에 대한 미화분식 경향을 보여준다.

둘째, 노인은 안정 상태(평형 상태)를 유지하려는 경향이 강하다. 지적·육체적 능력이 최고조에 달하는 청년기에는 이상이 높으며 그것을 실현하기 위한 왕성한 의욕과 정열 등이 나타나는 반면, 노년기에는 안정 상태, 외부와의 평형 상태를 유지하려는 경향이 전형적으로 나타난다. 노인은 오랜 세월 동안 일정한 생활 경험과 활동 방식이 반복되는 과정에서 그것이 어느 정도 도식화되고, 이를 생리적으로 뒷받침해주는 뇌에서의 신경연결이 더욱 굳어진다. 이 때문에 주위에서 벌어지는 일에 민감하거나 예리하지 못하며, 자기가 이미 체득한 관념의 틀과 테두리 안에서만 그것을 보고 판단하게 된다. 이와 함께 육체적 노쇠로 인해 활동 능력이 저하되면서 열정이나 의욕도 떨어진다. 그에 따라 낡은 것, 옛것을 고집하면서 새로운 것을 선뜻 받아들이지 않으려는 보수성을 갖게 된다.

노인의 안정 상태를 유지하려는 경향은 한생을 실수 없이 깨끗이 마무리하겠다는 생각으로 모든 것을 무탈하게 처리해나가려고 하는 것에서 표현된다. 노인은 새로운 것, 혁신적인 것보다는 이미 잘 알고 있는 것, 안전한 것을 더 선호한다. 지금 실수하면 다시 회복할 기회가 없으며, 그렇게 되면 자기의 생에 오점이 남게 된다고 생각하면서, 가능하면 충분히 알고 있는 것을 기존에 해오던 방식대로 수행하려고 한다.

노인의 안정 상태를 유지하려는 경향은 감정 체험에서도 나타난다. 노인은 청년과 달리 잔잔하고 안정된 정서를 체험한다. 몹시 기쁠 때도 청년이나 어린이처럼 격동적으로, 활발하게 움직이기보다는 조용히 앉아서 담소하는 것을 더 좋아한다. 노인은 뜨겁고 열렬한 감정·정서로 밤을 지새우거나 잠들지 못하는 것 같은 감정 체험의 격렬성, 충동성을 모른다.

셋째, 노인은 세심하고 다정하다. 노인은 청년이라면 그냥 스쳐 보내며 놓쳐버릴 수도 있는 생활의 구석구석을 놓치지 않고 살피면서 섬세하고 다정하게 대한다. 노인 심리의 이런 특징은 연장자로서의 자각과 자존심, 풍부한 생활 체험에 기초해 형성된 것이다. 노인은 그야말로 산전수전을 다 겪은 세대로서 다른 세대를 돌보고 이끌어주어야 한다는 자각을 가진다. 비록 육체는 노쇠했지만, 풍부한 지식과 경험을 가진 사람으로서 자신도 사회를 위해, 타인을 위해 한몫할 수 있다는 자신감을 가지고 사소한 문제들에도 마음을 쓴다. 그러다 보니 다른 사람의 사생활에서부터 사회생활에 이르기까지 일일이 마음을 쓰면서 염려해주기도 한다.

노인이 잔소리가 많다는 핀잔을 듣기도 하는 것은 이 때문이다.

넷째, 노인은 감정 체험이 단순해지고 노여움을 잘 탄다. 대부분의 노인은 사회적 책임을 지는 활동을 하지 않고 현실과 상대적으로 유리되어 좁은 활동 반경 안에서만 생활한다. 그에 따라 시야가 좁아지고 요구, 취미, 관심 등이 단순화된다. 또한 몸이 쇠약해지기 때문에 주로 일신의 안정과 안락에 관심을 기울이게 된다. 이런 것들은 노인의 감정을 단순하게 만들며, 의식주와 관련된 감정·정서를 주로 체험하게 만든다. "늙으면 아이가 된다"는 말이 시사해주는 것처럼 노인은 맛있는 음식, 따뜻한 잠자리가 마련될 때 몹시 기뻐하며 만족해한다. 그래서 자기들한테 음식을 제공하거나 관광을 시켜준 다음에 물건을 팔아먹는 피라미드 판매 조직의 농간에 잘 걸려들기도 한다. 또 노인은 노여움을 잘 탄다. 이는 기본적으로 자신의 요구에 비해 능력이 뒤따르지 않는 데서 비롯된다. 그리고 사람들을 그리워하지만 인관관계가 협소해져 고립감과 외로움이 심하기 때문이기도 하다. 그래서 노인은 주위에서 시중을 들어주거나 편의를 돌봐주지 않으면 금세 고립감과 외로움에 사로잡히고 몹시 노여워한다.

노인 심리는 사회에서 노인들의 사회적 처지가 어떠한가에 따라 긍정적으로 형성되기도 하고 부정적으로 형성되기도 한다. 오늘날 한국의 노인 세대는 적폐세력에 순종하면서 '헬조선'을 만드는 데 일조했다는 이유로 사회적 존경, 특히 젊은 세대로부터 존경을 받지 못하고 있다. 상당수 젊은이가 노인들을 '틀딱'('틀니 딱딱'의 줄임말)이라고 부르는 것은 노인 세대에 대한 부정적인 태도를 잘 보여준다. 한국 사회는 돈으로 사람의 가치를 평가하는 병든 사회다. 노인들은 돈을 벌지 못하고 앞으로 돈을 벌 가능성도 없는 세대여서 한국 사회에서 가장 낮은 평가를 받는다. 좀 심하게 말하면 사회에 폐만 끼치니까 빨리 죽어 없어져야 할 쓸모없는 세대, 사회의 짐덩이로 치부당하고 있는 것이다.

그러나 한국의 대다수 노인들은 평생을 국가 혹은 독재정권이 시키는 대로 살았고, 가족을 부양하기 위해 커다란 희생을 감내했다. 국가 경제 발전을 위해서 열심히 일하라고 하면 날밤을 새워가며 일했고, 반공을 위해, 국가를 위해 전쟁터로 가라고 하면 베트남에 가 총알받이가 되기도 했던 것이다. 이렇게 평생을 순종적으로 살아왔음에도 노인 빈곤율은 OECD 국가 중 최고 수준이다. 국가는 빈곤과 외로움에 허덕이는 노인들을 방치했다.

돈에 미쳐 돌아가는 한국 사회에서 더 이상 돈을 벌지 못하는 노인들이 있을 자리는 없다. 자식 세대, 손주 세대는 노인들을 존경하기는커녕 '틀딱'이라고 부르며 경멸한다. 여기에 더해 독재정권에 저항하기보다는 순종하는 삶을 살아왔기에 노인들의 정신건강은 좋지 않다. 쉽게 말해 자신들이 잘못된 인생길을 걸어왔다는 것을 인정할 수 없을 정도로 정신건강이 나쁘다. 이런 상황에서 노인들이 할 수 있는 것은 거짓으로라도 자기 인생을 긍정하는 것이다. 즉 자신은 아주 잘 살아왔고, 노인들을 경멸하는 나머지 세대가 잘못 살고 있다는 왜곡된 믿음을 붙드는 것뿐이다.

이런 엉터리 믿음은 노인 세대 특유의 과거에 대한 미화분식 경향과 맞물려 더 강해진다. 한국의 노인들이 자식 세대, 손주 세대의 간절한 희망을 짓밟으면서까지 선거 때마다 악착같이 적폐세력에게 표를 몰아주는 것은 이 때문이다. 소외감과 외로움, 무가치감 등으로 고통스러워하는 일부 노인들에게 식사를 제공해주고 용돈을 주면서, "당신은 훌륭한 인생을 살았다"고 높이 평가해주며, "지금도 당신에게는 할 일이 있다. 빨갱이들을 때려잡아서 나라를 구하셔야 한다!"고 말해주면 이제 할 일이 생긴 노인들, 존재 가치를 인정받게 된 노인들은 태극기를 들고 거리로 쏟아져 나온다. 병든 한국 사회는 이렇게 노인 세대의 심리를 나쁜 쪽으로 극단화시키고 있다.

세대 심리는 사회가 어떠한가에 따라 활성화될 수도 있고 억제될 수도 있으며, 긍정적으로 발전할 수도 있고 나쁜 쪽으로 퇴보할 수도 있다.

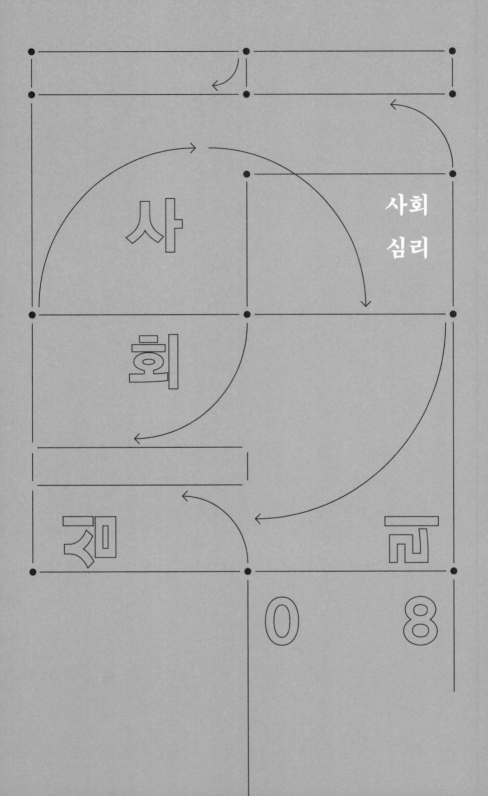

왜, 사회심리학인가 - 집단, 관계, 자본주의 사회 - 개인 대 개인, 소통 - 내면세계의 교환 - 개인 간 소통의 정서적 평가 - 호감, 반감, 혐오감 - 집단 심리 - 집단의 의견은 어떻게 형성되고 작용하는가 - 집단의 분위기 - 집단 분위기의 형성, 작용, 종류 - 집단 응집과 권위 - 집단은 개인보다 힘이 세다 사람은 태어나서 죽는 순간까지 사회 속에서 사람들과 관계를 맺으면서 살아간다. 사회를 떠난 사람, 사회와 분리된 개인이란 존재할 수 없다. 사회는 인간 심리에 지대한 영향을 미치며, 사람은 심리의 작용 아래 실천 활동을 함으로써 사회를 개조하고 발전시킨다. 따라서 인간 심리를 올바로 규명하려면 필수적으로 사회와 인간 심리 간의 관계를 연구해야 한다. 이것을 연구하는 심리학 분과가 사회심리학이다.

사회심리학의 주요한 연구 주제는 크게 세 가지다.

첫째, 사회심리학은 개인차나 개성을 연구하는 성격심리학(혹은 개성심리학)과는 달리 사회를 구성하고 있는 집단의 집단 심리를 연구한다. 주류 심리학의 용어를 빌리자면 개인차가 아닌 집단차를 연구하는 것이다. 사회적 집단은 민족, 계급·계층, 세대,

직업 집단 등을 포괄한다. 따라서 사회심리학은 민족 심리, 노동자나 자본가 같은 사회적 집단의 계급 심리, 세대 심리 등을 연구한다.

둘째, 사회심리학은 사람들 간의 관계에서 나타나는 심리 현상—여기에는 당연히 집단 심리 현상도 포함된다—과 그 과정에서 작용하는 심리 법칙을 연구한다. 사람들 간의 관계에는 개인 대 개인의 관계만이 아니라 개인 대 집단 간의 관계, 집단 내 사람들 사이의 관계 등이 포함된다.

셋째, 사회심리학은 사회가 인간 심리에 어떤 영향을 미치는가를 연구한다. 봉건제 사회에서 살아가는 사람과 자본주의 사회에서 살아가는 사람의 심리는 다르다. 또 똑같은 자본주의 사회라고 해도 제2차 세계대전 이후부터 1970년대까지 자본주의의 황금기—자본주의 역사상 가장 평등 수준이 높았던 시기—를 살아갔던 사람의 심리와 신자유주의 시대를 살아가고 있는 사람의 심리는 다르다. 이것은 인간 심리를 올바로 규명하려면 반드시 사회가 인간 심리에 미치는 영향을 연구해야 한다는 것을 의미한다.

01 왜, 사회심리학인가
집단, 관계, 자본주의 사회

주류 심리학에도 사회심리학이라는 분과가 있지만, 앞에서 언급한 세 가지 연구 주제 중에서 집요할 정도로 두 번째만 연구한다. 즉 첫 번째 주제인 집단 심리에 대해서는 거의 연구하지 않는다. 예를 들면 노동자 계급의 심리, 자본가 계급의 심리, 농민 계급의 심리, 지식인들의 심리 등은 연구하지 않는다. 세대 심리의 경우에도 오직 유기체적 발달의 견지에서만 파편적으로 연구한다.

또한 주류 사회심리학은 세 번째 주제, 즉 사회가 인간 심리에 미치는 영향은 절대로 연구하지 않는다. 이러한 연구는 불가피하게 자본주의 제도의 모순을 비판·폭로하게 되고, 더 나은 사회가 어떤 것인가에 대한 관심과 지향을 유발하기 마련이다. 그러니 친자본주의적인 주류 심리학이 이 주제를 연구할 리 없는 것이다. 사회가 인간 심리에 미치는 영향을 연구했던 유일한 심리학자는 에리히 프롬Erich Fromm[47]이다. 그는 정열적이고 독창적인 연구를 통해 자본주의 제도가 인간 심리에 미치는 악영향을 밝혀내고, 인간이 행복하게 살아가려면 자본주의 제도를 변혁하고 인본주의적 사회주의를 건설해야 한다고 역설했다. 이 때문에 주류 심리학계는 에리히 프롬을 지독할 정도로 왕따시켰다. 예를 들면 심리학 개론서나 심리학사 저서들은 아예 프롬의 이름을 언급조차 하지 않는다. 그가 주류 심리학계에서 이렇게 배척을 당한 것은 그의 이론이 비과학적이어서도 아니고, 가치가 없어서—주류 심리학은 비과학과 무가치의 끝판왕이라고 할 수 있는 행동주의 심리학을 비정상적일 정도로 자세히 다루고 있다—도 아니다. 프롬이 자본주의 사회와 인간 심리의 관계를 연구함으로써 자본주의를 비판했던 진보적 심리학자여서다.

주류 사회심리학이 주로 개인 대 개인의 관계, 개인 대 집단의 관계—이 경우에도 주로 소규모 집단을 연구한다—만 연구한다는 것은 사회심리학에 대한 정의를 보면 금방 알 수 있다. 주류 심리학은 사회심리학을 "사람들 간의 행동의 원인과 결과에 대한 연구",[48] "사람들이 상호 간에 어떻게 생각하고 영향을 미치며 관계를 맺는지를 과학적으로 연구하는 심리학 분야",[49] "사람들이 사회적 맥락에서 어떻게 생각하고 느끼고 행동하는지를 과학적으로 연구하는 학문"[50] 등으로 정의한다. 이런 정의들은 주류 사회심리학이 진정한 의미의 사회심리학이 아닌 개인심리학의 변종일 뿐임을 보여준다. 즉 주류 심리학의 초점은 어떤 경우에도 개인이라는 것이다.

사회심리학은 사회적 맥락이나 상황의 영향을 받는 개인들을 다룬다. … 사회심리학에서도 부분적으로 사람의 집단을 연구하지만 사회학과는 달리 대개 집단 맥락에 처해 있는 개인들의 행동을 강조한다. 사회심리학에서는 대인 지각, 사회 인지, 자기self, 태도와 태도 변화, 사회적 영향, 집단의 영향, 호감과 매력, 사랑과 결혼, 공격성, 이타성 및 편견과 갈등 등의 주제를 다룬다.[51]

인간을 생물학적 존재로 보는 주류 심리학은 긴 세월 동안 생물학적 관점, 개인주의적 관점에서 인간 심리를 열심히 연구했지만 그 한계를 인정하지 않을 수 없게 되었다. 그래서 어쩔 수 없이 사람이 다른 사람들(소규모 사회적 집단 포함)과 영향을 주고받는다는 사실을 인정하고 그것도 연구하게 되었는데, 그것이 바로 주류 사회심리학이다. 이런 점에서 주류 사회심리학은 진정한 의미의 사회심리학이 아니라 생물학적·개인적 접근법의 한계를 보충하기 위해 양념을 쳐주는 들러리라고 할 수 있다.

최근에 주류 심리학계에서는 임상심리학의 하위 분과로 지역사회심리학이 등장했다. 그리고 이를 "사람들이 자신의 사회 환경과 상호작용하는 방식 그리고 사회제도가 개인과 집단에 영향을 미치는 방식을 연구하는 심리학의 한 분야"[52]로 정의한다. 이 정의에는 반갑게도 '사회제도'라는 말이 등장한다. 적어도 지역사회심리학은 사회제도가 인간 심리에 영향을 미친다는 사실을 인정하고 연구하려는 것인데, 이 정도만 해도 큰 발전이라고 할 수 있다. 그런데 궁금한 것은, 왜 지역사회심리학이 사회심리

01 왜, 사회심리학인가

255

학이 아닌 임상심리학의 하위 분과로 등장했는가 하는 점이다. 그 이유는 다음의 설명을 보면 짐작할 수 있다.

> 임상심리학은 개개인에 초점을 두고 개인 수준의 개입을 통해 변화를 도모하는 분야이지만, 사회적 요인이 각 개인의 문제에 미치는 영향에 대해서도 오랫동안 주목해왔다. 특히 지역사회 심리학은 개인의 정신건강 문제의 발생과 회복에 있어서 사회적 환경과 제도의 영향을 강조하고, 이러한 사회적 요인이 개인과 집단에 영향을 미치는 방식에 대해 연구하는 분야이다.[53]

지역사회심리학이 임상심리학의 하위 분과로 탄생하게 된 것은 절박한 실천적 요구 때문이었다고 할 수 있다. 주류 사회심리학은 곧바로 현실에 적용되는 응용심리학이 아닌 기초심리학이다. 기초심리학은 임상심리학 같은 응용심리학에 이론적 기초를 제공한다는 점에서 대단히 중요하다. 그러나 현실에서의 임상 장면이나 실천에 당장 적용되지는 않기 때문에 이론에 결함이 있더라도 별문제가 없다. 다시 말해 현실과는 동떨어진 공리공담이어도 크게 문제 될 것이 없다는 것이다.

반면에 당장 현실에 적용해야 하는 응용심리학에 결함이 있으면 금방 티가 난다. 예를 들면 심리치료 이론에 결함이 있으면 돈을 받고 치료해주는데도 효과가 나타나지 않아 곤란해진다는 것이다. 오늘날 한계점에 도달한 자본주의 사회는 엄청난 속도로 정신건강을 악화시키고 있다. 수많은 사람이 정신과 병원이나 상담실에 찾아와서 고통을 호소한다. 현실에서 그런 사람들을 상대하는 임상심리학자나 심리상담가들은 바보가 아니다. 그들은 내담자의 고통이 본질적으로 사회에서 비롯되었고 그 문제를 다루지 않으면 심리치료의 효과를 기대하기 어렵다는 것을 안다. 예를 들어 문제아동의 뒤에는 대체로 폭력적인 부모나 가정불화가 있는데, 그것이 사회적 불평등이나 빈곤과 관련이 있다는 것을 모를 수 없다는 것이다. 이 때문에 임상심리학은 비록 부분적일지라도 사회제도가 인간 심리에 미치는 영향을 연구하게 되었고, 그리하여 지역사회심리학이 임상심리학의 하위 분과로 탄생하게 된 것이다.

주류 사회심리학은 지역사회심리학의 아이디어, 즉 사회가 인간 심리에 큰 영향을 미친다는 과학적인 견해를 마땅히 받아들여야 한다. 또한 지역사회심리학은 이를테면 관악구나 성북구가 인간 심리에 미치는 영향을 연구하는 데 머물지 말고, 한국 사회가 인간 심리에 미치는 영향, 나아가 자본주의 제도가 인간 심리에 미치는 영향을 연구하는 것으로까지 확장되어야 한다.

앞에서 언급했듯이 사회심리학은 관계(개인 대 개인, 개인 대 집단 등), 집단 심리, 사회와 집단 심리의 관계 등 여러 분야를 연구하지만, 여기에서는 그중 일부만 다루기로 한다. 사회가 인간 심

리에 미치는 영향에 대해서는 필자가 쓴 《싸우는 심리학》, 《풍요
중독사회》 등을 참고하기 바란다.

02 개인 대 개인, 소통
내면세계의 교환

사람들은 서로 적극적인 관계를 맺고 소통을 하면서 자신의 내면
세계를 드러내고 상대방을 이해하며 공동생활을 해나간다. 사람
들은 흔히 "친구를 사귄다", "이성을 사귄다", "사람들을 사귄다"
고 말하는데, 이렇게 서로 교류하면서 사귀는 것이 소통이다. 심
리학에서 소통은 사람들이 사상, 감정, 지식, 경험 등을 주고받는
과정을 말한다. 다시 말해 사람이 자기의 내면세계를 다른 사람의
내면세계와 서로 교환하는 과정이 소통이다.

　　상당수 주류 심리학자들은 사람들 간의 관계를 사회 교환
이론으로 설명할 수 있다고 주장한다. 사회 교환 이론이란, 사람
들의 사회 행동은 교환 과정이며 그 목적은 이익을 극대화하고
손실을 극소화하려는 것이라는 이론이다.[54] 한마디로 사람은 모
두 상품이자 장사꾼이어서 다른 사람과 상품 교환 관계, 즉 거래
관계를 맺는다는 것이다. 상품은 등가 교환의 원리에 기초해 관계
를 맺거나 교환된다. 누군가가 나한테 만 원짜리 밥을 사줬으면

나도 그 사람한테 만 원어치 밥을 사주는 식으로 관계를 맺는 것, 내가 은수저라면 나와 상품 가격이 비슷한 은수저 사람과 친구가 되거나 결혼하는 것 등을 예로 들 수 있다. 상품 교환의 윤리, 즉 장사꾼의 윤리에 비추어보면 월급 200만 원짜리 사람이 월급 700만 원짜리 사람과 친구가 되거나 결혼하는 것은 등가 교환의 원리에 위배되는 반칙이자 비윤리적인 행위다.

이러한 사회 교환 이론은 대부분의 인간관계가 피상적인 관계, 즉 상품들 사이의 교환 관계 혹은 개인이기주의적인 장사꾼들 간의 관계로 변질되고 타락한 오늘날의 병적인 자본주의 사회에 잘 어울리는 이론이다. 그러나 오늘날의 자본주의 사회에서도 상당수 사람들은 타인과 장사꾼 간의 관계가 아닌 인간적인 관계를 맺고 있으며, 모든 사람이 그런 관계를 갈망하고 있다. 이 때문에 주류 심리학 내에서도 사회 교환 이론으로는 인간관계를 제대로 이해하거나 설명할 수 없다는 비판이 제기되어왔다.

다른 동물과 마찬가지로 사람도 일반적으로 관계성의 정도에 직접적으로 비례하여 기꺼이 남의 이득을 위해 협동한다. 그러나 다른 동물들과는 달리 사람은 베풀어준 은혜를 결코 되돌려줄 기약이 없는 그런 완전히 낯모르는 사람에게도 기꺼이 은혜를 베푼다. … 이것은 인간이야말로 진정한 이타적 행동을 할 수 있는 존재라는 사실을 말해주는 것이다.[55]

오늘날의 자본주의 사회에서 대부분의 사람은 어쩔 수 없이 사회 교환 이론의 주장처럼 타인과 피상적인 거래 관계, 계산적 관계를 맺으며, 자신이 이익을 보고 있는지 손해를 보고 있는지 열심히 주판알을 튀기면서 살아간다. 그러나 사람들 사이의 소통은 거래 관계를 포함한 모든 관계에서 다 나타난다. 인간이 존재하고 사회가 존재하는 한 소통은 절대로 사라질 수 없기 때문이다. 물론 한국에서는 정상적이고 건전한 소통을 하기가 쉽지는 않다.

사람은 하루 중 대부분의 시간을 다른 사람과 소통하면서 보낸다. 사람은 무엇보다 소통을 통해 사회적 존재로서의 면모를 갖추게 된다. 사람은 인간적인 요구와 창조적 능력을 가지고 있는 사회적 존재다. 인간적인 요구와 창조적 능력은 선천적으로 타고나는 것이 아니라 사회 속에서 다양한 소통을 하는 과정을 통해서만 얻을 수 있다. 즉 사람은 사회 속에서 다른 사람과 소통하면서 비로소 인간으로서의 면모를 지니게 된다는 것이다. 예전에 인도나 프랑스 등지에서 발견된, 이른바 늑대 소년으로 불리기도 했던 야생 아동들—야생에서 동물들이 키운 아이들—의 사례는 소통이 없이는 결코 인간으로서의 면모를 가질 수 없다는 것을 보여준다. 사람들과의 소통 없이 자연 속에서 살았던 야생아들은 과학자나 연구자들의 치열한 노력에도 불구하고 사람이 되지 못했고 결국 동물처럼 살다가 사망했다. 미국에서는 부모에 의해 어려서부터 사람들로부터 격리되어 자라난 아동들—이들은 부모와의 소통조차 거의 없었다—이 발견되기도 했는데, 이들 역시 사람의 면모를 갖추지 못하고 있었다. 이런 사례들은 사람이 사회적 존재로서의 면모를 갖추려면 반드시 사회 속에서 성장해야 하며 소통이 필수적임을 보여준다.

사람은 또한 소통을 통해 인간관계를 맺고 사회생활을 해나가게 된다. 사람은 혼자서는 살 수 없으며 다른 사람과 관계를 맺고 공동으로 생활하고 활동을 해나감으로써만 살 수도 있고 발전할 수도 있다. 인간관계는 사람들 사이의 상호 이해와 의사소통에 기초해 맺어진다. 사람들은 소통 과정에서 서로를 이해하고 의사를 교환하며 다양한 인간관계를 맺게 된다. 특히 원만한 집단생활 혹은 조직생활은 집단 구성원들 사이의 소통이 없이는 불가능하다. 이처럼 소통은 인간에게 생활의 중요한 일부분이자 인간의 발전과 사회생활을 가능하게 해주는 중요한 조건이다.

소통의 수단에는 언어적 수단과 비언어적 수단이 있다. 그중에서 가장 중요한 것은 언어적 수단이다. 언어적 수단이란 사람의 언어 행위, 말을 의미한다. 언어 행위는 소통을 가능하게 해주는 기본 수단이다. 사람은 언어를 가지고 있기에 다양하고 풍부한 자신의 내면세계를 정식화할 수 있고 그것을 서로 주고받으면서 소통할 수 있다.

또한 사람은 얼굴 표정, 몸짓, 손짓, 웃음, 걸음걸이 등과 같은 비언어적 수단을 통해서도 자신의 내면세계를 표현한다. 사람은 사회생활을 하는 과정에서 비언어적 수단의 의미를 경험적으로 습득한다. 예를 들어 일반적으로 머리를 위아래로 움직이는 것은 긍정의 의미를, 좌우로 움직이는 것은 부정의 의미를 가진다. 소통의 비언어적 수단은 대체로 언어적 수단을 강조하는 보조적 수단으로 쓰인다. 언어 내용에 어울리는 얼굴 표정, 몸짓, 손짓 등의 행동·동작이 결합되면 표현력이 한층 더 강해진다. 자기 혐의를 부인하면서 양 손바닥을 상대방을 향해 펴서 좌우로 흔드는 것을 예로 들 수 있다. 그러나 비언어적 수단도 특정한 조건과 환경에서는 소통의 기본 수단이 될 수 있다. 즉 특수한 경우에 사람은 비언어적 수단만을 사용해서 자기의 의사를 상대방에게 전달하기도 한다. 운동경기에서 감독이나 코치가 자기편 선수만 알 수 있는 지시 내용을 손짓, 몸짓, 표정 등을 이용해 표현하는 사인을 예로 들 수 있다.

오늘날에는 더 나아가 소통에 여러 가지 기술 수단이 널리 이용되고 있다. 스마트폰, 컴퓨터 등 각종 현대적 기술 수단들을 이용하면서 사람들은 더 빨리, 더 정확하게, 더 활발하게 소통할 수 있게 되었다.

소통의 종류 혹은 형태는 매우 다양하다.

우선 소통을 하는 사람들 사이의 접촉 관계에 따라 직접적 소통과 간접적 소통으로 구분할 수 있다. 직접적 소통은 사람들이 직접 얼굴을 맞대고 진행하는 소통이다. 다른 사람과 직접 만나서 이야기를 나눈다거나 얼굴 표정, 몸짓 등을 통해 자기 의사를 전달하는 것 등이다. 간접적 소통은 사람들이 직접 얼굴을 맞대지 않고 서로 다른 시공간에서 진행하는 소통이다. 편지나 이메일, 카톡 등 글(문자)로써 소식을 주고받는 것, 다른 사람이 집필한 책이나 글을 읽는 것 등이다.

소통은 또한 그 내용에 따라 업무적 소통(피상적 소통)과 정신문화적 소통으로 구분할 수 있다. 업무적 소통은 당면한 사업적·실무적 목적을 달성하기 위해 진행하는 소통이다. 예를 들면 범인을 잡기 위해 만들어진 특별수사팀에서 그 구성원들이 서로 소통하는 것, 자기한테 할당된 보험 판매량을 채우기 위해 판매원이 다양한 사람들과 소통하는 것 등이다. 자본주의 사회에서 업무적 소통은 사회 교환 이론에서 말하는 계산적 관계와 비슷한 경우가 많지만, 업무적 소통이라고 해서 꼭 손익 계산에만 기초하는 것은 아니므로 계산적 관계와 똑같다고 할 수는 없다. 정신문화적 소통이란 앞에서 말한 고유한 의미에서의 소통이다. 즉 사람들이 자기의 내면세계를 다른 사람의 내면세계와 서로 교환하면서 정신적으로 성장하고 서로 더 가까워지는 것을 말한다. 일반적으로 소통은 이 정신문화적 소통을 의미한다.

개인 간 소통의 정서적 평가

호감, 반감, 혐오감

개인 간 소통에서 사람은 상대방에 대한 정서적 평가인 호감, 반감, 혐오감 등을 체험한다. 사람은 상대방으로부터 어떤 정보―상대방이 전달하는 모든 것―를 전달받았을 때, 그것을 이해할 뿐만 아니라 상대방을 인간으로서 인식한다. 즉 전달받은 정보를 이해하는 것에 그치지 않고, 그것을 전달하는 사람의 인격, 정신적 풍모, 마음씨, 됨됨이 같은 인간적 면모를 전체적으로 지각하고 이해하며 파악하게 된다는 것이다.

　이를 통해 사람은 상대방의 구체적인 동기와 목적, 심리적 특성 등도 이해할 수 있기 때문에 그에 대한 호감, 반감, 혐오감 등을 체험하게 된다. 그리고 이 같은 체험에 기초해 일정한 인상을 형성한다. 상대방이 "이 제품이 가성비가 제일 훌륭해요"라고 말하면, 그 말의 내용만 이해하는 것이 아니라 그 말을 하는 사람의 동기와 목적(예: '물건을 팔아먹으려고 저런 말을 하는 것이겠지'), 생김새나 태도(예: '딱 봐도 사기꾼 같군') 등을 인식함으로써 반감(예: '역시 장사꾼들은 믿을 게 못 돼')을 체험하는 것을 예로 들 수 있다.

　　호감

일반적으로 호감은 개인 간 소통에서 상대방이 전달하는 정보가 자기의 요구와 이해관계에 부합될 때 체험한다. 통속적으로 말하자면 상대방이 내가 듣고 싶어 하는 말을 하면 호감을 체험한다는 것이다. 호감은 또한 그 정보를 전달하는 사람의 인격이나 정신적 풍모, 외모 등에 매력을 느껴 정서적 흥분이 생길 경우에도 나타날 수 있다.

그런데 상대방이 전달하는 정보와 상대방의 인격을 분리해서 대하는 것은 인격 발전이 비교적 높은 수준에 있을 때—특히 자신에 대한 인식인 자기 의식이 일정하게 형성되었을 때—뚜렷이 나타난다. 반면에 나이가 어리거나 의식 수준이 낮을 때에는 정보의 내용과 정보의 전달자를 뚜렷이 구분하지 못해서 미분화적인 인식과 반응이 나타난다. 그래서 자기의 요구와 이해관계에 반하는 정보를 전달받으면 정보의 내용뿐만 아니라 그것을 전달하는 상대방까지 부정적으로 대하면서 반감, 적대감, 심지어는 혐오감까지 체험하게 되는 것이다.

개인 간 소통에서 호감은 친밀한 소통이 진행될 수 있도록 도와주며, 그 과정에서 호감이 더욱 강화되어 적극적인 호감인 사랑으로 전환되기도 한다. 또한 호감은 상대방을 미화분식하거나 과대평가하는 경향을 유발함으로써 서로가 상대방을 좋게만 보는 "내 눈에 콩깍지" 상태에 빠뜨릴 수도 있다. 이런 현상은 이성 간 소통에서 두드러지게 나타난다.

반감

개인 간 소통에서 반감은 상대방이 전달하는 정보가 자기의 요구와 이해관계에 맞지 않거나 정보 전달자와의 관계가 나쁠 때 체험한다. 반감은 호감과는 달리 소통 과정에서 상대방으로부터 연이어 부정적인 정보를 전달받거나(예: 묻지도 않았는데 만날 때마다 남들이 내 흉을 본 얘기를 한다), 상대방의 부정적인 태도(예: 나를 경멸하는 듯한 시선으로 쳐다본다), 상대방과의 관계가 좋지 않다는 것을 감촉(예: 상대방이 뭔가 나쁜 의도를 품고 접근하는 것 같은 느낌)할 때 발생한다.

반감은 상대방이 전달하는 정보나 상대방에 대한 부정적 태도에 기초하며, 상대방의 의사와 요구를 외면하고 그를 부정적으로 대하면서 반대하는 반응을 유발한다. 이런 경향은 나이가 어리고 사회생활 경험이 부족하거나 정신건강 수준이 낮은 경우에 더 심하다.

혐오감

개인 간 소통에서 혐오감은 상대방을 싫어하고 미워하게 만들어 관계를 파경으로 몰아갈 수 있다. 여기에서 말하는 혐오감은 일반적인 의미의 혐오감, 즉 특정한 사회적 집단에 대한 혐오감과는 다르다. 사회적 집단에 대한 혐오감은 주로 약한 집단(예: 이주민, 소수자, 여성)을 혐오하여 단지 그 집단에 포함되어 있다는 이유만으로 누군가를 혐오하는 감정이다. 반면에 특정한 개인에 대한 혐오감은 주로 상대방에 대한 도덕적 평가에서 비롯된다. 즉 상대방이 전달하는 정보의 내용이나 그의 인격이 자기의 요구와 이해관계에 저촉될 뿐만 아니라, 그것에 자신의 독특한 도덕규범(예: 상대방이 개고기를 맛있게 먹었다고 얘기하면 동물보호론자들은 반감을 넘어 혐오감을 느낄 수 있다), 시기와 질투 같은 개인적 감정(예: 상대방이 나를 깎아내린 것이 내 여친에게 흑심이 있어서라고 생각한다) 등이 결부됨으로써 발생한다.

사람은 혐오감을 체험할 때 그 어떤 지지와 협조도 하지 않으려고 한다. 이 때문에 혐오감은 개인 간 소통을 중단시키고 인간관계를 악화시키며 집단 차원에서는 단합에 부정적 영향을 미친다.

04   집단 심리
집단의 의견은 어떻게 형성되고 작용하는가

집단에는 집단 특유의 심리 현상이 발생한다. 집단 심리는 개인 심리의 단순한 합이 아닌 질적으로 다른 심리 현상이므로, 개인 심리로 환원하여 파악할 수 없다. 그렇다면 집단 심리란 무엇이며 어떻게 형성되고 작용하는 것일까? 먼저 중요한 집단 심리 현상

중 하나인 집단의 의견에 대해 살펴보기로 하자.

집단에는 집단적 범위에서 형성된 의견이 있다. 집단의 의견은 이런저런 사실들과 사회 현상에 대해 집단 구성원들이 공통적으로 가지는 견해다. 사람은 집단생활을 하는 과정에서 다양한 사실들과 사회 현상을 접하게 된다. 이때 집단의 개별 구성원들은 특정한 사회 현상에 대해 자기 견해를 가지게 되는데, 이런 견해는 각자의 수준에 맞게 형성된 것으로서 제한적이다. 이러한 개인의 견해는 집단 내의 소통과 교류를 통해 상호 교환되고, 이 과정에서 어느 한 개인의 의견에 귀착시킬 수 없는 공통적인 견해와 의견이 형성된다.

이렇게 전 집단적 범위에서 형성되는 의견을 집단의 의견이라고 한다. 경찰국을 신설한다는 정부 발표를 접하고 경찰 집단 구성원들이 개인의 견해를 활발하게 교환하여 경찰국 신설을 반대하는 집단적 의견과 논리를 형성하는 것을 예로 들 수 있다. 요즈음에는 비록 오프라인에서 집단생활을 같이 하지 않더라도 유사한 성향을 가진 개개인이 SNS 등을 통해 활발히 소통하고 교류하면서 빠른 속도로 집단의 의견을 형성하기도 한다. 한국 사회에서 흔히 사용되는 집단지성이라는 말은 집단의 의견을 형성·발전시키는 주체 혹은 과정을 일컫는다.

집단의 의견은 일반적으로 사물 현상에 대한 가치 판단의 형식을 띤다. 다시 말해 집단생활과 관련된 사물 현상이 어떤 가치를 가지는가에 대한 집단의 평가를 통해 집단적 의견이 형성된다는 것이다. 큰 폭의 임금 인상은 노동자 집단에 이익이므로 가치가 있는데, 그것에 기초해 노동자 집단(노동조합)의 의견이 형성되는 것을 예로 들 수 있다. 특정한 사회 현상에 대한 공감과 반감, 동정과 배척, 지지와 반박, 찬양과 규탄 등은 집단의 요구에 기초해 내린 가치 평가로서 집단적 의견의 구체적 형태들이다.

집단의 의견은 집단생활과 관련이 있는 대상에 대해서만 만들어진다. 즉 주위의 모든 것이 집단적 의견의 대상이 되는 것이 아니라, 그것이 가지는 가치로 인해 집단 구성원들에게 관심을 불러일으키는 것이 그 대상이 된다는 것이다. 그렇기 때문에 집단의 의견은 어떤 대상에 대한 단순한 판단이 아니라 그것에 대한 태도를 표현하게 된다. 집단의 구성원들은 집단의 의견에 대해 공감과 동정, 호감, 사랑과 애착 같은 정서를 체험하며, 그것에 따라 움직이려는 충동과 희망, 정열과 의욕, 결심 등을 가지게 된다. 그 결과 집단의 의견은 집단 구성원들 모두가 하나의 방향으로 움직여 나가도록 만든다.

집단의 의견은 집단의 발전 수준에 따라 달라진다. 발전된 집단일수록 집단 심리가 건전하며, 그 집단 심리의 발현인 집단의 의견도 높은 수준에서 형성된다.

집단이 단순한 결합 상태에 있을 때는 주로 사람들의 개인적 특징, 성격과 취미, 외모 등에 대한 의견이 개개인에게 정서적 평가의 형식으로 주어진다. 집단의 수준이 낮으면 집단 심리도 미숙하기 때문에, 집단의 존재와 발전에서 근본적 의의를 가지는 문제보다는 외적으로 뚜렷이 표현되는 개성적 특징이나 외형상 특징 등을 주요한 대상으로 삼아 의견이 형성된다. 이런 의견은 호감과 반감, 만족과 불만 같은 여러 가지 정서적 체험의 형식으로 형성된다. 같은 직장의 구성원들이 재수 없는 한 관리자의 외모와 말투, 행동방식 등에 대해 집단의 의견을 형성하는 것을 예로 들수 있다.

구성원들이 높은 수준에서 단결하는 좀 더 발전된 집단에서는 인간 생활에서 본질적 의의를 가지는 사회·정치생활, 도덕생활 등이 의견의 주요한 대상이 된다. 이런 집단에서는 개인들의 외적인 특징이나 개성적인 특징이 아니라 사회·정치, 도덕 등과 관련된 것들에 대한 의견이 일상생활을 통해 얻은 경험적 지식·상식에 기초한 평가로 주어진다. 예를 들면 노동조합을 통해 결합한 노동자 집단의 경우 대통령 선거나 물가 인상 같은 본질적인 문제에 대한 평가에 기초해 집단의 태도와 의견을 형성할수 있다.

가장 발전된 집단에서는 사회·정치, 도덕 같은 분야를 대상으로 하는 집단적 의견이 이론적 분석과 가치 평가의 형식으로주어진다. 특히 구성원들이 공동의 사상이나 이론, 목적에 기반하여 굳게 단결하는 집단에서는 과학적 분석에 기초하여 이론적으로 체계화된 심오한 의견이 형성된다. 이런 수준의 의견은 모든 구성원들이 자기 집단의 의견을 심각하게 받아들이고 집단이 요구하는 방향으로 움직이도록 만든다. 예를 들면 장기간의 노동조합 활동을 통해 꾸준히 학습을 하고 다양한 실천 속에서 단련된 조합원들이 목적의식적으로 굳게 단결한 집단에서는 "최근의 물가 인상은 자본주의의 모순에서 비롯된 필연적 현상이므로 임금 인상만으로는 해결할 수 없다"는 등의 과학적 분석에 기초하는 수준 높은 의견을 가지는 것이다.

집단의 의견은 집단생활에서 다음과 같은 중요한 작용을 한다.

첫째, 집단의 의견은 집단 내 사람들 간의 인간관계가 건전하게 맺어지도록 도움을 준다. 집단은 많은 사람으로 이루어진 결합체로서 그 안에서는 다양한 인간관계가 맺어진다. 집단이 공동생활을 성과적으로 진행하고 발전시켜나가려면 구성원들 간의 인간관계가 건전해야 한다. 그래야 집단의 단결과 통일을 이루며 집단이 튼튼해질 수 있고, 공동생활이 원만하게 이루어질 수 있다. 집단의 의견은 집단 전체의 공동의 요구를 대변하는 것이어서 사람들의 사고와 행동방식에 큰 작용을 한다. 그리하여 구성원 모두가 집단이 요구하는 쪽으로 나아가게 하고, 그 과정에서 건전한 인간관계가 맺어지게 된다.

둘째, 집단의 의견은 사람들을 교육하는 작용을 한다. 집단의 의견은 집단 구성원 모두가 동의하는 일정한 규범이나 원칙에 기초하여 대상에 대한 가치 평가를 한 것이다. 이 때문에 사람들은 집단의 의견에 귀를 기울이고 그것을 존중하며 그 요구에 맞게 행동하려고 한다. 즉 집단의 의견은 구성원들의 이성, 감정, 의지 등에 작용하여 그것을 정확하게 알고, 온몸으로 느끼며, 굳은 결심 속에서 생활하게 해준다는 것이다. 구성원들은 집단의 의견 형성에 기여하는 동시에 그것을 자기 것으로 소화하기 위해 자발적으로 학습하면서 집단에서 자기가 해야 할 역할을 더 명확하게 깨닫게 된다.

셋째, 집단의 의견은 사람들의 활동을 규제하는 작용을 한다. 사람은 누구나 집단의 한 구성원으로서 살아가고 활동하기를 바라며, 집단의 사랑과 인정을 받기를 바란다. 이런 요구는 개개인들이 집단의 의견에 자기 의견을 맞추고 집단이 바라는 방향에서 활동해나감으로써만 실현될 수 있다. 그러므로 구성원들은 항상 집단의 의견에 귀를 기울이고 그것에 부합하도록 자기 활동의 목표를 세우고 자기의 움직임을 맞추어나가게 된다.

한편 집단의 의견은 그 집단의 존재·발전 과정에서 어떤 역할을 수행하는가에 따라 두 가지로 구분할 수 있다. 긍정적이고 정확한 의견, 부정적이고 부정확한 의견이 그것이다.

먼저 긍정적이고 정확한 의견은 사물 현상에 대한 정확한 판단에 기초한 것으로서, 집단의 생활과 활동을 건전하게 만들어주는 의견이다. 정확한 의견이란 객관적 사실이나 주어진 현상을 있는 그대로 보고 객관적으로 평가를 내린 것이다. 그렇기 때문에 집단 구성원들이 그 대상이나 현상에 대해 정확한 인식과 태도를 가지게 해주고, 이를 바탕으로 건전하게 생활해나갈 수 있도록 해준다. 이런 의미에서 정확한 의견은 곧 긍정적 의견이라고 할 수 있다.

반면에 부정적이고 부정확한 의견은 현실에 대한 주관적 판단에 기초한 의견이다. 이런 의견은 현실에 대한 정확한 인식과 태도를 가질 수 없게 만들기 때문에 집단을 혼란에 빠뜨린다. 대표적인 것으로 선입견과 편견이 있다.

선입견은 확실한 과학적 근거 없이 일정한 대상에 대해 가지는 부정확한 의견이다. 주류 심리학에서 말하는 고정관념이 이 선입견과 유사하다. 주류 심리학은 고정관념을 "집단에 대한 일반화된 신념"으로 정의하면서, 그것이 "때로는 정확하기도 하지만 과잉 일반화되기 십상"[56]이라고 주장한다. 하지만 고정관념은 그 내용이 정확한가 부정확한가를 따지지 않으므로 선입견과는 다르다. 선입견은 분명한 논리적 근거나 도덕적 근거를 가지는 것이 아니라 막연하게 남들도 다 그렇게 생각하더라는 식의 상식적·관습적 판단에 기초하고 있다. 그렇기 때문에 선입견은 날카로운 논리적 비판을 받거나 충분한 이유와 근거를 통해 그것이 잘못된 것임을 깨닫게 되면 변할 수 있다. 과거에 아무런 과학적 근거도 없이 특정 지역 사람들이 성격이 나쁘다는 식으로 떠들어 댔던 것을 예로 들 수 있다. 이런 황당한 선입견은 지역감정을 조장했던 군부세력이 퇴진하고 그것이 아무런 과학적 타당성도 없는 주관적인 견해라는 것이 밝혀지면서 사라졌다.

편견은 일정한 근거에 의해 그 부당성이 논박되어도 좀처럼 변하지 않는 매우 완고한 부정적 의견이다. 주류 심리학에서는 편견을 "집단과 그 구성원들에 대한 부당한(그리고 일반적으로 부정적인) 태도"로 정의하면서, 일반적으로 편견에는 고정관념과 부정적 감정 그리고 차별적 행위의 성향이 수반된다고 주장한다.[57] 편견은 대상에 대한 부정확한 견해일 뿐만 아니라 매우 완고하다는 점에서 가장 부정적인 의견이라고 말할 수 있다. 편견은 선입견과는 달리 너무나 완고하여 좀처럼 변하지 않는데, 인종적 편견이나 종교적 편견 등이 대표적이다.

집단이 잘 발전하려면 무엇보다도 긍정적이고 정확한 의견이 형성되어야 한다. 이를 위해서는 다음과 같은 목적의식적이고 적극적인 노력이 필요하다.

첫째, 집단 구성원들 사이에 건전하면서도 적극적인 소통과 교류가 가능하도록 만들어야 한다. 집단의 의견은 사람들 사이의 접촉과 소통, 교류를 통해 형성되며, 이것이 활발할수록 집단의 의견이 더 빨리, 더 정확하게 형성된다. 따라서 구성원들 사이의 다양한 접촉과 교류를 통해 충분한 의사소통이 이루어지게 함으로써 집단 내에 건전한 의견이 형성되도록 적극 조장해야 한다. 이를 위해 각종 회의, 토론, 의견 교환, 논쟁 등을 활발하게 조직할 필요가 있다. 더 나아가 출판물, 방송, 인터넷 게시판, SNS 등 여러 수단을 활용한 소통은 개개인들 간의 소통과는 비할 수 없이 빠른 속도로 집단의 의견이 형성되게 해준다. 예를 들면 전체 집단 구성원이 참여하는 인터넷 게시판이나 SNS에 사람들이 다양한 의견을 올리고 활발한 토론을 벌이면 빠른 속도로 집단의 의견을 형성할 수 있다.

둘째, 집단의 핵심이 솔선수범하면서 모범을 보여야 한다. 집단의 핵심이란 이론적 측면에서나 능력의 측면에서나 남들보다 앞서 있는 사람들로서 집단생활에서 선구자 혹은 간부의 역할을 수행한다. 인터넷이나 SNS 세계의 파워 인플루언서 등도 그한 예가 될 수 있다. 집단의 핵심은 집단 내에서 차지하는 위치로 인해 집단의 의견 형성에서 중요한 역할을 한다. 그래서 비록 개인의 의견일지라도 집단의 다른 구성원들에게 빠르게 전파된다 (예: "이거 아무개가 쓴 글이래. 빨리들 읽어보셈"). 그리고 그의 의견에 집단 구성원들의 의견이 보충되면서 전 집단적인 의견이 형성된다. 따라서 집단의 핵심들은 항상 생활에서 솔선수범하면서 모범을 보여야 할 뿐만 아니라 건전한 의견을 가질 수 있도록 열심히 공부하고 수양해야 한다.

집단의 분위기

집단 분위기의 형성, 작용, 종류

집단의 분위기는 집단적 요구의 실현 정도와 집단 활동의 성과, 집단 구성원들 사이의 인간관계, 집단생활의 조건 등을 기분·정서의 형태로 반영하는 집단 심리 현상이다.

집단의 분위기는 우선 집단적 요구가 실제로 어느 정도로 실현되고 있는가, 집단 활동이 얼마나 성과적으로 진행되고 있는가를 반영한다. 집단의 요구와 이익이 원만하게 실현되면 그 집단에는 생기발랄하고 명랑한 분위기가 조성되고, 이런 분위기는 집단의 활동과 발전에 긍정적으로 작용한다. 그러나 집단 활동이 제대로 이루어지지 못하고 집단의 요구가 원만히 실현되지 못하면, 저조하고 무기력하며 의기소침한 분위기가 자리 잡게 된다. 예를 들면 어떤 야구팀의 시즌 성적이 우수하면 팀의 사기가 충천하고 긍정적인 분위기가 충만해지지만, 그렇지 않을 때는 분위기가 가라앉고 선수들 간의 불화도 심해진다.

집단의 분위기는 또한 구성원들 사이의 인간관계를 반영한다. 구성원들이 높은 수준에서 단결되어 있고 그들 사이에 건전한 인간관계가 맺어져 있을 때, 그 집단에는 건전하고 긍정적인 분위기, 즉 서로 존중하고 신뢰하며 아껴주고 도와주는 분위기가 조성된다. 특히 집단의 핵심들과 개별 구성원들 간의 관계가 중요하다. 둘 사이의 뜻이 서로 통하고 단합되어 있다면 건전한 분위기가 조성될 수 있다. 그러나 그들 사이의 관계가 좋지 않으면 구성원들은 자기 집단에 애착을 가지지 못하고, 집단의 일에 관심을 갖지 않게 된다. 그리고 이것이 집단의 분위기에 반영되어 불건전한 분위기가 조성된다. 예를 들어 감독과 고참 선수들 그리고 나머지 선수들 사이의 관계가 좋은 야구팀과 그렇지 않은 팀의 분위기는 크게 다르다.

마지막으로 집단의 분위기는 집단생활의 조건을 반영한다. 집단은 일정한 조건 속에서 생활한다. 유리한 생활 조건에서 활동할 때 전반적 생활과 활동이 더 성과적으로 진행되고, 집단의 요구를 더 잘 실현할 수 있다. 예를 들어 시합이 끝난 뒤 전용 버스로 편안하게 이동하는 야구팀과, 선수들이 각자 알아서 이동해야 하는 팀의 분위기는 크게 다를 것이다.

집단의 분위기는 집단생활에서 중요한 작용을 한다.

우선 집단의 단결에 영향을 준다. 집단의 단결은 구성원들이 서로 마음과 뜻이 통할 때 실현된다. 긍정적이고 건전한 분위기는 집단 구성원들이 서로를 존중하고 신뢰하며, 아껴주고 도와주게 한다. 그리고 이 과정에서 충분한 의사소통을 하고 서로를 이해하게 해줌으로써 집단의 전반적 이익에 대한 공동의 관심에 기초해 하나로 융합될 수 있게 해준다. 한마디로 집단의 분위기가 좋아야 '우리'로 똘똘 뭉칠 수 있다는 것이다.

집단의 분위기는 또한 집단의 생활 기풍에 영향을 준다. 집단의 분위기에 기초하는 활동 과정에서 집단 안에는 공통적인 사고와 행동방식이 형성되며, 그 결과 집단 고유의 생활 기풍이 만들어진다. 예를 들어 집단 안에 낙천적이고 적극적인 분위기가 조성되면 구성원들의 생활과 활동이 명랑하고 활달하게 진행되며, 그것이 집단의 생활 기풍으로 자리 잡게 된다.

집단의 분위기는 사회생활의 각 영역별로 정치·도덕생활 분위기, 경제생활 분위기, 문화생활 분위기 등으로 구분해 살펴볼 수 있다.

먼저 사람들의 정치·도덕생활과 관련된 분위기가 있다. 정치·도덕생활은 인간다운 생활을 위한 중요한 영역으로, 사람이 인간으로서의 가치를 가지는가 못 가지는가를 결정하는 기준이 된다. 예를 들면 정치에 얼마나 주인답게 참여하고, 어떤 정당을 지지하며, 어떤 정치 활동을 하는가, 또 얼마나 도덕규범을 잘 지키면서 착하게 생활하는가 아닌가가 인간으로서의 가치를 좌우한다는 것이다. 이러한 정치·도덕생활 과정에서 해당 집단에는 집단 고유의 분위기가 조성되고, 이 분위기는 집단 구성원 전체에게 작용하여 그들의 정치·도덕생활이 그 분위기에 따라 진행되도록 만든다.

정치·도덕생활의 분위기는 주로 그 사회의 정치제도의 성격에 크게 의존한다. 예를 들면 한국처럼 정치제도가 민중의 정치·도덕생활을 충분히 보장해줄 수 없으면 우울하거나 분노로 들 끓는 분위기가 조성될 수 있다. 또한 정치·도덕생활 분위기는 사회의 화목함이 어떤 수준인가와도 관련이 있다. 한국처럼 상호 적대하는 여러 집단이 심하게 반목하고 갈등한다면 불안하고 적대적인 분위기가 조성될 수 있다.

다음으로 사람들의 경제생활과 관련된 분위기가 있다. 여기에는 노동생활 분위기, 소비생활 분위기 등이 포함된다.

경제생활 분위기는 기본적으로 해당 사회의 경제제도가 어떤가에 의존한다. 한국처럼 극소수 부자와 재벌에게만 유리한 경제제도가 있는 사회에서는 그 분위기가 건전할 수 없다. 경제생활 분위기는 또한 해당 사회의 생산성과도 관련이 있다. 예를 들면 경제가 활황이어서 생산 활동이 성과적으로 진행되면 적극적이고 앙양된 분위기가 조성된다. 1970~80년대의 한국은 폭압적인 군사독재가 지배했지만 경제적으로는 고도성장을 했다. 이 때문에 당시의 정치생활 분위기는 기본적으로 우울했지만—그 당시에 유행했던 가요 몇 곡만 들어봐도 쉽게 느낄 수 있다—경제생활과 관련해서는 '하면 된다!'는 낙관적인 분위기가 존재했다. 반면에 오늘날 한국의 경제생활 분위기에서 특징적인 것은 불안이다. 한국은 지독하게 가난한 시절에서 경제적 고도성장의 시기를 거쳐 다시 저성장 시대로 진입했다. 이 과정에서 한국 사회는 셀수 없을 정도로 많은 경기변동을 겪었고 숱한 사람이 직장을 잃거나 파산했다. 한국인들은 경제생활 과정에서 경기변동을 예측할 수 없었으며, 설사 예측할 수 있었다 하더라도 별 뾰족한 대책이 없었다. 게다가 국가는 경기변동으로 직장을 잃거나 파산한 사람들에게 안전망을 제공하지도, 살길을 열어주지도 않았다. "죽든지 말든지 네 문제는 네가 알아서 해결하라"는 식으로 국민을 방치해온 것이다. 이 때문에 한국인들은 경제생활에서 불안을 떨치지 못하며, 바로 그 불안 때문에 강박적으로 일을 한다. 이것이 한국인들의 경제생활 분위기를 지배한다.

마지막으로 사람들의 문화생활과 관련된 분위기가 있다. 문화생활 역시 인간 생활의 중요한 영역이다. 사람들은 문화생활을 통해 정신적 발전을 이룩하고 문화정서적 요구를 충족시킨다. 이러한 과정에서 형성되는 문화생활 분위기는 사회적 이상, 사람들의 요구, 문화생활 조건 등의 영향을 받는다. 즉 고상한 사회적 이상과 요구를 가지고 있고 이를 충족할 수 있는 조건이 충분히 갖추어져 있어야 건전한 문화생활 분위기가 형성될 수 있다는 것이다. 안타깝게도 오늘날 한국 사회는 건전한 사회적 이상을 공유하지 못하고 있으며 문화생활 조건도 크게 부족하기 때문에, 문화생활 분위기 역시 건전하기보다는 소비지향적이고 쾌락지향적이다.

한편 집단의 분위기는 또한 그것이 사회생활에서 수행하는 역할과 수준에 따라 긍정적·협조적 분위기, 부정적·갈등적 분위기, 중립적 분위기로 구분할 수 있다.

긍정적·협조적 분위기는 집단 구성원들 사이의 단결과 화목, 상호 이해와 협조 관계가 지배하는 분위기다. 이런 분위기에서는 집단의 모든 구성원이 자기 집단에 대해 만족과 긍지를 가진다. 비록 일시적이었지만 광주민중항쟁이나 촛불항쟁에 참여한 사람들로 형성된 집단의 분위기를 예로 들 수 있다.

긍정적·협조적 분위기에서 사람들은 집단의 존엄과 명예에 관심을 가지며, 구성원들 사이에 밀접한 소통과 교류가 진행된다. 또한 단순히 상대방에게 호감을 가지는 것에 그치지 않고 서로를 위해 헌신하도록 해준다. 그 결과 구성원들 사이의 이해와 협조가 한층 증대되며, 활동에서도 커다란 성과를 달성할 수 있게 된다.

부정적·갈등적 분위기는 집단 구성원들 사이에 시비와 뒷담화, 불신과 시기가 많은 분위기다. 이런 분위기가 조성되면 사람들은 자기 집단에 대해 불만을 표시하며, 기회를 봐서 다른 집단으로 옮겨 가려는 생각을 하게 된다. 또한 서로 다투면서 오랜 시간 함께 일하기 힘들어한다. 그 결과 구성원들 사이의 이해와 협력이 약화되고, 활동에서도 성과를 내기 힘들어진다.

부정적·갈등적 분위기는 집단 활동의 실패(예: 정당의 선거 패배), 집단의 핵심들과 집단 구성원들 사이의 상호관계의 문제점(예: 예전 민주당의 이른바 '수박' 논란과 당원들 사이의 갈등) 등에 의해 조성된다. 특히 집단의 핵심들의 잘못된 생각과 태도, 기분과 정서 등은 커다란 전파력을 가지고 다른 사람들에게 전염됨으로써 집단 전체에 부정적인 분위기를 조성할 수 있다.

중립적 분위기는 집단 구성원들이 자기 집단과 그 구성원들에 대해 특별한 애착이나 호감 없이 공적이고 실무적인 태도를 가지는 분위기다. 이런 분위기에서는 외면상 충돌은 없지만, 그렇다고 해서 그것이 구성원들 사이의 이해와 협조를 의미하지는 않는다.

중립적 분위기는 대개 집단 구성원들이 자기 자신에 대해서만 관심을 가지며, 구성원들 사이에 개인이기주의적인 이익을 위한 동맹 관계가 맺어질 때 조성된다. 그 결과 집단의 단결력이나 활동력을 높일 수 없게 만든다. 중립적 분위기에서 구성원들은 집단의 생활 조건이 유리하고 집단 활동이 원만하게 진행될 때(예: 회사가 크게 수익을 올려서 월급을 올려주고 보너스를 지급한다)에는 별다른 마찰 없이 공동으로 움직이지만, 활동 조건이 어려워지거나 일이 잘 안될 때(예: 회사가 어려워져서 직원들을 조여대고 정리해고에 대한 소문이 돈다)에는 서로 충돌하면서 제멋대로 움직이게 된다.

06 집단 응집과 권위
집단은 개인보다 힘이 세다

집단의 단합(응집)은 구성원들이 서로 이해하고 지지·성원하며 협조하는 것으로 나타나는 집단 심리 현상이다. 집단은 여러 구성원을 망라하고 있다. 이 구성원들이 서로 단합할 때 집단은 자기 존재를 유지할 수 있으며, 집단 활동을 성과적으로 벌여나갈 수 있다. 만약 구성원들이 서로를 오해하고 비난하며 제각각 움직인다면 그것은 집단이라고 말할 수 없으며, 집단으로서의 역할도 수행할 수 없다. 모든 구성원이 하나로 뭉쳐야만 집단의 위력이 강화되고 성과적으로 활동해나갈 수 있다. 이러한 집단의 단합 정도는 그 집단의 면모와 심리적 특징을 잘 파악할 수 있게 해준다.

집단의 단합은 우선 구성원들이 상호 이해하는 것으로 나타난다. 이는 집단 단합의 중요 징표이며, 집단생활의 성과를 담보한다. 집단 구성원들이 얼마나 서로를 이해하는가는 일정한 대상에 대한 가치 평가나 판단의 일치 정도를 통해 표현된다. 즉 특정한 대상에 대해 집단 구성원들이 내리는 가치 평가가 같다면 구성원들이 상호 이해하고 단합되어 있다고 볼 수 있다. 그렇다고 해서 이것이 모든 사물 현상에 대한 집단 구성원들의 동일한 가치 평가를 의미하는 것은 아니다. 집단의 존재와 발전에 근본적 의의를 가지는 대상에 대한 가치 평가가 일치하는지가 중요하다. 예를 들면 한국의 나토 가입, 한국군과 일본 자위대의 합동 군사훈련 등은 한국인 전체의 존재와 발전에 근본적 의의를 가지는 대상인데, 이에 대한 한국인들의 가치 평가가 일치하면 집단(한국사회)이 단합되어 있다고 말할 수 있다.

집단의 단합은 또한 집단의 공동생활에서 상호 지지와 협조로 나타난다. 집단의 단합은 집단 구성원들이 단지 서로에 대해 감정적 매력이나 호감을 가지는 것에 그치지 않고 서로 협조해나가는 확고한 관점과 태도를 표현한다. 따라서 단합된 집단에서는 구성원들의 사회정치적, 윤리도덕적 견해와 관점이 일치할 뿐만 아니라 공동생활 과정에서 구성원들이 서로를 돕고 이끌어준다.

집단 심리 현상으로서의 집단의 단합은 다음과 같은 세 가지 측면(구성요소)을 가지고 있다.

첫째, 인식적 측면이다. 이는 집단 구성원들이 특정한 대상에 대해 공통적인 평가나 판단을 내리는 것이다. 즉 구성원들이 집단의 요구와 이익의 견지에서 사물 현상에 대해 공통적인 요구와 이해를 가지는 것을 말한다. 예를 들면 민주노총 조합원들이 정부의 민영화 정책을 한목소리로 반대하는 것이다.

둘째, 정서적 측면이다. 이는 집단생활 과정에서 여러 현상에 대해 공통적인 정서적 체험을 하는 것이다. 집단의 구성원들은 어떤 대상을 접했을 때 모두가 함께 기뻐하고 만족해하거나, 혹은 증오하고 분노하게 된다. 한국인들이 월드컵 국가대표팀의 경기를 응원하면서 울고 웃는 장면을 떠올려보라. 이런 공통적인 정서적 체험은 집단의 단합의 중요한 한 측면이며, 동시에 집단의 단합 정도를 보여주는 것이다.

셋째, 의지적 측면이다. 이는 구성원들이 집단의 요구에 맞게 일사불란한 행동을 하는 것이다. 민주노총이 총파업을 결정하면 전체 조합원들이 일사불란하게 파업에 돌입하는 것을 예로 들수 있다. 집단 단합의 의지적 측면은 집단 활동의 통일성과 일치성을 보장할 수 있게 해준다.

위와 같은 집단 단합의 세 가지 측면은 서로가 밀접히 연관되어 있다. 이 세 측면이 긴밀하게 통일되어 있어야만 집단의 강력한 단합이 가능해지며 집단 활동의 성과가 보장될 수 있다.

한편 집단은 집단 특유의 권위를 가지고 있다. 집단의 권위는 구성원들이 집단의 요구를 받아들여 그것에 따라 사고하고 행동하는 것으로 나타나는 집단 심리 현상이다. 집단은 사람들의 유기적 결합체로서 개개인의 힘과 지혜를 집대성하고 있다. 그렇기 때문에 집단은 언제나 개인보다 총명하고 위력이 크다. "집단지성의 힘을 믿는다"라는 말의 진정한 의미도 바로 이것이다.

집단의 권위는 집단생활에서 흔하게 나타난다. 이를 잘 보여주는 고전적인 동조conformity 실험이 있다. 실험 참가자들에게 두 장의 카드를 보여준다. 왼쪽 카드에는 하나의 선이 있고, 오른쪽 카드에는 세 개의 선이 있다. 오른쪽 카드에 있는 세 선 중에서 하나는 왼쪽 카드의 선과 똑같았고, 다른 하나는 더 길었으며, 또 다른 하나는 좀 짧았다. 참가자들에게 오른쪽 카드의 세 선 중 어느 것이 왼쪽 카드의 선과 똑같은지 물어보았다. 이 과제를 참가자들이 개별적으로 수행했을 때는 모두가 정확하게 답했다. 그러나 여러 명의 실험 협조자들이 의도적으로 계속 잘못된 답변(예: 앞의 여섯 명이 모두 틀린 답을 한다)을 하고 나서 참가자에게 질문을 하면, 개별적으로는 정확한 답을 했던 참가자들 중 상당수가 틀린 답(앞의 협조자들이 했던 오답)을 했다. 이것은 참가자들이 자기의 원래 요구와 의견을 변경했다는 것을 보여준다. 이런 변경은 집단의 권위(위력)에 의해 발생한 것이다.

집단의 권위는 집단 내에서 동조와 동감이 일어나도록 한다.

먼저 동조는 집단 구성원들이 자기 개인의 의견을 버리고 집단의 의견을 받아들여 그것에 맞게 행동하는 것을 말한다. 주류 심리학에서는 동조를 "자신의 행동이나 사고를 집단의 기준과 일치하도록 조정하는 것"[58]으로 정의한다. 동조에는 외적 동조와 내적 동조가 있다. 외적 동조는 구성원이 집단의 의견을 겉으로만 받아들이고 실제로는 그것에 맞서면서 반항하는 것이다. 내적 동조는 구성원이 자기 개인의 의견을 버리고 집단의 의견을 실제로 받아들이고 그것의 요구에 따라 사고하고 행동하는 것이다. 엄밀한 의미에서는 내적 동조만을 동조로 간주한다. 내적 동조는 집단의 통제력을 강화하는 반면, 외적 동조는 집단의 통제를 약화시킨다. 내적 동조가 이루어진 집단에서는 사람들이 모두 진심으로 집단의 요구에 부응해 적극적으로 움직이지만, 외적 동조의 경우에는 사람들이 마지못해 적당히 움직이며 자기의 능력을 다 발휘하지 않는다. 따라서 집단의 통제력과 단합 수준이 높아지려면 외적 동조가 아니라 내적 동조가 실현되어야 한다.

동조의 특수한 형태로서 정신건강과 관련이 있는 거절증이 있다. 반사회성의 일종인 거절증은 청개구리처럼 집단의 정당한 의견에 계속 반발하고 반항하면서 자기 의견만 고집하는 것을 말한다. 통속적으로 말해 반골 기질이라고 할 수 있다. 이것은 겉보기에는 자립성이 강한 듯한 인상을 주지만 사실은 그 반대다. 거절증은 집단의 합리적인 의견까지도 덮어놓고 반대하고 부정하는 비합리적이며 쓸데없는 고집이자 아집이다. 그런데 사실 누군가가 집단의 의견을 계속 부정하며 반대한다는 것은 결국 그가 집단의 권위를 인식하고 있다는 의미다. 거절증은 집단은 무조건 나쁘고 개인은 무조건 좋다고 간주하는 개인주의적 성향이 강한 사람, 집단의 의견을 받아들이는 것을 승부에서 패배하는 것으로 간주하는 승벽이 과한 사람, 집단의 의견을 받아들이는 것을 마치 자아가 붕괴되는 것처럼 느끼는 정신이 허약한 사람 등에게서 전형적으로 나타난다.

동감은 대상에 대한 이해에 기초해 상대방의 입장에 서서 그 사람과 같은 심정을 체험하는 것이다. 자타의 구별을 뚜렷이 자각한 기초 위에서, 다른 사람의 심리 과정을 이해하고 그와 동일한 심리적 체험을 하는 것이다. 다른 사람의 고통이나 불행에 동조하면서 같이 우는 것, 슬퍼하는 것 등을 예로 들 수 있다. 동감은 사람들을 감정·정서적으로 결합시켜주는 기능을 수행한다.

집단의 권위는 집단의 생활과 활동에서 중요한 의의를 가진다. 집단을 이루고 있는 개인들에게는 다 자기 요구가 있다. 따라서 집단의 공동생활과 활동이 원만히 진행되려면 개개인의 요구를 집단 공동의 요구에 일치시켜야 한다. 즉 개별 구성원들이 집단 공동의 요구를 자기의 것으로 받아들이고 그것에 따라 움직여야만 집단의 공동활동이 성과적으로 진행될 수 있으며, 나아가 개인들의 요구도 원만히 실현될 수 있다. 예를 들면 협동조합원들이 개별적인 요구를 일단 접어두고 전체 조합의 요구를 받아들이고 그것을 실현하기 위해 활동해야만 협동조합이 성과를 낼 수 있고, 그 결과 개별 조합원들도 이익을 볼 수 있다. 즉 집단의 권위는 개별 구성원들이 집단의 결정과 요구, 평가에 동조하고 따르게 함으로써, 집단 구성원 모두의 힘과 지혜를 합쳐 공동의 목적을 실현하기 위한 활동을 성과적으로 해나갈 수 있게 해준다. 집단의 권위는 집단의 위력과 비례한다. 모든 집단에서 다 똑같은 수준의 권위가 형성되는 것은 아니다. 더 발전된 집단, 더 위력적인 집단일수록 집단의 권위가 강화되어 모든 구성원이 집단의 요구에 절대적으로 동조하고 복종하게 된다.

그러나 개인이기주의적인 자본주의 사회를 대변하는 주류 심리학은 기본적으로 집단을 나쁜 것으로, 개인을 좋은 것으로 본다. 즉 집단은 악이고 개인은 선이라는 것이다. 이를 대표하는 것이 집단 극화group polarization 혹은 집단사고groupthink에 관한 이론이다. 이 이론의 요지는 집단사고가 개인의 사고보다 더 극단적이라서 나쁘다는 것이다. 한마디로 개인지성보다 집단지성이 못하다는 것인데, 이 이론의 문제점에 대해서는 필자의 저서 《그들은 왜 극단적일까》에서 자세히 다루었으므로 참고하기 바란다.

비슷한 맥락에서 주류 심리학은 동조나 복종을 매우 나쁜 것으로 치부한다. 집단은 나쁜 것이니 그것에 저항하지 못하고 동조하거나 복종하는 것은 당연히 나쁘지 않냐는 것이다. 이런 맥락에서 복종 실험으로 유명한 심리학자 스탠리 밀그램Stanley Milgram은 사람들의 복종 성향을 히틀러의 인종청소를 가능하게 해준 주요한 원인으로 지목하기도 했다. 물론 주류 심리학도 동조나 복종이 어느 정도는 긍정적일 수 있다고 인정하기는 하지만, 기본적으로는 인간의 나약함에 대한 증거, 사회병리 현상의 주요한 원인 중 하나로 이해한다.

그러나 동조나 복종 그 자체는 좋다거나 나쁘다고 말할 수 없다. 문제는 사회나 집단이 건전한가, 아니면 병들어 있는가에 달려 있다. 많은 개인들이 과거의 촛불항쟁에서 항쟁 집단에게 동조했고 항쟁 지도부의 요구(예: "몇 날 몇 시에 광화문으로 촛불을 가지고 나와라")에 복종했다. 그들은 집단의 압력에 굴복한 나약한 인간이고, 촛불항쟁에 참여한 개인들은 나쁜 짓을 한 것인가? 굳이 대답할 필요가 없을 것이다.

자본주의 사회는 개인의 이익과 집단의 이익이 일치하지 않거나 대립하는 사회다. 예를 들면 노동자와 자본가의 이익은 적대적인 대립 관계에 있고, 한 직원의 이익이 전체 회사의 이익과 일치하지 않는 경우가 허다하다. 이 때문에 자본주의 사회에서 살아가는 사람들은 집단—자본주의 사회에서 집단(예: 회사)은 사실 말로만 집단일 뿐 실제로는 자본가 개인의 소유물에 불과하다. 즉 집단이 아니다—이 자기의 이익을 빼앗을까 봐 노심초사하며, 집단의 침탈로부터 자기를 지키는 것에 매우 민감하고 필사적이다. 또한 자본주의 사회에서 집단의 권위란 대체로 자본주의 사회를 지배하는 독점자본가 혹은 독점자본가를 대변하는 권력자의 권위를 의미한다. 따라서 개인이 집단의 권위, 즉 독점자본가들에게 복종하는 것은 개인에게 손해일 뿐만 아니라 히틀러의 사례처럼 반사회적인 결과를 초래하는 경우가 많다.

그러나 사회와 집단이 건전할 때는 동조나 복종은 중요한 순기능을 한다. 예를 들면 노동조합이나 협동조합, 진보정당, 각종 사회운동 조직 등에서 동조나 복종이 발생하지 않으면 그런 조직들은 제구실을 할 수 없기에 역사가 진보할 수 없다. 이런 점에서 주류 심리학이 동조나 복종 등을 한사코 나쁜 것으로 매도

하는 것은 자본주의 사회가 병든 사회임을 자인하는 것이고, 민중이 집단으로 뭉쳐 개혁을 추진하는 것을 방해하려는 불순한 의도에서 비롯된 주장이라고 평할 수 있다.

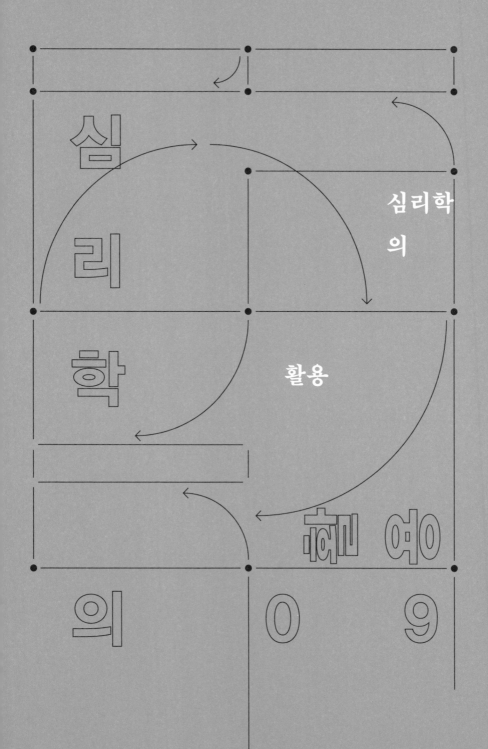

심리 체험 - 나와 타인의 심리를 체험한다는 것 - 심리 이해와 평가 - 관찰법, 대화법, 자료 분석법 - 심리 통제 - 이성으로 감정을 통제하기 - 심리적 도움 주기 - 타인을 돕는 심리학 활용법

과거의 심리학 개론서들과 최근의 개론서들을 비교해보면 정신건강과 관련된 내용이 대폭 늘어났음을 확인할 수 있다. 최근의 심리학 개론서들은 곳곳에서 정신건강에 대해 언급할 뿐만 아니라 그 비중도 대폭 늘어났다. 유명한《마이어스의 심리학 개론》은 두 챕터를 할애해 〈스트레스와 건강〉, 〈심리장애와 치료〉를 다루고 있고, 샥터 등이 집필한 심리학 개론서는 세 챕터를 통해 〈정신장애〉, 〈정신장애의 치료〉, 〈스트레스와 건강〉을 소개하고 있다. 한국의 심리학자들이 공저한 심리학 개론서 역시 정신건강과 관련된 〈임상 및 이상심리학〉, 〈상담 및 심리치료〉, 〈건강심리학〉이라는 세 챕터를 포함하고 있다.

심리학에서 정신건강 분야가 점점 더 중요해지고 있는 것은 자본주의 사회에서 살아가고 있는 사람들의 정신건강이 나날이 빠른 속도로 악화되고 있어서다. 현대인의 정신건강 악화의 기본적인 원인은 자본주의 모순으로 인한 불평등 심화, 특히 치열한 경쟁과 그로 인한 불평등과 불화 등으로 인간관계가 극단적으로 악화된 것에 있다. 따라서 현대인의 정신건강 문제를 근본적으로 해결하려면 무엇보다 사람들에게 잔인한 오징어 게임—승자 독식의 개인 간 경쟁—을 강요하는 반인간적 사회제도를 개혁해야 한다.

그러나 친자본적인 주류 심리학은 사람들을 병들게 만드는 사회의 개혁, 특히 자본주의 제도의 개혁 문제는 한사코 회피한다. 그 대신 병든 사회가 양산하는 상처 입은 사람들을 개별적으로 치료하는 것에만 집중한다. 그러나 이런 사후 약방문식, 땜빵식 접근이 정신건강 문제 해결에 거의 효과가 없다는 것은 심리치료·심리상담 분야의 종주국이라 할 수 있는 미국 사회만 봐도 잘 알 수 있다. 미국은 실제로 가장 긴 시간 동안 가장 많은 대중을 상대로 활발하게 심리치료를 해왔다. 미국은 그야말로 심리치료 분야에서 세계를 선도하고 있으며, 한국을 비롯한 여러 나라들은 심리치료의 이론과 방법을 미국에서 수입하고 있는 실정이다. 그렇다면 미국은 과연 자국민의 정신건강 문제를 해결했는가? 하루가 멀다 하고 벌어지는 총기 살해 사건이나 심각한 마약 중독 현황 등이 말해주듯이 미국인들의 정신건강은 과거에 비해서 훨씬 더 나빠졌고 지금도 계속해서 빠른 속도로 악화되고 있다. 이것은 개개인에 대한 심리치료는 미봉책에 불과하기에 이런 치료만으로는 인류의 정신건강 문제를 절대로 해결하지 못한다는 것을 보여준다. 물론 그렇다고 해서 심리치료가 아예 필요 없다는 말은 아니다.

여기에서는 주류 심리학 개론서들과는 달리 이상심리나 정신장애 그리고 심리치료에 대해서는 다루지 않을 것이다(이 주제에 관심이 있는 독자들은 해당 분야의 심리학 저서들을 참고하기 바란다). 그 대신 일반인들에게 실제적인 도움을 줄 수 있는 심리학 이론의 활용에 대해서만 간략히 다루기로 한다. 현실에서의 심리학 활용은 정신건강 문제 해결과 밀접한 관련이 있기 때문에 독자들은 이를 통해 정신건강 문제에 대해서도 상당한 시사점을 얻을 수 있을 것이다.

01 심리 체험
나와 타인의 심리를 체험한다는 것

심리학의 활용에 대해 논하기 전에 우선 심리 체험에 대해 살펴볼 필요가 있다. 심리학을 활용하려면 무엇보다 심리 체험이 무엇인지를 알아야 하기 때문이다. 자신의 심리를 체험하지 못한다는 것은 자기의 심리를 알지 못한다는 뜻이고, 타인의 심리를 체험하지 못한다는 것은 타인의 심리를 모른다는 말과 통한다. 심리 체험은 사람이 인식 활동과 실천 활동을 하면서 갖게 되는 심리적 느낌과 그 발현 과정을 말한다.

심리 체험은 그 체험 방식에 따라 직접적 체험과 간접적 체험으로 구분할 수 있다. 직접적 체험은 자신이 어떤 사건을 직접 목격하거나 일정한 활동을 하면서 느끼는 체험이다. 교통사고로 장애가 생긴 사람이 힘겨운 재활 훈련을 하면서 고난과 시련을 이겨내는 과정에서의 심리적 체험을 예로 들 수 있다. 간접적 체험은 어떤 사건이나 활동을 직접 목격하거나 체험하지 않고 다른 사람의 이야기를 통해 그것에 대해 표상도 하고 일정한 태도를 가질 때의 체험이다. 독립기념관을 방문하여 일본 제국주의자들의 만행을 증언하는 생생한 자료들을 접하면서 그 악랄함을 피부로 느끼고 감정적으로 분노하는 것을 예로 들 수 있다. 심리 체험에서 기본은 직접적인 체험이지만, 직접적 체험만으로는 수많은 사물 현상을 다 체험할 수 없으며 그 수준을 높일 수도 없다. 사람은 직접적 체험만이 아니라 풍부한 간접적 체험을 해야만 여러 사물 현상들을 심오하고 정확하게 체험할 수 있다.

심리 체험은 다음과 같은 일련의 특징을 가진다.

첫째, 일정한 강도(세기)를 가지고 진행된다. 사람들이 어떤 사물 현상을 대할 때 심리 체험의 강도가 모두가 똑같을 수는 없다. 동일한 현상에 대해서 어떤 사람은 흥분된 감정 상태를 체험하지만 다른 사람은 그러지 않을 수 있다는 것이다. 심리 체험의 강도는 체험하는 심리의 내용을 더 풍부하게 해주며 체험의 깊이를 보장한다. 그 강도는 흔히 정신적 흥분 상태와 긴장 수준 등에서 드러난다. 또 기본적으로 체험 당사자의 요구에 의해 좌우된다. 요구가 절실할수록 심리 체험의 강도가 커진다. 돈을 빨리, 많이 벌고 싶다는 요구가 절실한 사람일수록 주식 시세나 경기변동에 더 민감하고 강하게 반응하는 것을 예로 들 수 있다.

둘째, 심리 체험은 경험과 심리 과정들의 작용에 의해 진행된다. 심리 체험은 고립적인 심리 과정이나 심리 상태로 이루어지는 게 아니라 이미 체험한 경험과 여러 심리 과정의 영향 아래 진행된다. 예를 들면 영화의 한 장면을 볼 때도 그것에 대한 자신의 견해와 그것과 유사한 사건과의 비교, 대비와 판단, 과거에 자기가 겪었던 경험의 재생 등 여러 가지 심리 과정의 작용에 의해 심리 체험이 진행된다.

셋째, 심리 체험은 다양하다. 심리 체험은 대상과 상황에 따라 달라질 수 있고, 사람에 따라서도 다를 수 있다. 사람마다 의식과 심리 등이 서로 다르기 때문이다.

한편 심리 체험은 다음과 같은 경로를 통해 표현된다.

첫째, 심리 체험은 말을 통해 표현된다. "말이 곧 사람"이라는 말처럼, 누군가의 말을 들어보면 그의 심리 상태를 알 수 있다. 말을 한다는 것은 이미 심리적 움직임이 진행되고 있음을 의미한다. 그리고 그러한 심리적 움직임은 말의 내용만이 아니라 말투에서도 구체적이고 섬세하게 드러난다. 우선 그 사람이 어떤 내용의 말을 하는지를 살펴보면 그의 욕망, 감정, 의지는 물론 성격과 성미, 취미와 기호 등도 알 수 있다. 또 말투는 말할 때의 그 사람의 태도와 자세를 잘 드러낸다. 사람들의 직업과 나이, 말하는 상황에 대한 준비 정도 등에 따라 말투도 달라지는데, 예를 들면 말의 발음과 높낮이의 변화, 말의 속도 등으로 그 사람의 심리 상태를 미세하게 느낄 수 있다. 억양만을 놓고 보더라도 그것은 때때로 말의 내용을 완전히 다르게 뒤집어놓기도 한다. "네, 좋군요. 좋아요!"라는 말은 억양에 따라 좋다 혹은 좋지 않다는 의미를 나타내기도 하고, 비아냥거리는 태도를 나타내기도 한다. 이렇듯 말을 통한 심리 표현은 가장 일반적이고 뚜렷한 것이지만, 때로는 실제의 심리와 다를 수도 있으므로 말만으로는 상대방의 진심을 다 알 수 없다.

둘째, 심리 체험은 행동이나 동작을 통해 표현된다. 사람의 행동이나 동작 역시 특정한 심리의 표현이다. 대화 도중에 자꾸 시계를 쳐다보는 것은 다음 약속에 늦을까 봐 초조해하는 마음의 표현일 수도 있고, 대화를 지겨워하는 마음의 표현일 수도 있으며, 새로 산 비싼 시계에 마음을 빼앗기고 있는 것의 표현일 수도 있다. 난처한 질문을 받았을 때 머리를 좌우로 계속 돌리거나 눈을 지나치게 깜빡이는 것은 거짓말을 할 때의 곤혹스러운 마음의 표현일 수도 있다. 행동이나 동작은 사람의 욕망, 감정, 의지 같은 심리는 물론이고 성격, 재능, 취미 등도 표현한다.

셋째, 심리 체험은 얼굴 표정을 통해 표현된다. 사람의 얼굴은 기쁨과 슬픔, 사랑과 증오 같은 감정은 물론이고 복잡한 심리의 움직임도 섬세하게 나타낸다. 얼굴의 윤곽선과 그 변화, 눈을 비롯한 얼굴을 구성하는 각 부분들의 비례와 균형의 조화와 파괴, 얼굴색의 변화 등을 들 수 있다. 얼굴을 구성하는 눈, 코, 입, 귀, 이마, 볼, 턱 등은 표정 근육들의 변화를 통해 복잡한 심리의 움직임을 표현한다. 특히 눈은 사람의 내면세계를 가장 예민하게 드러낸다. 말로는 다 표현할 수 없는 섬세한 감정과 미묘한 심리적 변화와 굴곡까지도 나타낸다. 이런 점에서 눈을 사람의 마음을 비춰주는 거울이라고도 한다. 눈의 시선 변화와 동공의 변화, 눈빛(예: 초롱초롱한 아이의 눈과 마약 중독자의 텅 빈 듯한 눈) 등은 심리적 움직임을 잘 표현한다. 예를 들면 "뚫어질 정도로 쏘아보는 눈길"과 "방향 없이 허둥거리는 눈길" 등은 심리 체험 상태의 미세한 변화를 그대로 나타낸다. 또 눈의 동공은 초조감, 긴장감, 주의 집중, 깊은 사색 등을 표현한다. 얼굴색의 변화 역시 여러 가지 심리 체험 상태를 잘 드러낸다. 얼굴에는 인체의 다른 부분과 달리 예민하고 잘 발달된 수많은 표정 근육 속에 미세한 모세혈관들이 분포되어 있는데, 그 모세혈관들은 감정 상태의 변화에 아주 민감하게 반응한다. 그 결과 이런저런 얼굴색의 변화가 나타난다. 예를 들면 창백한 얼굴, 벌겋게 상기된 얼굴, 홍조가 비낀 양 볼과 빨개진 귀뿌리 등은 공포나 절망감, 긍지나 희열, 부끄러움이나 수치감 등 여러 감정 체험 상태들을 잘 나타낸다. 이렇게 얼굴 표정은 깊은 사색 상태나 주의 집중 상태, 확신과 의심, 주저와 동요, 경탄과 멸시, 고민과 번뇌 등 미세한 심리적 파동과 굴곡들을 나타낸다.

심리학의 활용에서 기본은 자신과 타인들의 심리 체험을 정확하게 이해하는 것이다.

02 심리 이해와 평가
관찰법, 대화법, 자료 분석법

자신의 심리 체험을 안다고 해서 자신의 심리를 안다고 말할 수는 없다. 특정한 순간에 진행되는 자신의 심리 체험들을 그때그때 아는 것(예: 지금 부적절할 정도로 심하게 화가 나고 있다)에 그치지 않고, 그것에 기초해 자신의 심리를 더 깊이 파고들어야(예: 이렇게 자꾸 화가 나는 것의 기저에는 사랑받고 싶은 욕망이 있다) 자신의 심리를 이해할 수 있다.

심리 이해는 사람의 욕망, 감정, 의지, 개성 등을 인식하고 파악하는 것이다. 이를 전문 연구자가 수행할 때는 흔히 심리분석이라고 한다. 심리학에서는 정신분석이나 심리분석이라는 용어를 많이 사용하는데, 일반적으로 심리분석은 심리학 전문지식을 가지고 있는 사람이 그것을 활용하여 누군가의 심리를 전면적으로, 심층적으로 파헤치는 것을 의미한다. 이런 점에서 심리 이해란 심리학 전문지식이 부족한 일반인들이 진행하는 심리분석이라고도 할 수 있다.

심리 이해는 우선 사람의 요구를 파악하는 것이다. 사람의 요구는 조건과 상황에 따라 다양하게 나타난다. 즉 개개인의 요구는 조건과 상황에 따라 충동, 희망, 관심과 흥미, 이상 등 다양한 형태의 욕망으로 나타난다. 이런 다양한 표현 형태를 통해 요구가 무엇인지를 파악하는 것이다. 심리 이해는 또한 사람이 구체적 상황에서 체험하는 감정의 질과 색깔, 그 체험 방식 등에 대해 파악하는 것이다. 감정은 사물 현상에 대한 사람들의 견해, 입장과 태도 등을 직접적으로 드러낸다. 심리 이해는 또한 각 사람의 개성을 파악하는 것이다. 생활과 활동의 여러 측면에서 나타나는 개인적 특성을 전면적으로 파악하는 것은 인간관계나 공동생활에서 필수적이다. 개성은 여러 측면에서 다양하게 나타나므로 그중에서 일부만을 절대시하고 다른 것들을 무시하면 개성을 종합적으로 이해할 수 없다. 생활과 활동 과정에서 나타나는 사고방식의 장단점, 정서적 체험과 표현의 특징, 습관화된 말투와 행동방식, 일하는 방식과 생활양식 등을 구체적으로 파악해야 각 사람의 개성을 정확히 이해할 수 있다.

심리 이해의 방법과 심리학 연구 방법은 다르지 않다. 심리학의 연구 방법을 일상생활에서 일반인들이 활용하는 것이 곧 심리 이해의 방법이다. 따라서 여기에서는 현실에 적용 가능한 세 가지 심리학 연구 방법을 소개하기로 한다.

관찰법

관찰법은 사람이 일상생활에서 드러내는 말과 행동, 얼굴 표정 등을 체계적으로 살펴 심리를 이해하는 방법이다. 관찰법의 특징은 다음과 같다.

첫째, 관찰법은 연구자가 연구 대상의 행동에 간섭하지 않으며 일상적인 조건에서 연구 대상의 심리를 객관적으로 이해한다. 관찰의 목적은 일상생활에서 자연스럽게 나타나는 사람(연구 대상)의 심리를 이해하는 데 있다. 그러므로 연구 대상이 그 누구의 간섭도 받지 않고 평소처럼 자연스럽게 말하고 행동할 수 있게 해주어야 한다. 이 때문에 연구자가 관찰의 목적을 달성하기 위해 연구 대상에게 어떤 요구, 의견 제시, 요청 등을 해서는 안 되며, 연구자가 연구 대상을 지켜보고 있다는 느낌을 주지 않도록 조심해야 한다. 만일 연구자가 자기를 지켜보거나 간섭할 경우 연구 대상은 불쾌한 감정을 체험하면서 행동을 중지하거나 반발할 수 있다. 관찰에서는 연구 대상이 자연스럽게 행동하도록 해주어야만 그의 심리를 정확히 이해할 수 있다. 현실에서는 상대방에게

"지금부터 너의 심리를 이해하기 위해 관찰을 시작할게"라고 말하고 나서 관찰을 하지는 않을 것이므로, 관찰을 하겠다는 목적의식을 가지되 티 나지 않게 관찰하면 될 것이다.

둘째, 관찰법은 특별한 조건 없이도 언제 어디서나 진행할 수 있다. 바로 이런 특징 때문에 일반인도 쉽게 활용할 수 있는 것이다. 심리학 연구 방법 중에는 실험법도 있다. 실험법은 의도적으로 일정한 조건과 환경을 조성하여 연구하려는 심리 현상을 유발함으로써 심리를 연구하는 방법이다. 실험법은 연구자가 필요한 심리 현상을 주동적으로 일으키고 연구 목적을 달성할 때까지 그것을 반복하면서 고찰할 수 있다는 장점을 가지고 있지만, 일정한 시설과 기구들이 있어야 하며 제한된(잘 통제된) 조건과 환경이 필요하다. 이 때문에 일반인들이 실험법을 사용하기는 어렵다. 물론 상대방에게 의도적으로 특정한 말(예: 칭찬이나 비판)을 반복하면서 상대방의 일관된 반응을 관찰하는 것 등을 일종의 약식 실험법이라고 할 수는 있을 것이다. 이런 실험법과는 달리 관찰법은 연구자와 연구 대상만 있으면 된다. 물론 심리학 연구에서 제대로 된 관찰을 하려면 일정한 장비들이 필요하다. 관찰 대상의 심리가 정확히 드러나는 행동이나 말을 촬영하거나 녹음하면 관찰 자료의 신뢰성이 높아지기 때문이다. 그러나 관찰에서 장비는 어디까지나 부가적인 조건일 뿐이다. 부모가 어린 자녀들을 면밀하게 관찰함으로써 그들의 심리를 이해하는 것처럼, 연구자는 연구 대상의 심리를 관찰할 수 있는 가능성만 있으면 특별한 장비 없이도 그의 심리를 이해할 수 있다.

관찰법의 장점은 자연스러운 생활에서 나타나는 심리 현상을 있는 그대로 이해할 수 있다는 것이고, 단점은 상대적으로 시간이 오래 걸린다는 것이다.

대화법

대화법은 연구자가 연구 대상과 직접 말을 주고받으면서 그의 심리를 이해하는 방법이다. 이것 역시 일반인들이 일상생활에 적용할 수 있는 심리학 연구 방법이다.

대화법의 특징은 우선 능동성이 강하다는 것이다. 관찰에서는 관찰자의 의도가 실현되기 힘들기 때문에 관찰자는 자기가 관찰하기를 원하는 심리 현상이 나타날 때까지 침착하고 끈질기게 기다려야 한다. 그러나 대화법에서는 연구자가 주도적으로 말을 하면서 대화를 자신이 목적하는 방향으로 이끌어갈 수 있다. 범죄 드라마에서 수사관이 범인을 능숙하게 심문함으로써 그의 심리를 이해하고 자백을 하도록 유도하는 것도 일종의 대화법이라고 할 수 있다.

대화에서 연구자의 능동성은 연구 대상과의 심리적 상호작용을 전제로 한다. 즉 대화의 방향이나 속도가 연구 대상의 입장이나 태도에 의해서도 영향을 받는다는 것이다. 연구 대상은 자기의 심리 상태를 조절하면서 자기의 요구에 따라 대화에 계속 응하기도 하고 침묵을 지키기도 한다. 그러나 대화의 주인은 어디까지나 연구자 자신이다. 연구자가 대화의 분위기를 잘 조성하고 연구 대상이 자신이 원하는 말을 하도록 대화를 잘 이끌어나갈 때 대화의 목적을 달성할 수 있다. 대화법의 특징은 또한 주로 말을 통해 상대를 이해한다는 것이다. 관찰법이 주로 행동을 통해 심리를 이해한다면, 대화법은 주로 말을 통해 이해한다. 말은 심리를 섬세하면서도 생동하게 나타내기 때문에 대화는 심리 이해의 주요한 방법이 될 수 있다.

대화법의 장점은 상대적으로 짧은 시간에 목적의식적으로 심리를 이해할 수 있다는 것이고, 단점은 대화의 결과가 대화 분위기의 영향을 많이 받는다는 것이다.

자료 분석법

범죄 드라마에는 노련한 수사관이 용의자의 집을 방문했을 때 그 집에 있는 사진이나 메모장 같은 여러 물건을 살펴본 다음 그것에 기초해 용의자의 심리를 분석하는 장면이 나온다. 이 수사관이 사용한 심리 이해의 방법이 바로 자료 분석법이다. 자료 분석법은 연구 대상의 그림, 작품, 메모지, 소지품, 생산물 등을 수집·분석하여 심리를 이해하는 방법이다. 여기서 자료란 심리 이해에 도움을 줄 수 있는 인간 활동의 모든 결과물을 의미한다. 사람은 자기의 심리를 말과 행동을 통해 드러낼 뿐만 아니라 글, 그림, 창작물 같은 활동의 결과물에 담아낸다. 아이들의 그림에는 말로는 잘 표현하지 못하는 어린아이의 심리가 반영되어 있으며, 어른들의 일기장이나 작품 등에는 그들의 꿈과 지향, 성격과 열정 등이 반영되어 있다.

　　자료 분석법의 장점은 겉으로 잘 드러나지 않는 미묘한 심리를 객관적으로 파악할 수 있다는 것이고, 단점은 심리 이해가 구체적이고 생생하기보다는 상대적으로 일반화되고 추상화될 수 있다는 것이다.

사실 모든 사람은 끊임없이 자기 자신이나 타인의 심리를 이해하는 활동을 진행한다. 무엇보다도 심리에 대한 정확한 이해 없이는 타인들과 원만하게 소통하거나 관계를 맺을 수가 없기 때문이다. 그러나 심리 이해의 수준이나 정확성은 심리학 이론과 지식이 뒷받침될 때 더 높아진다. 한편 누군가의 심리를 이해하는 데서 조심할 점은 사람의 심리가 어떤 영향을 받느냐에 따라 좋게도 변할 수 있고, 나쁘게도 변할 수 있다는 점을 고려해야 한다는 것이다. 어느 시점에 누군가의 심리를 이해했다 해도 계속 그것에만 기초해 그 사람을 바라보거나 평가하면 편견에 사로잡히게 될 수도 있다. 따라서 사람의 심리는 언제나 변화·발전 속에서 이해하고 판단해야 한다.

03 심리 통제

이성으로 감정을 통제하기

심리를 이해하는 주요한 목적 중 하나는 심리 통제다. 사람은 자연과 사회를 지배하고 개조하는 주체일 뿐만 아니라 자기 자신을 지배하고 개조하는 주체다. 즉 사람은 자기 자신의 심리를 인식하고 조절·통제하면서 스스로를 개조하고 발전시키는 주체인 것이다.

심리 통제는 사람이 자기의 심리 상태와 심리적 변화를 파악하고 목적의식적으로 조절·통제하는 것을 말한다. 주류 심리학은 심리 통제mental control(정신 통제라고 번역하기도 한다)를 "마음의 의식적 상태를 바꾸고자 시도하는 것"[59]으로 정의하고 있다. 최근에 유행하는 긍정심리학은 심리 통제의 중요성과 의의를 강조한다. 예를 들면 긍정적인 사고라는 심리 통제 방법을 통해 불안이나 우울에서 벗어날 수 있다고 주장한다. 심리 통제의 의의에 대한 긍정심리학의 강조는 다소 과도한 면이 있지만—심리 통제만 잘하면 만사가 해결된다?—심리 통제가 대단히 중요하다는 것을 시사한다.

심리 통제는 자신의 심리 상태를 정확하게 파악하는 것을 전제로 한다. 사람은 자신의 심리 상태와 인간 됨됨이를 파악할 수 있는 능력을 가지고 있다. 즉 사람은 추상적 사유 기능을 통해 자기의 심리 상태와 심리적 체험을 자각하고 파악할 수 있다. 심리 통제는 의지와도 밀접한 관련이 있다. 특히 의지적 특성인 자제력은 심리 통제에 크게 기여한다. 자제력은 과도한 정서적 흥분을 억제하고 이성적으로 사고하고 행동하게 하는 작용을 한다. 즉 일정한 상황에서 발생하는 강한 정서적 흥분이나 잘못된 정서 상태를 억누르고 자기의 심리와 행동을 일관성 있게 유지하는 의지적 특성인 것이다. 한마디로 이성으로 감정·정서를 통제하는 특성이라고 할 수 있다.

심리 통제에서 가장 중요한 것은 이성으로 감정을 통제하는 것이다. 즉 심리 통제는 이성의 도움을 바탕으로, 다양하게 나타나는 감정의 내용을 명확히 파악하고 그 흐름을 조절하는 것으로 이루어진다. 여기에서 이성이란 건전한 사상과 신념, 지식 등을 활용하는 이성적 사고를 의미한다. 사람의 말과 행동에 가장 큰 영향을 미치는 것은 감정이다. 물론 감정의 기저에는 요구와 욕망이 있지만, 그것은 주로 감정을 통해 표현되고 작용하기 때문에 일상생활에서 사람의 말과 행동은 대체로 감정의 영향을 받는다고 말할 수 있다. 누군가가 길을 물어볼 때, 그에게 길을 가르쳐 줄 것인가 말 것인가, 또 친절하게 길 안내를 해줄 것인가 아니면 퉁명스럽게 대답해줄 것인가를 좌우하는 것은 길에 대한 지식이 아니라 그 순간의 감정이다. 이때 사람들은 그의 행색(예: 세련된 복장인가, 노숙자 차림인가)을 보면서도 감정을 체험하며, 길을 물어보는 그의 태도나 행동방식(예: 예의 바르게 묻는가, 아니면 싸가지 없이 묻는가)을 보면서도 감정을 체험한다. 이것이 길을 안내해주는 나의 말과 행동에 영향을 미친다. 또 그 시점의 내 감정 상태(예: 기분이 좋은가, 아니면 나쁜가)도 영향을 미친다.

일상생활에서 사람들은 감정을 통제하지 못해 일을 그르치는 경우가 많다. 직장생활에서 과도한 감정 반응을 통제하지 못해 나쁜 평가나 인사상 불이익을 받는 것, 부부싸움을 할 때 격한 감정에 휩쓸려 평소라면 절대로 하지 않을 폭언을 함으로써 관계를 악화시키는 것 등이 대표적이다. 이렇게 사람의 일상은 감정의 영향을 크게 받기 때문에 감정의 흐름을 잘 통제하는 것은 매우 중요하다. 감정의 흐름을 좋은 쪽으로 통제하는 사람은 즐겁고 행복한 생활을 할 수 있지만, 그렇지 못한 사람은 우울하고 불행한 생활에 빠질 수 있다.

일반적으로 이성은 감정·정서의 흐름을 억제하거나 강화시킨다. 예를 들면 어떤 상황에서 갑자기 화가 날 때(예: 누군가가 내 발을 밟았다), 이성적 사고를 통해 그 화가 오해(예: 그 사람도 군중에게 밀려서 내 발을 밟은 것일 뿐 고의성은 없다)에서 비롯된 것임을 알게 되면 화가 금방 수그러든다. 그러나 이성으로 감정의 흐름을 조절·통제하는 것이 항상 가능하지는 않다. 간혹 감정이 이성의 통제 밖에서 제멋대로 움직이는 경우도 있다. 예를 들면 지나치게 흥분했을 때 사람의 감정은 이성의 통제를 받지 않는 상태에서 체험되고 표현된다. 이를 두고 사람들은 흔히 "이성을 잃었다"고 말하곤 한다.

그렇다면 어떻게 해야 이성으로 감정을 통제할 수 있을까?

첫째, 이성을 통해 자기 감정의 정체와 원인을 정확하게 파악해야 한다. 사람은 항상 자신의 감정을 정확하게 아는 것이 아니다. 구체적으로 말하자면, 사람은 온몸으로 감정을 체험—앞에서 언급했듯이 감정은 의미 있는 신체적·생리적 변화를 수반하기 때문에 몸으로 느낀다고 말할 수 있다—하기는 하지만 그것이 정확히 어떤 감정이고 어떤 원인으로부터 발생한 것인지를 정확하게 알지 못하는 경우가 많다는 것이다. 이럴 때 보통 "막연하게 감정을 느낀다"고 말하곤 한다. 뭔가 기분이 안 좋아서 괴롭기는 한데, 그 감정이 우울인지 불안인지 분노인지 또 그 원인이 무엇인지 알 수 없는 경우를 예로 들 수 있다.

자기 감정이 무엇인지 알지 못하면 당연히 그것을 통제할 수 없다. 따라서 이성을 활용해 감정의 정체와 원인부터 파악할 필요가 있다. 사람들과 대화를 하다가 어느 순간 얼굴이 확 달아오르면서 정신이 멍해진다면, 침착하게 자신이 체험하고 있는 감정이 무엇인지, 또 어떤 원인 때문에 그런 감정이 유발되었는지를 따져봐야 한다. 한마디로 자기의 감정 상태를 객관화시켜 관찰함으로써 자기 감정을 자각해야 한다. 예를 들면 그 감정이 누군가가 자신을 비난함으로써 촉발되었으니 자신이 현재 체험하고 있는 감정이 모욕감임을 자각하는 것이다. 이렇게 감정의 정체와 원인을 분명하게 파악해야 그 감정을 통제할 수 있게 된다. 예를 들면 순간적으로 모욕감을 느끼기는 했지만 이번에는 너그럽게 참고 넘어가주겠다거나, 자신을 비난한 사람에게 정중하게 항의함으로써 감정을 건강하게 표현하고 감정의 흐름을 다시 좋은 쪽으로 바꾸는 것이다.

일반적으로 감정 체험의 강도가 크면 그 순간에는 감정의 정체와 원인을 자각하기 힘들 수 있다. 대개 감정 체험의 강도가 비정상적으로 큰 것은 그것이 마음의 상처와 관련이 있어서다. 예를 들면 대중 앞에서 발표를 하려고 할 때마다 어김없이 과도한 불안(발표불안)에 사로잡힌다면 그것이 마음의 상처(예: 어린 시절에 아버지 앞에서 말하면서 매번 혼났던 경험으로 인한 상처)와 관련이 있을 가능성이 크다는 것이다. 만일 감정 체험의 강도가 너무 커서 그 순간에는 자기 감정의 정체와 원인을 자각하지 못했다면, 이후에라도 그것을 자각하기 위해 노력해야 한다. 예를 들면 낮에 직장에서 심한 불안을 느꼈다면 퇴근 후 집에 들어가서 그 감정에 대해 곰곰이 따져봐야 한다는 것이다. 이를 위해 심리학 이론이나 전문가의 도움을 받을 수도 있다. 이런 과정을 꾸준히 반복하다 보면 어느 시점부터는 설사 감정 체험의 강도가 크더라도 자기 감정을 자각할 수 있게 될 것이다.

그런데 어떤 감정은 상담 전문가나 심리학 이론의 도움을 받아 열심히 분석을 해봐도 잘 파악되지 않을 수 있다. 그 대표적인 것이 바로 한국인의 고질적인 불안이다. 한국인들의 불안은 기본적으로 개인의 심리적 상처가 아니라 사회에서 비롯된다. 따라서 개인적 차원의 분석만으로는 자기를 괴롭히는 불안의 정체와 원인을 파악할 수 없다. 또한 불안의 원인이 병적인 사회에 있다는 것을 알게 되었다고 해서 누구나 그 불안을 통제할 수 있게 되는 것도 아니다. 사회는 도무지 바뀔 것 같지 않고, 사회를 바꿀 수 있는 능력이나 방법도 없다고 믿는다면 불안이 오히려 더 심해질 수도 있다는 것이다. 한국인들의 불안은 그 불안의 원인만이 아니라 사회개혁의 청사진과 방법까지 알게 되고, 사회를 개혁하기 위해 적극적인 활동에 나설 때 성과적으로 통제될 수 있다.[60]

둘째, 이성을 활용해 감정의 배후에 있는 욕망(요구)을 파악해야 한다. 자신의 욕망을 정확하게 알고 그것을 조절·통제하면 자연히 감정을 조절·통제할 수 있게 된다. 왜냐하면 인간 심리에서 핵의 위치를 차지하고 있는 욕망의 변화는 필연적으로 전체 심리, 나아가 인간의 변화를 가져오기 때문이다. 이런 점에서 이성으로 감정을 통제하려면 반드시 자신의 욕망부터 파악하고 통제해야 한다고 말할 수 있다.

어떤 사람이 출세한 동창생들을 만나고 나서 기분이 과도할 정도로 나빠졌다고 해보자. 자신의 감정이 잘난 체하는 세속적인 동창생들을 경멸하는 감정이고, 그 원인이 그들의 은근한 자기

과시라는 식의 피상적인 이해만으로는 자기 감정을 통제할 수 없다. 그가 과도할 정도로 기분이 나빴던 것은 자신에게 '나도 출세해서 동창생들 앞에서 뻐기고 싶다'는 욕망이 있어서일 수도 있기 때문이다. 이런 경우에는 자기 감정의 배후에 건전하지 않은 욕망이 숨어 있음을 자각하고, 그것을 건전한 욕망으로 바꿈으로써 아예 그런 감정이 유발되지 않도록 해야 한다. 그래야 감정에 대한 완벽한 조절과 통제가 가능해진다. 이런 식으로 사람은 이성을 통해, 감정을 기저에서 좌우하는 자신의 욕망을 정확히 파악하고 건전하지 않은 욕망을 건전한 것으로 바꿔나갈 때 감정을 완벽한 수준에서 통제할 수 있다.

일반적으로 개인이기주의적인 욕망에 기초한 감정은 잘 통제되지 않는다. 개인이기주의적인 욕망을 실현하기 위해 산다는 것은 오직 자기만을 위해서 사는 것이므로, 사실 그런 사람은 굳이 감정을 통제할 필요나 이유를 느끼지 않는다. 치부욕에 찌든 탐욕스러운 사람, 개인적 성공과 출세에 목을 맨 사람들이 감정 통제 능력이 부족하고 자주 이성을 잃고 날뛰는 모습을 보이곤 하는 것은 이 때문이다.

반면에 이웃과 더불어 살아가려는, 사회에 기여하면서 살아가려는 건전한 욕망에 기초한 감정은 잘 통제된다. 건전한 욕망을 실현하기 위해 살아가는 사람에게 가장 중요한 것은 자신의 욕망에 기초하고 있는 원대한 목적을 실현하는 것이다. 그 목적을 실현하기 위해 자기의 감정을 마땅히 또 기꺼이 통제하려고 한다. 이웃과 사회, 나아가 인류를 위해 헌신했던 위대한 인물들의 감정 통제 능력이 우수했던 것은 이 때문이다.

심리 통제에서 중요한 것은 또한 자신의 성격적 약점과 나쁜 습관을 고치는 것이다. 사람의 성격적 약점이나 나쁜 습관은 대체로 건전하지 않은 심리 혹은 마음의 상처에 뿌리를 두고 있을 뿐만 아니라, 아주 집요하고 끈질겨서 생활과 활동에 부정적인 영향을 미치며 심리 통제를 방해한다. 따라서 그러한 약점을 과감하게 인정하고 그것을 고치기 위해 노력해야 한다.

심리 통제에서 중요한 것은 또한 책임감과 자신감을 가지는 것이다. 책임감과 자신감은 부정적인 심리를 막는 작용을 한다. 부모로서의 책임감, 민주시민으로서의 책임감, 국민으로서의 책임감 등이 강하면 강할수록 심리 통제를 더 잘할 수 있다. 그리고 자신감은 자기 결함을 과감하게 인정하도록 고무해주고, 열심히 노력하면 능히 훌륭한 사람이 될 수 있다는 확신을 준다. 이 때문에 자신감이 있을 때 사람은 자기 심리를 더 잘 통제할 수 있다고 믿게 되며 실제로도 그러하다.

사람은 모두 다르므로 모두에게 다 통용되는 만능의 심리 통제 방법은 있을 수 없다. 따라서 개인들은 자기의 특성과 활동 조건, 생활 환경에 맞는 자기만의 심리 통제 방법을 적극 계발하여 사용해야 한다.

04 심리적 도움 주기

타인을 돕는 심리학 활용법

심리학 이론을 자기 자신을 위해서만이 아니라 타인을 도와주는 것에도 활용할 수 있다. 자기의 심리 변화를 파악하고 조절·통제하는 수준은 사람마다 다르다. 어떤 사람은 상황에 따라 자기의 심리 변화를 자발적으로 재빨리 그리고 정확하게 조절·통제하지만 그렇지 못한 사람도 있다. 스스로 자기의 심리 변화를 조절·통제하는 것이 심리 통제라면, 다른 사람의 심리 변화를 촉진하거나 억제하여 긍정적인 방향으로 이끌어주는 것이 심리적 도움 주기다. 즉 타인의 심리 변화를 정확히 파악하고 그것을 올바로 조절·통제하도록 도와주는 것을 말한다. 사실 잘 의식하지 못해서 그렇지 사람들은 일상적으로 서로를 심리적으로 도와주면서 살아간다.

심리적 도움 주기는 공감과 동조를 전제로 한다. 앞에서 언급했듯이 공감과 동조는 한 사람으로부터 다른 사람에게로 일정한 심리 상태가 전달되고 확대되어나가는 과정에서 일어난다. 공감은 상대방의 심리를 이해하면서 상대방과 비슷하게 사고하고 느끼는 심리 상태다. 사람은 자신과 상대방의 구별을 자각한 상태에서 공감을 통해 상대방과의 심리적 공통성을 체험한다. 동조는 다른 사람과의 비교 속에서 의식적으로 상대방과 자신을 유사하게 만드는 심리 작용이다. 사람은 동조를 통해 자기 자신을 더욱 뚜렷이 발견하고 자각하며, 상대방과 비슷하게 사고하고 동질의 정서를 체험하며 유사한 행동을 하게 된다.

심리적 도움 주기를 잘하려면 우선 상대방의 심리 상태와 변화를 정확히 파악해야 한다. 기본적으로는 그가 현재 체험하고 있는 감정과 정서, 즉 만족과 불만족, 긴장과 격정 상태 등을 파악해야 한다. 이때 상대방의 성격과 취미, 지식 정도, 생활 경로 등을 미리 아는 것이 큰 도움이 된다. 병에 대한 진단이 정확해야 올바른 처방을 할 수 있는 것처럼, 상대방의 심리 상태를 정확히 파악해야 그에 맞게 도움을 줄 수 있다.

심리적 도움 주기는 또한 구체적인 방법론을 가지고 진행할 때 더 효과적이다. 심리는 사람마다 다르며 같은 사람일지라도 조건에 따라서 다르게 나타난다. 즉 성별, 연령, 그가 속해 있는 집단의 특성, 주어진 환경 등에 따라 발현되는 심리가 다르다는 것이다. 이처럼 심리적 체험과 발현이 다양하기 때문에 상대방을 대하는 방법도 다양해야 한다. 상대방에 따라 설득을 하거나 감동을 주는 방법이 효과적일 수도 있고, 따끔한 충고와 비판 같은 방법이 효과적일 수도 있다.

심리적 도움 주기는 상대방의 성격이나 성미에 맞게 다양한 방법을 사용해야 한다. 성미를 예로 들어보자.

개방적인 성미를 가진 사람은 예민한 감수성을 가지고 대체로 주위 환경에 빨리 적응하며 다른 사람의 기분에 쉽게 공감한다. 그러나 다소 경솔하고 무책임하다는 등의 약점이 있어서 들은 말을 쉽게 잊어버리거나 대수롭지 않게 생각하기도 한다. 따라서 이들에게는 딴생각을 할 틈을 주지 말고 문제를 분명하고 정확하게 짚어서 얘기해줘야 한다(예: "얘, 다른 생각 하지 말고 내 말을 잘 들어봐. 너는 바로 이게 문제야").

반면 성급한 성미를 가진 사람은 주위 환경에 대한 감정 체험이 빠르고 격렬하며 대수롭지 않은 일에도 강하게 흥분해 자기 감정을 억제하지 못하는 경향이 있다. 따라서 이들을 대할 때는 감정이 격동 상태에 이르지 않게 진정시키면서 질문 등을 통해 자신의 논리가 현실적인가 아닌가를 스스로 따져보도록 도와주어야 한다. 즉 감정적으로 자극하지 않도록 조심하면서 차분하게 논리적으로 접근할 필요가 있다는 것이다.

느린 성미를 가진 사람은 사물 현상을 깊이 있게, 철저하게 받아들이는 반면 지나치게 외곬으로만 생각하며 속마음을 잘 드러내지 않는다. 평소에 이런 사람들은 대부분의 일에 무관심한 편이지만 자기와 관련이 있는 일에는 민감하게 반응한다. 따라서 이들을 대할 때는 그들의 구체적인 생활 문제와 연관시켜서 이야기를 풀어나가야 한다.

내성적인 성미를 가진 사람은 자기의 결함을 지나치게 심각하게 받아들이고 외곬으로 생각하면서 자그마한 실수에도 의기

소침해한다. 따라서 이들을 대할 때는 될수록 개별적으로 조용한 곳에서 이야기를 하는 것이 좋다.

이처럼 성미를 통해 발현되는 사람들의 심리가 서로 다르므로 도움을 주는 방법도 다양해야 한다.

한편 상대방에 대한 존중은 심리적 도움 주기의 성과를 좌우하는 중요한 조건이다. 심리적 도움 주기가 가능하려면 상대방과 긴밀한 의사소통이 이루어져야 하는데, 그러기 위해서는 서로의 심리적 거리가 가까워야 한다. 심리적 거리란 친밀성과 친화력을 보여주는 두 사람의 심리와 심리 사이의 거리다. 서로가 상대방을 어떻게 보고 대하는가에 대한 자기 나름의 견해와 입장에 기초해 만들어진다.

심리적 거리는 늘 함께 붙어서 생활한다고 해서 가까워지는 것이 아니다. 물론 이런 경우 서로를 더 잘 이해하게 되기도 하지만, 여기에는 생활을 함께한다는 것보다는 서로가 상대방을 정확하게 파악하고 진심으로 존중해주는 것이 더 큰 원인으로 작용한다. 비록 멀리 떨어져 있더라도 상대방을 진심으로 존중하고 위해주는 마음이 있으면 심리적 거리는 매우 가까워질 수 있으며, 서로가 주고받는 말 한마디, 행동 하나로도 상대방의 마음을 움직일 수 있다. 사람은 진심으로 자기의 존엄과 명예를 존중해주는 사람에게 자신의 속마음을 털어놓고 기꺼이 그의 의견을 들으려 한다. 즉 상대방이 진심으로 자기의 존엄을 이해하고 존중할 때 비로소 마음의 안정을 누리며 그와 대화를 나누려는 마음을 갖게 되는 것이다. 상대방을 존중해준다는 것에는 상대방을 믿어주고 아량 있게 대해주는 것도 포함된다. 상대방이 마음의 문을 스스로 열도록 하려면, 그가 괴로워하는 문제가 있으면 이해해주고 함께 괴로워하며, 그가 위축되지 않도록 믿고 지지해주며, 가슴에 맺힌 것이 있으면 풀어줌으로써 그를 감동시켜야 한다.

　　모든 문제를 상대방이 관심을 가지고 있는 것과 연관시켜 이야기를 나누는 것도 심리적 도움 주기의 중요한 조건 중 하나다. 자신의 관심을 불러일으키는 이야기에서 출발할 때 사람들은 대화 속에 깊이 빠져 들어가게 되고, 심리적 도움 주기도 성과를 낼 수 있다. 처음부터 공식적이고 딱딱한 화제(예: "한국 사회의 불평등이 얼마나 심각한 줄 아니?")로 이야기를 시작한다면 아무리 긴 시간 동안 대화해도 성과를 거두기 힘들지만, 상대방의 흥미나 취미, 관심을 불러일으키는 여러 가지 생활 이야기(예: "너, 요즘 취직자리 알아보고 있다며?")로 대화를 엮어나가면 그리 길지 않은 시간에도 자기의 의도대로 상대방을 이끌어나갈 수 있다.

　　심리적 도움 주기를 잘하려면 무엇보다 자신의 심리 통제를 잘해야 한다. 심리적 도움 주기에서는 상대방의 심리 상태도 중요하지만 도와주는 사람의 심리 상태도 상당한 영향을 미친다. 심리 치료 분야에서 말하는 '역전이'가 이런 사례에 해당한다. 상대방의 심리 변화는 도와주는 사람의 의도와는 달리 느리게 일어나거나 전혀 일어나지 않을 수도 있고(예: 아무리 얘기해도 콧방귀조차 뀌지 않는다), 심지어는 반대 방향으로 전환될 수도 있다(예: 진정시키려고 했는데 오히려 더 흥분한다). 이때 도움을 주려는 사람이 자신의 심리를 어떻게 통제하느냐에 따라 심리적 도움 주기가 성과적으로 진행될 수도 있고 실패할 수도 있다. 예를 들면 상대방을 진심으로 걱정하는 마음에서 그의 문제점을 조심스럽게 지적했음에도 발끈한 상대방이 화를 내며 오히려 공격하는 경우, 도움을 주려는 사람이 자제력을 잃고 거칠게 맞대응한다면 심리적 도움 주기가 실패할 수 있다.

사람들은 소통 과정에서 심리적 도움 주기의 주체인 동시에 대상이 된다. 일반적으로 소통에서 도움을 주는 사람과 도움을 받는 사람이 따로 정해져 있지 않다. 대부분 사람들은 상대방을 심리적으로 도와주는 동시에 상대방으로부터 도움을 받게 되고, 또 자기 심리에 대해서는 스스로 통제를 하게 된다. 이런 심리 통제와 심리적 도움 주기의 상호작용은 의식될 수도 있고 의식되지 않을 수도 있지만, 지금까지 설명한 심리적 도움 주기는 그것을 분명히 의식하고 목적의식적으로 진행하는 것을 의미한다.

심리적 도움 주기는 심리치료나 심리상담과는 다르다. 따라서 일반인들은 심리적 도움 주기의 목표를 상대방의 심리적 상처를 치료해주겠다는 것으로까지 확장하지 않도록 조심할 필요가 있다. 전문가가 아닌 사람이 누군가의 심리적 상처를 치료한다는 것은 현실적으로 대단히 어려운 일이고, 설사 그것이 가능하다 하더라도 엄청난 에너지를 소모해야만 한다. 따라서 심리적 도움 주기는 기본적으로 상대방이 심리 통제를 더 잘하도록 도와주는 것이어야 하고, 심리적 상처와 관련해서는 상대방이 스스로 자각하고 그것을 치유하겠다는 동기를 가지도록 도와주는 것에 국한시켜야 할 것이다.

주

1   데이비드 G. 마이어스·C. 네이선 드월, 《마이어스의 심리학 개론》, 제11 판, 신현정·김비아 옮김, 시그마프레스, 2016, 17쪽.

2   대니얼 L. 샥터·대니얼 T. 길버트·대니얼 M. 웨그너, 《심리학 개론》, 민경환 외 옮김, 시그마프레스, 2011, 2쪽.

3   박세영 외, 《심리학 개론》, 센게이지러닝코리아, 2017, 2쪽.

4   이 주제에 관심이 있는 독자들은 필자가 쓴 《싸우는 심리학》(서해문집, 2022)을 참고하라.

5   샥터·길버트·웨그너, 《심리학 개론》, 35쪽.

6   《조선비즈》, 2022년 6월 28일.

7   마이어스·드월, 《마이어스의 심리학 개론》, 69쪽.

8   샥터·길버트·웨그너, 《심리학 개론》, 368쪽.

9   이 주제에 대해서는 필자의 《한국인의 마음속엔 우리가 있다》(온더페이지, 2023)를 참고하라.

10   박세영 외, 《심리학 개론》, 203쪽.

11   마이어스·드월, 《마이어스의 심리학 개론》, 238쪽.

12   샥터·길버트·웨그너, 《심리학 개론》, 459쪽.

13   마이어스·드월, 《마이어스의 심리학 개론》, 253쪽.

14   박세영 외, 《심리학 개론》, 169쪽.

15   마이어스·드월, 《마이어스의 심리학 개론》, 237쪽.

16   샥터·길버트·웨그너, 《심리학 개론》, 469쪽.

17   박세영 외, 《심리학 개론》, 233쪽.

18   마이어스·드월, 《마이어스의 심리학 개론》, 304쪽.

19   박세영 외, 《심리학 개론》, 201쪽.

20   박세영 외, 《심리학 개론》, 202쪽.

21   마이어스·드월, 《마이어스의 심리학 개론》, 336쪽.

22   이 주제에 대해서는 필자의 《가짜 사랑 권하는 사회》(갈매나무, 2023)를 참고하라.

23   박세영 외, 《심리학 개론》, 171쪽.

24   마이어스·드월, 《마이어스의 심리학 개론》, 156쪽.

25   마이어스·드월, 《마이어스의 심리학 개론》, 288쪽.

26   박세영 외, 《심리학 개론》, 199쪽.

27   박세영 외, 《심리학 개론》, 381쪽.

28   샥터·길버트·웨그너, 《심리학 개론》, 27쪽.

29   마이어스·드월, 《마이어스의 심리학 개론》, 85쪽.

30   마이어스·드월, 《마이어스의 심리학 개론》, 220쪽.

31   마이어스·드월, 《마이어스의 심리학 개론》, 179쪽.

32   마이어스·드월, 《마이어스의 심리학 개론》, 188쪽.

33   샥터·길버트·웨그너, 《심리학 개론》, 232쪽.

34   마이어스·드월, 《마이어스의 심리학 개론》, 344쪽; 샥터·길버트·웨그너, 《심리학 개론》, 560쪽.

35   박세영 외, 《심리학 개론》, 186쪽.

36   샥터·길버트·웨그너, 《심리학 개론》, 608쪽.

37   박세영 외, 《심리학 개론》, 429쪽.

38   박세영 외, 《심리학 개론》, 171쪽.

39   박세영 외, 《심리학 개론》, 172쪽.

40   박세영 외, 《심리학 개론》, 172~173쪽.

41   박세영 외, 《심리학 개론》, 190쪽.

42   박세영 외, 《심리학 개론》, 152쪽.

43   이 주제에 관심이 있는 독자들은 필자의 《풍요중독사회》(한겨레출판, 2020)를 참고하라.

44   자존심(자존감)에 대한 자세한 논의는 필자의 《가짜 자존감 권하는 사회》(갈매나무, 2018)를 참고하라.

45   마이어스·드월, 《마이어스의 심리학 개론》, 105쪽.

46   박세영 외, 《심리학 개론》, 103쪽.

47   에리히 프롬의 심리학 이론에 대해 궁금한 독자들은 필자의 《싸우는 심리학》(서해문집, 2022)을 참고하라.

48   샥터·길버트·웨그너, 《심리학 개론》, 35쪽.

49   마이어스·드월, 《마이어스의 심리학 개론》, 302쪽.

50   박세영 외, 《심리학 개론》, 222쪽.

51   박세영 외, 《심리학 개론》, 222쪽.

52   마이어스·드월, 《마이어스의 심리학 개론》, 10쪽.

53   박세영 외, 《심리학 개론》, 266쪽.

54   마이어스·드월, 《마이어스의 심리학 개론》, 339쪽.

55   샥터·길버트·웨그너, 《심리학 개론》, 778쪽.

56   마이어스·드월, 《마이어스의 심리학 개론》, 321쪽.

57   마이어스·드월, 《마이어스의 심리학 개론》, 320쪽.

58   마이어스·드월, 《마이어스의 심리학 개론》, 310쪽.

59   샥터·길버트·웨그너, 《심리학 개론》, 380쪽.

60   이 주제에 대해서는 필자의 《풍요중독사회》(한겨레출판, 2020)를 참고하라.